Raphaela Schlicht

Determinanten der Bildungsungleichheit

Raphaela Schlicht

Determinanten der Bildungsungleichheit

Die Leistungsfähigkeit von Bildungssystemen im Vergleich der deutschen Bundesländer

Bibliografische Information der Deutschen Nationalbibliothek
Die Deutsche Nationalbibliothek verzeichnet diese Publikation in der
Deutschen Nationalbibliografie; detaillierte bibliografische Daten sind im Internet über
<http://dnb.d-nb.de> abrufbar.

Dissertation der Universität Konstanz

Referenten: Prof. Dr. Markus Freitag und Prof. Dr. Christoph Knill
Disputation am 12. Mai 2010

1. Auflage 2011
Alle Rechte vorbehalten
© VS Verlag für Sozialwissenschaften | Springer Fachmedien Wiesbaden GmbH 2011
Lektorat: Dorothee Koch / Sabine Schöller

VS Verlag für Sozialwissenschaften ist eine Marke von Springer Fachmedien.
Springer Fachmedien ist Teil der Fachverlagsgruppe Springer Science+Business Media.
www.vs-verlag.de

Das Werk einschließlich aller seiner Teile ist urheberrechtlich geschützt. Jede
Verwertung außerhalb der engen Grenzen des Urheberrechtsgesetzes ist
ohne Zustimmung des Verlags unzulässig und strafbar. Das gilt insbesondere
für Vervielfältigungen, Übersetzungen, Mikroverfilmungen und die Einspeicherung und Verarbeitung in elektronischen Systemen.

Die Wiedergabe von Gebrauchsnamen, Handelsnamen, Warenbezeichnungen usw. in diesem
Werk berechtigt auch ohne besondere Kennzeichnung nicht zu der Annahme, dass solche
Namen im Sinne der Warenzeichen- und Markenschutz-Gesetzgebung als frei zu betrachten
wären und daher von jedermann benutzt werden dürften.

Umschlaggestaltung: KünkelLopka Medienentwicklung, Heidelberg
Druck und buchbinderische Verarbeitung: STRAUSS GMBH, Mörlenbach
Gedruckt auf säurefreiem und chlorfrei gebleichtem Papier
Printed in Germany

ISBN 978-3-531-17572-0

Danksagung

Zu allererst möchte ich meinem Betreuer Prof. Dr. Markus Freitag danken. Vor allem danke ich Dir für das Vertrauen in Deine Doktoranden und die Förderung einer offenen, unabhängigen und zielstrebigen Arbeitsatmosphäre, ohne die menschliche Wertschätzung aus den Augen zu verlieren, die einen morgens gerne zum Arbeitsplatz kommen lässt. Ich weiß Deine Hilfe in den letzen Jahren sehr zu schätzen!

Danke an vier besonders hilfsbereite und geduldsame Studierende und Kollegen, Kathrin Ackermann, Carolin Rapp, Jennifer Shore und Adam Scharpf, die mir im Laufe meiner Dissertation bei vielen großen und kleinen Aufgaben geholfen haben. Eure Hilfe ist unbezahlbar und ohne diese wäre das Projekt nicht möglich gewesen. Für Eure Zukunft wünsche ich Euch das aller Beste!

Ebenso danke ich meinem Zweitgutachter Prof. Dr. Christoph Knill und allen weiteren Kollegen – Julian Bernauer, David Born, Paul Bauer, Dr. Michael Dobbins, Christina Eder, Martina Flick, Simon Frei, Dr. Sonja Grimm, Birte Gundelach, Kai Guthmann, Birgit Jacob, Antje Kirchner, Raphael Magin, Martin Mayer, Peter Meißner, Kerstin Nebel, Aline Schniewind (ganz besonders für die Bereitstellung von Daten), Dr. Isabelle Stadelmann-Steffen, Richard Traunmüller, Dr. Jale Tosun, Katharina Vahnenbruck, Lisa Veyhl und Eva Vögtle – für die freundliche Arbeitsatmosphäre am Fachbereich Politik- und Verwaltungswissenschaften an der Universität Konstanz, die Gesellschaft beim Kaffeetrinken und Mittagessen, die soziale Unterstützung und die wertvollen und höchst kompetenten Rückmeldungen zu dieser Arbeit.

Herzlichen Dank auch an die Mitarbeiter des FDZ am IQB in Berlin und des Forschungsinstituts zur Zukunft der Arbeit in Bonn, die mir den Zugang zu den PISA-E 2003 Daten trotz zahlreicher bürokratischer Hürden ermöglichten. Ganz besonders bedanken möchte ich dort mich bei Dr. Michel Knigge, Monika Lacher und Georgios Tassoukis.

Danken möchte ich auch denjenigen Personen, die mir im Rahmen von Konferenzen, Summer Schools und Workshops viel beigebracht haben und damit auch den Verlauf dieser Arbeit beeinflusst haben. In dieser Hinsicht zu erwähnen sind: die ECPR Summer Schools for Methods and Techniques 2007 und 2008 in Ljubljana, die Tagung „Assessing the quality of education and its relationships with the inequality in European and other modern societies" am EUI in Florenz 2007, die Jahrestagungen der SVPW in Balsthal 2007, St. Gallen 2009 und Genf 2010, der "Workshop on Comparative Methods" in Bern 2007, die Konferenz der International Sociological Association (Research Committee on Economy and Society) in Neuchâtel 2008, der Workshop "The Politics of Skill Formation: Institutions, Actors, and Change" im Rahmen der ECPR Joint Session in Lissabon 2009 und der Workshop „Internationalisierung von Bildungspolitik" in Bremen 2009. Danke für die wertvollen Gespräche und Ideen auch über den Tellerrand dieses Dissertationsprojekts hinaus.

Ganz herzlich möchte ich mich bei dieser Gelegenheit auch bei meiner Patentante Annette Saar bedanken, die sich über all die Jahre immer sehr liebevoll um mich gekümmert hat. Vielen Dank für die vielen netten Urlaube und Gespräche!

Danke auch an meine Freunde. Schön, dass Ihr da seid: Susanne Birk, Sarah Herrlein, Susanne Kößler & Michael Böhler, Annika Rembach, Jana Ringholz, Nicole Schlicht, Thorsten & Kathrin Schmidt, Krisztina Vinter, alle Konstanzer Leos und natürlich auch mein Bruder Tobias.

Lieber Ralf, der Dank an Dich ist mir besonders wichtig! Seit dem ersten Semester bist Du mir in allen Lebenslagen eine besondere Stütze und ein treuer Begleiter gewesen. Ich liebe Dich und freue mich auf unsere Hochzeit. Ich bin sehr froh, Dich als Wegbegleiter gefunden zu haben.

Zu guter Letzt danke ich meinen Eltern, Herbert und Gabriele Schlicht, denen ich fast alles verdanke. Also einfach danke für alles! Ihnen möchte ich diese Dissertation widmen.

Inhalt

Vorwort 11
Tabellenverzeichnis 13
Abbildungsverzeichnis 17
1   Einleitung 21
   1.1 Die zentrale Fragestellung 21
   1.2 Relevanz der Forschungsfrage und theoretischer Rahmen 24
   1.3 Der Analyserahmen 28
   1.4 Zentrale Konzepte und methodisches Vorgehen 29
   1.5 Zentrale Befunde der Arbeit 31
   1.6 Gliederung der Arbeit 32
2   Das Konzept soziale Bildungsungleichheit 35
   2.1 Definition sozialer Bildungsungleichheit 35
   2.2 Mechanismen des Zusammenhangs zwischen sozialer Herkunft und dem Bildungserfolg 38
       2.2.1 Theorie der subjektiven Werterwartung 38
       2.2.2 Kapitaltheorien 40
3   **Makrotheorie und Hypothesen zur Erklärung sozialer Bildungsungleichheit** 45
   3.1 Ein Neo-institutionalistischer Ansatz zur Erklärung sozialer Bildungsungleichheit 45
   3.2 Forschungsstand zum Einfluss bildungspolitischer Institutionen auf das Ausmaß der sozialen Bildungsungleichheit 55
   3.3 Hypothesen zum Einfluss der Bildungspolitik auf das Ausmaß der sozialen Bildungsungleichheit in den Bundesländern 63

3.3.1 Die Frühkindliche Bildung ... 63
3.3.2 Der Ausbau der Ganztagsschulen ... 66
3.3.3 Die durchschnittliche Klassengröße ... 69
3.3.4 Die Bildungsausgaben ... 71
3.3.5 Die Gliederung in der Sekundarstufe I ... 73
3.3.6 Die Stärke des Privatschulsektors ... 79

4 Soziale Bildungsungleichheit in den Bundesländern: Operationalisierung und Messung ... 83
4.1 Operationalisierung sozialer Bildungsungleichheit ... 83
4.2 Die Datengrundlage ... 86
4.3 Die Messung sozialer Herkunft ... 88
4.4 Die Messung des Bildungserfolgs ... 96
    4.4.1 Der Zugang zum gymnasialen Bildungsgang ... 96
    4.4.2 Die Lese- und Mathematikkompetenz sowie die naturwissenschaftliche Kompetenz der Neuntklässler ... 99
4.5 Begründung und Messung der Kontrollvariablen des Effekts der sozialen Herkunft auf den Bildungserfolg ... 103
4.6 Das Ausmaß sozialer Ungleichheit im Bildungszugang im Vergleich der deutschen Bundesländer ... 113
4.7 Das Ausmaß sozialer Ungleichheit im Bildungsprozess im Vergleich der deutschen Bundesländer ... 118
4.8 Zusammenfassung und Beantwortung der ersten Forschungsfrage ... 124

5 Bildungspolitik in den Bundesländern: Konzept und Messung ... 127
5.1 Das Konzept der Bildungspolitik und historische Grundlagen der Bildungspolitik in Deutschland ... 127
    5.1.1 Das Konzept der Bildungspolitik und seine Bedeutung für den Wohlfahrtsstaat ... 127
    5.1.2 Historische Grundlagen der deutschen Bildungspolitik ... 129
5.2 Bildungspolitik im Vergleich der deutschen Bundesländer und Messung der bildungspolitischen Indikatoren ... 133
    5.2.1 Das frühkindliche Bildungssystem in den Bundesländern ... 134

5.2.2 Die Ganztagsschule in den Bundesländern 146

5.2.4 Die Schulbildungsausgaben in den Bundesländern 159

5.2.5 Die Gliederung der Sekundarstufe I in den Bundesländern 161

5.2.6 Der Privatschulsektor in den Bundesländern 178

6 Methodisches Vorgehen 183

6.1 Die Zweistufige Mehrebenenanalyse 183

6.2 Notwendigkeit der Kontrollvariablen und deren Messung 187

6.2.1 Notwendigkeit der Kontrollvariablen zur Ermittlung kausaler Zusammenhänge 187

6.2.2 Begründung und Messung der Kontrollvariablen 191

6.3 Der Aufbau der Modelle zur Berechnung des Einflusses der Bildungspolitik auf das Ausmaß sozialer Bildungsungleichheit 207

6.3.1 Evaluation der Hypothesen in zwei Analyseabschnitten 207

6.3.2 Analyseschema 208

7 Resultate 215

7.1 Der Einfluss der Bildungspolitik auf die soziale Ungleichheit im Zugang zum Gymnasium 215

7.1.1 Ergebnisse der bivariaten Analysen zur Ungleichheit im Bildungszugang 215

7.1.2 Bildungspolitische Effekte auf die soziale Ungleichheit im Bildungszugang unter Kontrolle der relevanten sozioökonomischen, soziokulturellen und parteipolitischen Rahmenbedingungen 219

7.2 Der Einfluss der Bildungspolitik auf die soziale Ungleichheit im Bildungsprozess 234

7.2.2 Ergebnisse der bivariaten Analysen zur Ungleichheit im Bildungsprozess 234

7.2.3 Bildungspolitische Effekte unter Kontrolle der relevanten sozioökonomischen, soziokulturellen und parteipolitischen Rahmenbedingungen 240

7.3 Zusammenfassung der Ergebnisse und Evaluation der Hypothesen 248

8 Diskussion 261

8.1 Ergebnisse zum Ausmaß sozialer Bildungsungleichheit in den deutschen Bundesländern 261

8.2 Ergebnisse zu den bildungspolitischen Effekten auf die soziale Bildungsungleichheit 262

8.3 Diskussion des Konzepts sozialer Bildungsungleichheit 263

    8.3.1 Relevanz sozialer Bildungsungleichheit in den Bundesländern 264

    8.3.2 Das Verhältnis von Chancengleichheit und Effizienz im Bildungswesen 265

8.4 Diskussion der zentralen These 267

    8.4.1 Bildungspolitische Determination sozialer Bildungsungleichheit. 267

    8.4.2 Deutlichere Effekte der Bildungspolitik auf die soziale Ungleichheit im Bildungszugang als auf die Ungleichheit im Bildungsprozess 269

    8.4.3 Diskrepanz zwischen dem subnationalen Vergleich und internationalen Vergleichsstudien 271

8.5 Fazit und Forschungsausblick 272

Anhänge **275**

Literaturverzeichnis **309**

Vorwort

Im Rahmen dieser Studie habe ich mich mit der Frage beschäftigt, ob bildungspolitische Institutionen das Ausmaß an sozialer Bildungsungleichheit in den deutschen Bundesländern determinieren. Der deutsche Bildungsföderalismus führt zu unterschiedlichen bildungspoltischen Kompositionen in den Bundesländern. Ferner weisen vergleichende Schulleistungsstudien immer wieder darauf hin, dass sich die Bildungsleistungen der Länder im Hinblick auf die soziale Ungleichheit unterscheiden. Die soziale Chancengleichheit im Bildungswesen gilt in meritokratischen Gesellschaften als wesentliche Bedingung gesellschaftlicher Mobilität und wird daher als Gütekriterium des Bildungswesens wahrgenommen. Mit der Analyse der bildungspolitischen Effekte auf das Ausmaß der sozialen Bildungsungleichheit leistet die Arbeit einen Beitrag zur Evaluation der subnationalen Bildungssysteme und deren Auswirkung auf die Einheitlichkeit der Lebensverhältnisse in Deutschland.

Aus einer neo-institutionalistischen Perspektive wird erwartet, dass bildungspolitische Institutionen den sozialschichtspezifischen Bildungserfolg angleichen oder segregieren können. Aus dieser Kernthese werden zwei untergeordnete Fragestellungen abgeleitet, die im Laufe der Arbeit beantwortet werden: Erstens inwiefern unterscheidet sich das Ausmaß an sozialer Bildungsungleichheit in den deutschen Bundesländern? Zweitens haben die bildungspolitischen Institutionen in den Bundesländern einen Einfluss auf diese Variation?

Ein erstes Ergebnis der Analysen ist, dass nicht von einem einheitlichen Konzept sozialer Bildungsungleichheit in den deutschen Bundesländern ausgegangen werden kann. Es lassen sich zwei voneinander unabhängige Arten sozialer Bildungsungleichheit identifizieren: soziale Ungleichheit im Bildungszugang und soziale Ungleichheit im Bildungsprozess. Die soziale Ungleichheit im Bildungszugang beschreibt die Abhängigkeit des Gymnasialbesuchs von der sozialen Herkunft. Die soziale Ungleichheit im Bildungsprozess erfasst die Abhängigkeit des Kompetenzerwerbs von Schülern von ihrer sozialen Herkunft. Je nach dem welche der beiden Arten sozialer Bildungsungleichheit im Mittelpunkt der Untersuchungen steht, nehmen die Länder völlig unterschiedliche

Ränge ein. Unabhängig von der Art der sozialen Bildungsungleichheit bestehen auch signifikante Unterschiede zwischen Ländern im Ausmaß der sozialen Bildungsungleichheit.

Die Beantwortung der zweiten Forschungsfrage bestätigt schließlich die Kernthese der Studie. Die Bildungspolitik beeinflusst das Ausmaß an sozialer Bildungsungleichheit in den deutschen Bundesländern. Freilich unterscheiden sich die Effekte der bildungspolitischen Institutionen abermals zwischen den beiden Arten sozialer Bildungsungleichheit. Das Ausmaß an sozialer Ungleichheit im Bildungszugang kann durch den Ausbau der Ganztagsschule, und den Zeitpunkt der Gliederung in der Sekundarstufe I beeinflusst werden. Das Ausmaß an sozialer Ungleichheit im Bildungsprozess kann nur durch Faktoren der frühkindlichen Bildung beeinflusst werden: Durch den Ausbau der Krippenplätze, und den Ausbau der Kindergartenplätze.

Neben den bildungspolitischen Effekten konnten auch soziokulturelle Determinanten der sozialen Bildungsungleichheit identifiziert werden: Je katholischer die Prägung eines Bundeslandes, desto stärker ist das Ausmaß an sozialer Ungleichheit im Bildungszugang und je urbaner ein Bundesland, desto stärker ist das Ausmaß an sozialer Ungleichheit im Bildungsprozess.

Letztlich kann davon ausgegangen werden, dass bildungspolitische Programme durchaus in der Lage sind, gesellschaftliche Ungleichheitsstrukturen zu moderieren. Allerdings können Programme zur Verringerung der sozialen Bildungsungleichheit auch ihre Wirkung verfehlen, wenn sozial schwächere Schichten nicht von ihnen profitieren können bzw. die Programme nur von höheren Sozialschichten genutzt werden.

Tabellenverzeichnis

Tabelle 3.1a: Der Forschungsstand zum Einfluss bildungspolitischer Institutionen auf das Ausmaß sozialer Bildungsungleichheit (Teil 1) 60
Tabelle 3.1b: Der Forschungsstand zum Einfluss bildungspolitischer Institutionen auf das Ausmaß sozialer Bildungsungleichheit (Teil2) 62
Tabelle 4.1: ISEI-Werte beispielhaft für einige Berufsgruppen 89
Tabelle 4.2: Soziale Herkunft der Neuntklässler in den Bundesländern PISA-E 2000 93
Tabelle 4.3: Soziale Herkunft der Neuntklässler in den Bundesländern PISA-E 2003 95
Tabelle 4.4: Verteilung der Neuntklässler in den Bundesländern, die einen gymnasialen Bildungsgang besuchen in PISA-E 2000 und PISA-E 2003 98
Tabelle 4.5: Verteilung der Geschlechter unter den Neuntklässlern in den Bundesländern in PISA- E 2000 106
Tabelle 4.6: Verteilung der Geschlechter unter den Neuntklässlern in den Bundesländern in PISA- E 2003 108
Tabelle 4.7: Verteilung der Neuntklässler mit Migrationshintergrund in den Bundesländern in PISA-E 2000 110
Tabelle 4.8: Verteilung der Neuntklässler mit Migrationshintergrund in den Bundesländern in PISA-E 2003 112
Tabelle 4.9: Vorhergesagte Mathematikkompetenzwerte der Neuntklässlerinnen ohne Migrationshintergrund im Jahr 2003 für hohe und niedrige Sozialschichten 123
Tabelle 4.10: Korrelationen der Bildungsungleichheitsmaße der Bundesländer (Pearson's r) 125
Tabelle 5.1: Profile der jährlichen Kindergartengebühren in fünf verschieden Städten in drei Bundesländern für Familien

	verschiedener Einkommensklassen mit einem Kind im Alter von vier Jahren (Initiative Neue Soziale Marktwirtschaft 2008) 136
Tabelle 5.2:	Das Krippenplatzangebot: Anteil der Kinder im Alter von 0 bis 2 Jahren, die eine Krippeneinrichtung besuchen in Prozent 139
Tabelle 5.3:	Das Kindergartenplatzangebot: Anteil der Kinder im Alter von 3 bis 5 Jahren, die einen Kindergarten besuchen in Prozent 141
Tabelle 5.4:	Gesetzliche Regelungen zur Zielgruppe von Vorschuleinrichtungen in den Bundesländern im relevanten Zeitraum 1990 bis 1993 143
Tabelle 5.5:	Gesetzliche Regelung über die Entscheidung des individuellen Vorschulbesuchs im relevanten Zeitraum 1990 bis 1993 144
Tabelle 5.6:	Beteiligungsraten in Vorschulen in den deutschen Bundesländern in Prozent 146
Tabelle 5.7:	Gesetzliche Regelungen zur Ganztagschule in den Bundesländern im relevanten Zeitraum 1990 bis 2002 150
Tabelle 5.8:	Anteile der Ganztagsschüler an allen Schülern, getrennt nach verschiedenen Schularten in Prozent (öffentliche und private Träger) 153
Tabelle 5.9:	Der Anteil der Ganztagsschüler in den Bundesländern in Prozent 156
Tabelle 5.10:	Die durchschnittliche Klassengröße in Bundesländern 158
Tabelle 5.11:	Die Bildungsausgaben im Durchschnitt pro Schüler und Jahr in Euro in den Bundesländern (1980 bis 2000 und 1980 bis 2003) 160
Tabelle 5.12:	Rechtliche Regelungen zum Zeitpunkt der Gliederung zu den relevanten Zeitpunkt 1995 und 1998 164
Tabelle 5.13:	Anteil der Schüler im Alter von 11 und 12 Jahren auf schulartunabhängigen Orientierungsstufen in Prozent 166
Tabelle 5.14:	Gesetzliche Regelungen zur Eigenständigkeit der Hauptschule und Kodierung der Variable zu den relevanten Zeitpunkten 171
Tabelle 5.15:	Zeitpunkt der ersten rechtliche Regelungen der Bundesländern zur Einführung der kooperativen bzw. intergierten Gesamtschule 174
Tabelle 5.16:	Anteil der Schüler auf integrierten Gesamtschulen an allen Schüler der Sekundarstufe I 176
Tabelle 5.17:	Anteil der Schüler auf kooperativen Gesamtschulen an allen Schüler der Sekundarstufe I 177
Tabelle 5.18:	Stärke des Privatschulsektors in den Bundesländern 182
Tabelle 6.1:	Der Ost-West-Unterschied der Bundesländer 192

Tabelle 6.2: Das Bruttoinlandsprodukt pro Kopf und Jahr der Gesamtbevölkerung in Euro in den Bundesländern 195
Tabelle 6.3: Durchschnittliche Sitzanteile der Volksparteien und der Parteienlager an der Regierung seit Bestehen des Bundeslandes bis 2000 in Prozent 199
Tabelle 6.4: Durchschnittliche Sitzanteile der Volksparteien und der Parteienlager an der Regierung seit Bestehen des Bundeslandes bis 2003 in Prozent 200
Tabelle 6.5: Anteile der Protestanten und Katholiken an der Gesamtbevölkerung in Prozent 202
Tabelle 6.6: Migrationsanteil in den deutschen Bundesländern in Prozent 205
Tabelle 6.7: Urbanisierungsgrad der Länder: Anzahl der Einwohnunger pro Quadratkilometer 207
Tabelle 7.1a: Bivariate Makroeffekte auf die soziale Ungleichheit im Bildungszugang 217
Tabelle 7.1b: Bivariate Makroeffekte auf die soziale Ungleichheit im Bildungszugang 218
Tabelle 7.2: Modelle zur Ermittlung der Effekte der bildungspolitischen Aspekte auf das Ausmaß sozialer Ungleichheit im Bildungszugang unter Kontrolle des Katholikenanteils und des Urbanisierungsgrads 222
Tabelle 7.3: Bivariate Makroeffekte auf die soziale Ungleichheit im Bildungsprozess 239
Tabelle 7.4: Der Effekt des Kinderkrippenausbaus auf die soziale Ungleichheit im Bildungsprozess 241
Tabelle 7.5: Der Effekt des Kindergartenplatzausbaus auf die soziale Ungleichheit im Bildungsprozess 243
Tabelle 7.6: Der Effekt des Vorschulausbaus auf die soziale Ungleichheit im Bildungsprozess 245
Tabelle 7.7: Einfluss der Bildungspolitik auf die beiden Arten sozialer Bildungsungleichheit 250

Abbildungsverzeichnis

Abbildung 2.1: Das Konzept der sozialen Bildungsungleichheit 35
Abbildung 2.2: Der Wirkmechanismus der sozialen Herkunft auf den individuellen Bildungserfolg 38
Abbildung 3.1: Makrotheoretisches Modell zur Erklärung sozialer Bildungsungleichheit 47
Abbildung 3.2: Mikromechanismen soziale Herkunft und Bildungserfolg (siehe auch Kapitel 2, Abbildung 2.2) 48
Abbildung 3.3: Bildungspolitische Institutionen als Regelwerk für das Verhalten, die Möglichkeiten und die Entscheidungen der Einzelnen 49
Abbildung 3.4: Bildungspolitische Institutionen als Regelwerk für das Verhalten, die Möglichkeiten und die Entscheidungen der Einzelnen und deren Bildungserfolg 50
Abbildung 3.5: Sozialschichtspezifischer Effekt der bildungspolitischen Institution X auf das individuelle Bildungsverhalten und den individuellen Bildungserfolg in unterschiedlichen Sozialschichten A und B 51
Abbildung 3.6: Makro-Mikro-Makro Mechanismus beim Einfluss der Bildungspolitik auf das Ausmaß der sozialen Bildungsungleichheit 54
Abbildung 4.1: Mittelwerte der Lesekompetenz der Neuntklässler in den Bundesländern und 95% Konfidenzintervalle (PISA-E 2003). 100
Abbildung 4.2: Mittelwerte der Mathematikkompetenz der Neuntklässler in den Bundesländern und 95% Konfidenzintervalle (PISA-E 2003) 101
Abbildung 4.3: Mittelwerte der naturwissenschaftlichen Kompetenzwerte der Neuntklässler in den Bundesländern und 95% Konfidenzintervalle (PISA-E 2003) 103
Abbildung 4.4: Effekte der sozialen Herkunft der Neuntklässler auf die Wahrscheinlichkeit einen gymnasialen Bildungsgag zu

besuchen in den Bundesländern mit 95%
Konfidenzintervallen (PISA-E 2000) (Indikator BU-I) 115
Abbildung 4.5: Effekte der sozialen Herkunft der Neuntklässler auf die
Wahrscheinlichkeit einen gymnasialen Bildungsgag zu
besuchen in den Bundesländern mit 95%
Konfidenzintervallen (PISA-E 2003) (Indikator BU-II) 116
Abbildung 4.6: Vorhergesagte Wahrscheinlichkeiten des Gymnasialbesuchs
für Schülerinnen ohne Migrationshintergrund aus niedrigen
(25% Quartil des ISEI=38) und hohen (75% Quartil des
ISEI=61,67217) Sozialschichten im Saarland und in Berlin.... 117
Abbildung 4.7: Soziale Bildungsungleichheit in den deutschen
Bundesländern: Regressionskoeffizienten des Effekts sozialer
Herkunft auf die Lesekompetenz der Neuntklässler mit 95%
Konfidenzintervallen (PISA-E 2003) (Indikator BU-III) 120
Abbildung 4.8: Soziale Bildungsungleichheit in den deutschen
Bundesländern: Regressionskoeffizienten des Effekts sozialer
Herkunft auf die Mathematikkompetenz der Neuntklässler
mit 95% Konfidenzintervallen (PISA-E 2003) (Indikator BU-IV) 121
Abbildung 4.9: Soziale Bildungsungleichheit in den deutschen
Bundesländern: Regressionskoeffizienten des Effekts sozialer
Herkunft auf naturwissenschaftliche Kompetenz der
Neuntklässler mit 95% Konfidenzintervallen (PISA-E 2003)
(Indikator BU-V) 122
Abbildung 5.1: Bildungspolitische Institutionen in den Bundesländern 134
Abbildung 5.2: Der Anteil aller Schüler an gebundenen und offenen
Ganztagschulen in den Bundesländern in Prozent 151
Abbildung 5.3: Anteil aller Ganztagsschüler an öffentlichen und privaten
Schulen in den Bundesländern in Prozent 154
Abbildung 6.1: Kausale Fehlschlüsse aufgrund sozioökonomischer,
soziokultureller und parteipolitischer Rahmenbedingungen 188
Abbildung 6.2: Ungeeignete Kontrollvariablen 190
Abbildung 7.1: Effekt des Krippenplatzausbaus auf die soziale Ungleichheit
im Bildungszugang 224
Abbildung 7.2: Effekt des Ausbaus der Ganztagsschule auf die soziale
Ungleichheit im Bildungszugang 226
Abbildung 7.3: Effekt der Stärke des Privatschulsektors auf die soziale
Ungleichheit im Bildungszugang 227
Abbildung 7.4: Effekt des Zeitpunkts der Gliederung auf die soziale
Ungleichheit im Bildungszugang 229

Abbildung 7.5: Effekt der durchschnittlichen Klassengröße auf die soziale Ungleichheit im Bildungszugang............230
Abbildung 7.6: Effekt der katholischen Prägung auf die soziale Ungleichheit im Bildungszugang............233
Abbildung 7.7: Effekt des Krippenplatzausbaus auf die soziale Ungleichheit im naturwissenschaftlichen Kompetenzerwerbe............242
Abbildung 7.8: Effekt des Kindergartenplatzausbaus auf die soziale Ungleichheit im Lesekompetenzerwerb............244
Abbildung 7.9: Effekt des Vorschulausbaus auf die soziale Ungleichheit im Mathematikkompetenzerwerb............246
Abbildung 7.10: Effekt der Urbanisierung auf die soziale Ungleichheit im Mathematikkompetenzerwerb............248

1 Einleitung

1.1 Die zentrale Fragestellung

Im Verlauf der vorliegenden Arbeit soll der Einfluss bildungspolitischer Institutionen auf das Ausmaß sozialer Bildungsungleichheit in den deutschen Bundesländern evaluiert werden. Vor mehr als 40 Jahren wurde in den Vereinigten Staaten von Amerika (USA) der Coleman-Bericht veröffentlicht (Coleman 1966). Der Bericht lieferte eine umfassende Analyse der Ungleichheitsstrukturen im Bildungswesen der USA und ihren Regionen. Ferner bot er Anhaltspunkte über die Wirksamkeit bildungspolitischer Programme zur Verringerung dieser Ungleichheiten. In den folgenden Analysen stehen die Ungleichheitsstrukturen in den deutschen Bundesländern und ihre makrogesellschaftlichen Ursachen im Mittelpunkt des analytischen Interesses. Die Kernthese der Studie lautet: Das Ausmaß an sozialer Bildungsungleichheit ist auf die bildungspolitische Ausgestaltung in den Bundesländern zurückzuführen. Aus dieser Kernthese können zwei untergeordnete Fragestellungen abgeleitet werden, die im Verlauf der Studie bearbeitet werden: Erstens inwiefern unterscheiden sich die Länder hinsichtlich des Ausmaßes sozialer Bildungsungleichheit? Zweitens sind bildungspolitische Eigenschaften für das spezifische Ausmaß sozialer Bildungsungleichheit in den Ländern verantwortlich? Die Bearbeitung dieser Leitfragen leistet einen Beitrag zur Evaluation der subnationalen Bildungssysteme und Bildungspolitiken im Hinblick auf die Verbreitung sozialer Bildungsungleichheit.

   Seit der ersten Veröffentlichung der Program for International Student Assessment (PISA) Studien steht die Leistungsfähigkeit von Bildungssystemen im Mittelpunkt wissenschaftlicher und politischer Auseinandersetzungen (vgl. Hanushek und Luque 2003). Neben dem reinen Kompetenzerwerb der Schüler[1]

---

1 Wenn im Folgenden von Schülern, Neuntklässlern oder Lehrern geschrieben wird, sind –

wird auch eine möglichst geringe Abhängigkeit des Schulerfolgs von der individuellen sozialen Herkunft – soziale Chancengleichheit im Bildungswesen – als Gütekriterium des Bildungswesens wahrgenommen. Die soziale Chancengleichheit gilt als wesentliche Bedingung gesellschaftlicher Mobilität und somit auch als Fundament des Wohlfahrtsstaats in meritokratischen Gesellschaften (Allmendinger 2004; Allmendinger und Leibfried 2003; Bettmer 2007: 197).

Der Bildungsinspektor der Vereinten Nationen, Vernor Muñoz, bewertet die Abhängigkeit des Bildungserfolgs von der elterlichen sozialen Herkunft in Deutschland als so stark wie in keinem anderen Industrieland.[2] Diese Einschätzung wird durch aktuelle Schulleistungsstudien gestützt, die Deutschland im Vergleich der Industriestaaten einen starken Zusammenhang zwischen sozialer Herkunft und Bildungschancen attestieren (Baumert und Schümer 2001, 2002; Beaton et al. 1996a; Beaton et al. 1996b; Ehmke et al. 2004; Ehmke et al. 2005; Martin et al. 2004; Martin et al. 2000; Mullis et al. 2004; Mullis et al. 2000; Mullis et al. 2003; Schlicht et al. 2010; Schütz und Wößmann 2006). Insbesondere die Unterschiede zwischen den politischen Einheiten deuten darauf hin, dass gesellschaftliche Strukturen einen Einfluss auf das Ausmaß der sozialen Bildungsungleichheit haben (Pfeffer 2008: 545; von Carnap und Edding 1962). Muñoz geht soweit, das dreigliedrige Bildungssystem für die hohe soziale Selektivität in Deutschland verantwortlich zu machen und weitreichende Bildungsreformen zur Verringerung des sozialen Ungleichgewichts zu fordern.[3] Verschiedene international vergleichende Studien bestätigen, dass der Grad an sozialer Bildungsungleichheit durch die bildungspolitische Ausgestaltung der nationalen Bildungssysteme determiniert wird, obgleich der Effekt der Gliederung im Sekundarschulwesen nicht bestätigt werden kann (Ammermüller 2005; Pfeffer 2008; Schlicht et al. 2010; Schütz et al. 2008; Schütz und Wößmann 2005).

Neben dem internationalen Vergleich rückt in Deutschland auch der subnationalen Vergleich der Bundesländer in den Mittelpunkt des Interesses. Dies nicht zuletzt deshalb, weil die Gestaltung der Schulpolitik in die Kompetenz der Bundesländer fällt und einen grundlegend landespolitischen Charakter hat. Der Bildungsföderalismus in Deutschland und die daraus folgende Vielfältigkeit der subnationalen Bildungssysteme legen nahe, dass die Unterschiede

---

wenn nicht ausdrücklich abweichend erwähnt – jeweils Schülerinnen und Schüler, Neuntklässler und Neuntklässlerinnen oder Lehrerinnen und Lehrer gemeint. Das Maskulinum wird ausschließlich zum Zwecke des Lesekomforts verwendet.

2   Siehe www.spiegel.de (26.2.2007), Titel: Uno-Schulinspektor übt harsche Kritik.
3   Siehe www.faz.net (21.2. 2006), Titel: UN-Beauftragter Muñoz rügt deutsches Bildungssystem.

zwischen den Bundesländern auch Auswirkungen auf die Bildungsleistungen der Länder haben. Die ländervergleichenden Analysen deuten tatsächlich immer wieder auf Unterschiede im Ausmaß der sozialen Bildungsungleichheit zwischen den Bundesländern hin (vgl. Ehmke et al. 2005; Henz und Maas 1995; Hillmert 2004: 72). Während etwa in Bayern die Wahrscheinlichkeit eines Gymnasialbesuchs für einen 15-jährigen Schüler aus dem höchsten Sozialschichtquartil gegenüber einem Schüler aus dem zweitniedrigsten Sozialschichtquartil (äquivalent zur Arbeiterschicht) 6,65 mal höher ist (gemessen in Odds Ratios), steht dieses Chancenverhältnis in Brandenburg nur bei 2,38 (Ehmke et al. 2005). Die ländervergleichenden PISA-E Studien (E=Erweiterung für den Vergleich der deutschen Bundesländer) stimulieren einen öffentlichen Diskurs über die Güte der subnationalen Bildungssysteme und die Sinnhaftigkeit des Bildungsföderalismus in Deutschland.[4] Das Grundgesetz (GG) der Bundesrepublik Deutschland fordert in Artikel 106 Absatz (Abs.) 3 die Einheitlichkeit der Lebensverhältnisse in den Bundesländern. Die nach den PISA-Veröffentlichungen anhaltende Diskussion über die mit der sozialen Bildungsungleichheit einhergehende soziale Spaltung der Gesellschaft stimuliert zwar eine öffentliche Debatte über Bildungsreformen. Eine Abschätzung deren Effektivität bleibt indes zumeist ohne wissenschaftliche Fundierung und Bewertung (von Recum 2003: 108f.). Die Arbeit bietet damit eine wissenschaftliche Fundierung der Debatte über die Bedeutung des deutschen Bildungsföderalismus im Hinblick auf die Einheitlichkeit der Lebensverhältnisse.

---

4   Siehe www.welt.de (17.7.2002), Titel: PISA: Lehren für den Bildungsföderalismus.

1.2 Relevanz der Forschungsfrage und theoretischer Rahmen

Die Frage nach schichtspezifischen Ungleichheiten im Bildungssystem steht seit einigen Jahrzehnten im Mittelunkt bildungssoziologischer Fragestellungen (Boudon 1973; Byrne et al. 1975; Coleman 1966; Dahrendorf 1965; Husén 1974; Peisert 1967; Sewell 1971; von Carnap und Edding 1962). Peiserts (1967) internationale Vergleiche verdeutlichten beispielsweise, dass Deutschland im Vergleich zu anderen Ländern bereits in den 1950er und 1960er Jahren eine hohe Bildungsungleichheit aufwies: Während in England und Schweden ca. zwischen 15 und 25 Prozent der Studierenden aus Arbeiterfamilien stammten, waren es hierzulande zur gleichen Zeit nur etwa 6 Prozent. Folge dieser „deutschen Bildungskatastrophe" (Picht 1964) und der zusätzlich wahrgenommenen technologischen Überlegenheit der östlichen Staaten („Sputnik-Schock") waren Bildungsreformen, die zwischen 1965 und 1985 zu einer Vervierfachung der Abiturientenquote führten (Handl 1985; Hurrelmann 1988). Trotz der weitreichenden Bildungsexpansion gegen Ende des vorherigen Jahrhunderts konnte die soziale Ungleichheit im Bildungswesen jedoch nur geringfügig reduziert werden (Erikson und Goldthorpe 1992; Hurrelmann und Mansel 2000; Köhler 1992; Krais 1996; Meulemann 1992; Müller und Haun 1994; Schimpl-Neimanns 2000a, 2000b; Shavit und Blossfeld 1993; Solga und Wagner 2001). Die Veröffentlichungen der PISA-Schulleistungsstudien (Baumert 2001; Prenzel 2004, 2007) rücken das Phänomen der sozialen Bildungsungleichheit wieder ins Zentrum wissenschaftlichen und gesellschaftlichen Interesses. Die Effektivität von Bildungssystemen bei der Herstellung sozialer Chancengleichheit spielt aus mindestens drei Gründen eine bedeutende Rolle im modernen Wohlfahrtsstaat (Esping-Andersen 1990: 3; Heidenheimer 1973; Wilensky 1975):

Erstens wird die Abhängigkeit der Bildungschancen von sozialen Aspekten anstatt erbeigenen Fähigkeiten als Verschwendung potenziellen Humankapitals und die Investition in Bildung als Voraussetzung für künftige ökonomische und technische Wettbewerbsfähigkeit wahrgenommen (Handl 1985). Der Bildungsstand einer Gesellschaft wird als zentrale Voraussetzung des volkswirtschaftlichen Erfolgs und der sozioökonomischen Entwicklung angesehen (Doucouliagos und Ulubasoglu 2008; Fägerlind und Saha 1989: 3; Kingston 2001: 88). Nach Blossfeld und Shavit (1993b: 1) verlangt die Transformation des Arbeitsmarktes von einer Dominanz des ersten zum zweiten und schließlich zum dritten Sektor nach einem höheren Bildungsniveau um die Nachfrage nach Arbeitskräften zu decken. Der Ruf nach sozialer Chancengleichheit ist somit auch auf die Nachfrage nach hoch qualifizierten Arbeitskräften zurückzuführen (vgl. Allmendinger et al. 2006: 173; Oehler 2000; Solga 2005b). Rehme (2002) und Odedokun und Round (2004) können zeigen, dass Länder mit höheren Investitionen in Bildung langfristig ein höheres Wirtschaftswachstum erreichen. Eine der Leistungsfähigkeit der Schüler entsprechende und möglichst hohe Bildung wird somit weitläufig als Vorbedingung wirtschaftlichen und technologischen Fortschritts wahrgenommen. Das Zurücklassen einzelner Schüler im Bildungswesen aufgrund ihrer sozialen Herkunft trotz eines höheren Leistungspotenzials wird als Vergeudung gesellschaftlichen Humankapitals gewertet.

Zweitens lehnen meritokratische Gesellschaften die Verteilung von Bildungsgütern anhand sozialer Kriterien als ungerecht ab (Hillmert 2004: 76; Solga 2005a). Meritokratische Grundsätze zielen auf die Verteilung von Gütern innerhalb einer Gesellschaft nicht nach sozialen Ständen, sondern nach der Leistung des Einzelnen ab. Der Bildungserfolg wird ferner als Grundlage späterer beruflicher und gesellschaftlicher Stellung im Lebenslauf wahrgenommen (Allmendinger 1989, 2004; Allmendinger und Leibfried 2003; Brinton 2005; Esping-Andersen 2008: 19; Geißler 1987: 79). Unterschiedliche Bildungsabschlüsse bestimmen die Statuspositionen, das Einkommen, das Sozialprestige und die Arbeitsbedingungen im Lebenslauf (Carnoy und Levin 1985: 8; Crenshaw 1992; Sewell 1971; van Zandt Winn 1984). Die Chancengleichheit im Bildungssystem ermöglicht somit den sozialen Aufstieg und verhindert die stetige Reproduktion sozialer Ungleichheiten über Generationen hinweg (Allmendinger 2004; Hradil 2001; Solga 2005a). Müller und Pollak (2004: 82) sehen das Bildungssystem gar als eine der wichtigsten gesellschaftlichen Institutionen, welche für das geringe Niveau gesellschaftlicher Mobilität in Deutschland verantwortlich sind. Soziale Ungleichheit im Bildungswesen wird folglich auch als Vorbote weiterer sozialer Ungleichheiten wie Einkommensungleichheit, Arbeitslosigkeit oder Sozialhilfeabhängigkeit gesehen (Allmendinger 2004; Allmendinger und Leibfried 2003; Bettmer 2007: 197; Odedokun und Round 2004; Rehme 2002). Ein funktionierendes Bildungssystem entlastet demnach die sozialen Sicherungssysteme, da es die individuellen Berufschancen erhöht und zu einem geringen Grad an Arbeitslosigkeit beiträgt. Nach Esping-Andersen (1990: 3) ist die Herstellung von Chancengleichheit das zentrale Ziel des Wohlfahrtsstaates. Aus der hier vertretenen Sicht kann das Bildungswesen gar als Fundament der Meritokratie in modernen Wissensgesellschaften gesehen werden (Allmendinger 2004; Allmendinger 2005; Allmendinger und Leibfried 2005; Allmendinger und Nikolai 2006; Castles 1999: 174; Jahn 2006; Rothe 1981; Schmidt 1980; Thibaut 2002; Weiß 2006; Wilensky 1975): Setzen sich soziale Ungleichheiten bereits im Bildungswesen durch, ist eine Verteilung von Gütern nach dem Leistungsprinzip auch im späteren Lebensverlauf kaum denkbar. Bereits Horace Mann, der Vater öffentlicher Schulbildung in den Vereinigten Staaten von Amerika, schrieb Mitte des 19. Jahrhunderts: „public education is beyond all other devices of human origin the great equalizer of the condition of men" (Glomm und Kaganovich 2003: 917). Chancengleichheit im Bildungswesen gilt drittens auch als eine Grundlage der Stabilität und Funktionsfähigkeit von Demokratien (Anderson und Singer 2008; Coleman 1966; Odedokun und Round 2004). Nach der Modernisierungstheorie fördert eine hoher gesellschaftlicher Bildungsstand die Demokratie, indem er eine demokratische Kultur schafft und zu einem größeren Wohlstand führt, der wiederum die politische Entwicklung vorantreibt (Acemoglu et al. 2005: 44). So erweitert Bildung die Perspektiven der Menschen innerhalb einer Gesellschaft, befähigt sie, die Notwendigkeit von Normen und Toleranz zu verstehen, hindert sie daran extremen und monistische Doktrinen anzuhängen und befähigt sie rationale Wahlentscheidungen zu treffen (Lipset 1959: 79). Die stützende Funktion der Bildung für die Demokratie liegt auch darin begründet, dass gebildete Bürger zur politischen Partizipation bereit sind (Almond und Verba 1965: 319). Ferner ermöglicht Bildung die Sozialisation und Integration junger Menschen in die politische Kultur eines Landes (Fägerlind und Saha 1989: 25ff.). Auf diese Weise hält ein hoher Bildungsstand der Gesellschaft, die geltenden Gesetze und die bestehende Ordnung aufrecht und schützt den Bestand des Regierungssystems (Carnoy und Levin 1985: 8; Olssen et al. 2004: 1f.). Preston und Green (2005) beobachten negative Effekte sozialer Bildungsungleichheit auf Aspekte des sozialen Vertrauens und der politischen Freiheit. Im Gegenteil vermerken sie stark positive Beziehungen zwischen sozialer Ungleichheit im Bildungswesen und dem Auftreten von politischen Revolutionen, Kriminalität und Xenophobie.

National und subnational vergleichende Schulleistungsstudien weisen beständig darauf hin, dass das Ausmaß sozialer Chancengleichheit im Bildungswesen zwischen politischen Einheiten variiert (Baumert und Schümer 2001, 2002; Ehmke et al. 2004; Ehmke et al. 2005). Die Variation legt nahe, dass kontextspezifische Rahmenbedingungen, wie etwa schulpolitische Regelungen, den Zusammenhang zwischen individueller sozialer Herkunft und dem Bildungserfolg verändern können (Allmendinger 2004; Becker 2000; Berger und Kahlert 2005; Boudon 1973; Coleman 1966; Hanushek und Luque 2003; Müller 2005: 45f.). Dies führte in der breiten Öffentlichkeit zu einer langfristigen politischen Debatte über die Leistungsfähigkeit verschiedener Bildungssysteme und die Effektivität unterschiedlicher Bildungspolitiken (Hanushek und Luque 2003). Jedoch basieren die angeführten Annahmen kaum auf wissenschaftlichen Ergebnissen vergleichender Studien. Laut dem Beirat der DFG-Förderinitiative „Empirische Bildungsforschung" (2005: 146) ist die Nachfrage nach wissenschaftlichen Erkenntnissen der Bildungsforschung in den letzten Jahren gestiegen, da es an fundierten und systematisch vergleichenden Erkenntnissen über Determinanten der Leistungssteigerung und Chancenzugängen von Bildungssystemen fehlt. Auch Hanushek und Luque (2003) fordern in Reaktion auf die vergleichenden Schulleistungsstudien eine stärkere Beachtung der bildungspolitischen und bildungssystemischen Ausgestaltung, da herkömmliche makroökonomische Theorien nicht ausreichen, um nationale Bildungsergebnisse zu erklären.

Dem Neo-Institutionalismus zufolge sind Schüler tief in das jeweilige Bildungssystem eingebettet, welches das individuelle Bildungsverhalten formt (vgl. Hall und Taylor 1996; Immergut 1998; March und Olsen 1984; Mayntz und Scharpf 1995: 43; Ostrom 1999; Rothstein 1996; Schneider und Keesler 2007; Weaver und Rockman 1993a, 1993b). Bildungspolitische Institutionen werden als Opportunitätsstrukturen erachtet, die das individuelle Bildungsverhalten strukturieren und beeinflussen (Hall und Taylor 1996; Opp 1996). So wird erwartete, dass bestimmte bildungspolitischen Institutionen den individuellen Bildungserfolg unterschiedlicher Sozialschichten angleichen, während andere die Segregation des Bildungserfolgs zwischen den Schichten eher fördern (vgl. Becker und Lauterbach 2004a; Berger und Kahlert 2005; Erikson und Jonsson 1996; Halpin 1990; Hillmert 2004; Schneider und Keesler 2007; Sewell 1971). Obwohl in bildungssoziologischen Studien immer wieder auf den nahe liegenden Effekt der Bildungspolitik auf die Bildungsungleichheit hingewiesen wird, existieren bisher kaum Untersuchungen, welche die Schulsysteme hinsichtlich ihrer Wirkung auf die soziale Chancengleichheit empirisch evaluieren (Müller 2005). Während die Veröffentlichungen zum Einfluss der Bildungspolitik im internationalen Vergleich in den letzten Jahren einen beachtlichen Bestand erreicht haben (Ammermüller 2005; Pfeffer 2008; Schlicht et al. 2010; Schütz et al. 2008; Schütz und Wößmann 2005), existieren kaum Studien im Vergleich von subnationalen Einheiten (Freitag und Schlicht 2009; Schlicht 2010; Wößmann 2007). Insgesamt steht der Regionen oder Nationen übergreifende Vergleich der Bildungspolitiken und Bildungssysteme sowie ihre Evaluation noch in den Startlöchern (Hepp und Weinacht 1996; Jahn 2006). Die Evaluation verschiedener Bildungssysteme hinsichtlich der Wegbereitung einer weitreichenden Bildungschancengleichheit ist damit ein zentrales Desiderat wohlfahrtsstaatlicher Forschung (Allmendinger und Nikolai 2006). Vor diesem Hintergrund möchte diese Arbeit ein bislang weitgehend von der Bildungssoziologie bearbeitetes Thema mit Erkenntnissen der vergleichenden Policy-Forschung anreichern, um ein facettenreicheres Bild von den Determinanten der Bildungsungleichheit zu erhalten. Die empirischen Ergebnisse der vorliegenden Arbeit können insofern den politischen und gesellschaftlichen Diskurs über die Effektivität der Bildungspolitik und die Möglichkeiten zur Verringerung sozialer Chancenungleichheit untermauern.

1.3 Der Analyserahmen

Den Analyserahmen dieser Studie bilden die 16 deutschen Bundesländer. Die Auswahl der Bundesländer als Untersuchungseinheiten ist vor allem durch drei Argumente fundiert:

Erstens kann Deutschland aufgrund der dezentralen Bildungspolitik nicht als bildungspolitische Einheit angesehen werden. Vielmehr haben sich durch den historisch bestehenden und ausgeprägten Bildungsföderalismus stark unterschiedliche Bildungssysteme und bildungspolitische Praktiken in den Ländern entwickelt (Schlicht 2009). Darüber hinaus weisen die subnationalen Vergleiche der PISA-Studie darauf hin, dass das Ausmaß sozialer Bildungsungleichheit in Deutschland auch zwischen den Bundesländern variiert (Baumert und Schümer 2002; Ehmke et al. 2004). Vor dem Hintergrund dieser PISA-Ergebnisse wurden im Rahmen der letzen Föderalismusreformen Zweifel am deutschen Bildungsföderalismus deutlich.[5] Demzufolge verletzten die unterschiedlichen Bildungspolitiken der Länder das verfassungsmäßige Gebot der Gleichheit der Lebensverhältnisse. Die meisten vergleichenden Studien zum Einfluss der Bildungspolitik auf die soziale Bildungsungleichheit konzentrieren sich jedoch auf den Vergleich der Bildungsergebnisse zwischen Nationalstaaten, was dazu führt, dass die Ursachen für unterschiedliche Ergebnisse auch auf nationalstaatlicher Ebene gesucht werden. Die Ergebnisse internationaler Vergleiche können jedoch nicht auf die deutschen Bundesländer übertragen werden, da sich die Variation der Bildungspolitik im Ländervergleich völlig anders gestaltet als im internationalen Vergleich (vgl. Schlicht et al. 2010). Sowohl die Bildungspolitik als auch das Ausmaß der sozialen Bildungsungleichheit variieren im Vergleich der Bundesländer auf einem völlig anderen Niveau als im Vergleich von Nationalstaaten. Eine Untersuchung inwiefern der Bildungsföderalismus tatsächlich zu unterschiedlichen Lebensbedingungen im Hinblick auf soziale Chancengleichheit führt, trägt daher zu einer Bewertung der dezentral organisierten Bildungspolitik in Deutschland bei (vgl. Ehlert et al. 2007; Liu 2006).

---

5   Siehe etwa www.focus.de (5.9.2006), Titel: Reform bremst Reformen.

Zweitens sprechen konzeptionelle Argumente für eine Untersuchung sozialer Bildungsungleichheit im deutschen Bezugsrahmen. Im internationalen Vergleich wird soziale Bildungsungleichheit meist durch den Einfluss sozialer Aspekte auf den Kompetenzerwerb definiert. Der Kompetenzerwerb ist in der Regel das einzige international vergleichbare Kriterium der Erfolgsmessung. In Deutschland sind jedoch neben dem Kompetenzerwerb weitere Kriterien des Schulbildungserfolgs zu unterscheiden. So stellt vor allem der Zugang zu verschiedenen Schulformen, insbesondere zum Gymnasium, ein bedeutendes Erfolgskriterium dar. Das Abitur, welches in der Regel über den Besuch des Gymnasiums erreicht wird, stellt die Voraussetzung für den Zugang zu einer Hochschulausbildung dar. Weniger die Schulnoten oder der tatsächliche Kompetenzerwerb, sondern vielmehr der erreichte Schulabschluss prognostizieren den weiteren Bildungs- und Berufsverlauf und somit die spätere soziale Stellung. Für den deutschen Rahmen stellt die Abhängigkeit des Gymnasialzugangs von der sozialen Herkunft zumindest eine ebenso bedeutende Konzeptualisierung sozialer Bildungsungleichheit dar, wie der Zusammenhang zwischen sozialer Herkunft und dem Kompetenzerwerb. Beide Erfolgskriterien sollen in dieser Arbeit bei der Messung sozialer Bildungsungleichheit berücksichtigt werden. Die Untersuchung sozialer Bildungsungleichheit innerhalb Deutschlands verspricht somit eine differenzierte Betrachtung des Konzepts sozialer Bildungsungleichheit anhand verschiedener Bildungserfolgskriterien.

Drittens bietet eine subnationale Untersuchung des Einflusses der Bildungspolitik auf die soziale Bildungsungleichheit auch methodische Vorteile. Im Gegensatz zu einem internationalen Vergleich handelt es sich bei einem subnationalen Analyserahmen um ein „Most-Similar-Systems-Design" (vgl. Method of Difference) (Mill 2006). Die Bundesländer sind durch ihre Einbettung in einen relativ homogenen institutionellen und sozioökonomischen Rahmen eines Nationalstaates und der gleichzeitig stark dezentralisierten Bildungspolitik prädestiniert dafür, den Einfluss der Bildungspolitik auf das Ausmaß sozialer Bildungsungleichheit im Vergleich der Länder zu isolieren und somit möglichst robust abschätzen zu können (vgl. auch Snyder 2001).

1.4 Zentrale Konzepte und methodisches Vorgehen

Das zu erklärende Phänomen soziale Bildungsungleichheit umschreibt den Zusammenhang zwischen individuellen Faktoren der sozialen Herkunft und dem individuellen Bildungserfolg. Das Konzept meint somit die „Unterschiede im Bildungsverhalten und in den erzielten Bildungsabschlüssen (beziehungsweise Bildungsgängen) von Kindern, die in unterschiedlichen sozialen Bedingungen und familiären Kontexten aufwachsen" (Müller und Haun 1994: 3). Tatsächlich kann in allen bestehenden Gesellschaften eine Abhängigkeit des Bildungserfolgs von der sozialen Herkunft nachgewiesen werden. Ungeklärt ist bisher, zu welchem Anteil soziale Bildungsungleichheit auf soziale oder genetische Faktoren bzw. auf eine Interaktion beider Faktoren zurückzuführen ist (Duyme 1988; Pfeffer 2008: 543; Plomin et al. 1997). Jedoch weisen Unterschiede zwischen politischen Einheiten im Ausmaß sozialer Bildungsungleichheiten darauf hin, dass gesellschaftliche Rahmenbedingung eine Rolle für den Grad der sozialen Bildungsungleichheit spielen (vgl. von Carnap und Edding 1962). Im Folgenden ist daher zunächst zu prüfen, inwiefern sich die deutschen Bundesländer im Ausmaß der sozialen Bildungsungleichheit unterscheiden.

Gemäß Jacobs (1996) können unterschiedliche Formen sozialer Bildungsungleichheit betrachtet werden. Bildungsungleichheit kann als Ungleichheit hinsichtlich des Zugangs (Beteiligung an verschiedenen Bildungsinstitutionen), des Prozesses (Kompetenzerwerb) oder bezogen auf das Ergebnis (Nutzen des Bildungserwerbs für das Berufsleben) definiert werden. In dieser Arbeit stehen soziale Ungleichheiten im Bildungsprozess und im Bildungszugang im Zentrum des analytischen Interesses. Ziel der Studie ist somit, gesellschaftliche Ungleichheitsstrukturen in möglichst frühen curricularen Phasen zu erfassen. Soziale Ungleichheiten hinsichtlich der Erfolge im Bildungsprozess werden durch die Abhängigkeit des Kompetenzerwerbs von Schülern in den Fachdisziplinen Lesen, Mathematik und Naturwissenschaften gemessen. Die Abhängigkeit des Gymnasialbesuchs von der sozialen Herkunft beschreibt in dieser Studie das Ausmaß an sozialer Ungleichheit im Bildungszugang.

Die Bildungspolitik als zentrale erklärende Größe definiert „die Ordnung und Entwicklung des Schulwesens, des Hochschulwesen und der außerschulischen Erziehung, Bildung und Qualifizierung innerhalb staatlicher Gemeinschaften" (Oehler 2000: 65). Im Fokus dieser Studie stehen die bildungspolitischen Institutionen im Rahmen der allgemeinen Schulbildung und der frühkindlichen Bildung. Dieser Fokus leitet sich aus der zu erklärenden Größe – soziale Bildungsungleichheit – in frühen Bildungsphasen, während der allgemeinen Schulbildung ab. Insgesamt werden in dieser Arbeit sechs zentrale bildungspolitische Institutionen der deutschen Bundesländer untersucht: Der Ausbau des frühkindliche Bildungswesens, der Ausbau der Ganztagsschule, die durchschnittliche Klassengröße, die Höhe der Bildungsausgaben, der Zeitpunkt und der Grad der Gliederung in der Sekundarstufe I und die Bedeutung des Privatschulsektors.

Die Fragestellung wird anhand einer „separate-subsample" Mehrebenenanalyse, einem zweistufigen Mehrebenenmodell, beantwortet (vgl. Franzese 2004). Es ist davon auszugehen, dass die Bildungspolitik (Makroebene) den

Zusammenhang zwischen sozialer Herkunft und Bildungserfolg (beides Individualebene), also individuelles Verhalten moderiert. Auf einer *ersten Stufe* des Mehrebenenmodells wird anhand linearer und logistischer Regressionen unter Nutzung der PISA-E 2000 und PISA-E 2003 Datensätze das Niveau sozialer Bildungsungleichheit in den 16 Ländern ermittelt und verglichen (Kapitel 4). Damit wird die erste Forschungsfrage dieser Arbeit nach der Variation sozialer Bildungsungleichheit im Vergleich der Bundesländer bearbeitet. Auf der *zweiten Stufe* der Mehrebenenanalyse wird der Einfluss bildungspolitischer Charakteristika der Länder auf die geschätzten Effekte der ersten Stufe überprüft (Kapitel 7). Dieser Schritt beantwortet die zweite Forschungsfrage und überprüft zugleich die Kernthese der Arbeit, dass die Bildungspolitik das Ausmaß sozialer Bildungsungleichheit beeinflusst. Die bildungspolitischen Effekte werden jeweils durch sozioökonomische, soziokulturelle und parteipolitische Rahmenbedingungen kontrolliert: den Ost-West-Unterschied, den ökonomischen Reichtum, die Stärke linker Parteien, die Stärke rechter Parteien, den Protestantenanteil, den Katholikenanteil, den Urbanisierungsgrad und den Migrationsanteil in den Ländern.

1.5 Zentrale Befunde der Arbeit

Die Ergebnisse der vorliegenden Arbeit bestätigen die Kernthese: Die bildungspolitische Ausgestaltung beeinflusst das Ausmaß an sozialer Bildungsungleichheit in den deutschen Bundesländern. Ein erster Befund der Analysen ist, dass in den deutschen Bundesländern nicht von einem einheitlichen Konzept sozialer Bildungsungleichheit gesprochen werden kann (Kapitel 4). Vielmehr lassen sich zwei verschiedene Arten sozialer Bildungsungleichheit identifizieren, soziale Ungleichheit im Bildungszugang und soziale Ungleichheit im Bildungsprozess (Kompetenzerwerb). Je nach dem welche Art der sozialen Bildungsungleichheit betrachtet wird, nehmen die Bundesländer sehr unterschiedliche Ränge ein. Unabhängig von der Art der untersuchten Bildungsungleichheit lässt sich auch zeigen, dass das Ausmaß sozialer Bildungsungleichheit zwischen den Ländern variiert.

Ferner lassen sich bildungspolitische Effekte sowohl auf die soziale Ungleichheit im Bildungszugang als auch auf den Bildungsprozess feststellen, wobei die Effekte auf die soziale Ungleichheit im Bildungszugang deutlicher ausfallen als auf die soziale Ungleichheit im Bildungsprozess. Generell unterscheiden sich die Effekte je nach Art der Bildungsungleichheit stark. Der Ausbau der Ganztagsschule und der Zeitpunkt der Gliederung in der Sekundarstufe I beeinflussen die soziale Ungleichheit im Bildungszugang. Soziale Ungleichheit im Bildungsprozess kann ausschließlich durch den Ausbau der frühkindlichen Bildung reduziert werden. Neben den bildungspolitischen Faktoren lassen sich auch soziokulturelle Rahmenbedingungen als relevante Prädiktoren der sozialen Bildungsungleichheit identifizieren. Die katholische Prägung eines Bundeslandes beeinflusst die soziale Ungleichheit im Bildungszugang, während der Urbanisierungsgrad für das Ausmaß an sozialer Ungleichheit im Bildungsprozess relevant ist.

1.6 Gliederung der Arbeit

Die vorliegende Arbeit gliedert sich in acht Kapitel:

Das folgende *Kapitel 2* ist dem Konzept der sozialen Bildungsungleichheit gewidmet. Das Konzept wird auf Grundlage der bestehenden bildungssoziologischen Literatur in diesem Kapitel definiert. Dabei werden sowohl die kapitaltheoretischen als auch die entscheidungstheoretischen Ansätze aus der mikrosoziologischen Bildungsforschung eingeführt.

In *Kapitel 3* werden der *theoretischen Rahmen* der Arbeit und die *Hypothesen* erläutert. Im Sinne des Neo-Institutionalismus wird davon ausgegangen, dass bildungspolitische Institutionen den individuellen Bildungserfolg modulieren. In den Hypothesen 1-6 werden die erwarteten Effekte bestimmter bildungspolitischer Institutionen auf die soziale Bildungsungleichheit hergeleitet.

In *Kapitel 4* wird die abhängige Variable dieser Arbeit, die Prävalenz sozialer Bildungsungleichheit in den deutschen Bundesländern, ermittelt. Aufbauend auf der Konzeptualisierung in Kapitel 2 wird zwischen zwei Arten der sozialen Bildungsungleichheit unterschieden, die für den Vergleich der deutschen Bundesländer relevant sind: soziale Ungleichheit im Bildungszugang und soziale Ungleichheit im Bildungsprozess.

Kapitel 5 beinhaltet die Konzeptualisierung und Messung der bildungspolitischen Institutionen im Vergleich der Bundesländer. Hierbei werden für die sechs bildungspolitischen Institutionen Messindikatoren vorgestellt. Vorab liefert das Kapitel eine Einführung in die allgemeinen wohlfahrtsstaatlichen Ziele der Bildungspolitik und die historischen Grundlagen des deutschen Bildungswesens.

Kapitel 6 führt in das methodische Vorgehen der Arbeit ein. Das Kapitel enthält neben einer Einführung in das Verfahren der zweistufigen Mehrebenenanalyse auch eine Begründung der Kontrollvariablen und eine Anleitung zum Modellaufbau und zu den Robustheitsanalysen.

In *Kapitel 7* werden die Ergebnisse der Arbeit zum Einfluss der Bildungspolitik auf das Ausmaß der sozialen Bildungsungleichheit in den deutschen Bundesländern vorgestellt und eingeordnet. In einem darauffolgenden Abschnitt werden die Hypothesen evaluiert.

Die Arbeit schließt in *Kapitel 8* mit einer Diskussion der Resultate und einem Ausblick auf weitere Forschung. Zunächst wird die Relevanz der sozialen Bildungsungleichheit im Vergleich der deutschen Bundesländer diskutiert. Darauf folgt eine Bewertung der bildungspolitischen Determination sozialer Bildungsungleichheit.

2 Das Konzept soziale Bildungsungleichheit

Dieses Kapitel ist dem zu erklärenden Konzept, der sozialen Bildungsungleichheit, gewidmet. In einem ersten *Abschnitt 2.1* wird das Konzept der sozialen Bildungsungleichheit definiert. In *Abschnitt 2.2* wird der Zusammenhang zwischen sozialer Herkunft und Bildungserfolg anhand von zwei bildungssoziologischen Ansätzen erörtert.

2.1 Definition sozialer Bildungsungleichheit

Bildungsungleichheit meint die „Unterschiede im Bildungsverhalten und in den erzielten Bildungsabschlüssen (beziehungsweise Bildungsgängen) von Kindern, die in unterschiedlichen sozialen Bedingungen und familiären Kontexten aufwachsen" (Müller und Haun 1994: 3). Soziale Bildungsungleichheit beschreibt daher ein Konstrukt, welches die Abhängigkeit des individuellen Bildungserfolgs von der individuellen sozialen Herkunft beschreibt (vgl. Abbildung 2.1). In der Bildungssoziologie steht dabei meistens der Zusammenhang zwischen dem elterlichen sozioökonomischen Status einerseits und dem Bildungserfolg der Kinder, gemessen anhand der erreichten Punktzahl in Testergebnissen oder des Erreichens eines Bildungsabschlusses andererseits, im Vordergrund (Pfeffer 2008: 543).

Abbildung 2.1: Das Konzept der sozialen Bildungsungleichheit
Anmerkung: Eigene Darstellung.

Dabei wird zwischen primären und sekundären Disparitäten unterschieden (vgl. Ehmke et al. 2005: 259; Müller-Benedict 2007: 616). Handelt es sich um *primä-*

re Disparitäten des Bildungserfolgs zwischen verschiedenen sozialen Schichten, hat ein Kind niedriger sozialer Schichten weniger Erfolg, weil es weniger Leistungspotenzial aufbringt (vgl. Ehmke et al. 2005: 259). Dies kann sowohl auf genetische Aspekte, als auch auf Aspekte der Sozialisation im Elternhaus sowie Interaktionen der beiden Aspekte zurückzuführen sein (Duyme 1988; Plomin et al. 2001). *Sekundäre Disparitäten* im Bildungserfolg zwischen sozialen Schichten hingegen treten auf, wenn das Leistungspotential eines Kindes nicht erkannt, nicht gefördert, nicht in Anspruch genommen, nicht eingesetzt oder falsch eingesetzt wird. Dies kann sowohl durch die Entscheidungen der Eltern, aber auch durch die Intervention von Lehrern und Schulen geschehen (vgl. Ehmke et al. 2005: 259).

Jacobs (1996) unterscheidet drei Konzepte der Bildungsungleichheit, die sich auf verschiedene Definitionen des Bildungserfolgs beziehen: Ungleichheit im Bildungszugang, Ungleichheit im Bildungsprozess und Ungleichheit im Bildungsergebnis. *Ungleichheit im Bildungszugang* beschreibt, inwiefern unterschiedliche soziale Schichten Zugang zu einer bestimmten Bildungsinstitution, zu Schulbildung allgemein, zu höheren Schulen (in Deutschland zum Beispiel zum Gymnasium), zu bestimmten Abschlüssen oder zur Universität haben. Kann der Besuch des Gymnasiums eines Schülers in der Sekundarstufe I in Deutschland anhand verschiedener Kriterien seiner sozialen Herkunft, wie etwa dem Bildungsstand der Eltern, dem Berufsstatus der Eltern oder dem Einkommen der Eltern vorhergesagt werden, so spricht man von sozialer Ungleichheit im Bildungszugang. *Ungleichheit im Bildungsprozess* beschreibt, inwiefern der Erwerb von Kompetenzen (z.B. Mathematikleistungen oder Leseleistungen) von der sozialen Herkunft der Schüler abhängt. Dabei wird gefragt, inwiefern der Erwerb oder die Verinnerlichung von Bildungsinhalten von der sozialen Herkunft abhängt. Kann der Leistungswert in einem Schulfach gut durch die soziale Herkunft vorhergesagt werden, handelt es sich um hohe soziale Ungleichheit im Bildungsprozess. Geht es darum, die soziale *Ungleichheit im Bildungsergebnis* abzuschätzen, wird zumeist die Nutzbarkeit von Bildungsabschlüssen auf dem Arbeitsmarkt unter sozialen Aspekten untersucht. Inwiefern unterscheidet sich der Nutzen von Bildungsabschlüssen für das Berufsleben zwischen sozialen Schichten? Ist der Nutzen des Abiturs für Schüler höherer sozialer Schichten höher als der für untere soziale Schichten? Hängt das spätere Einkommen eines Abiturienten mit gleichem Notendurchschnitt von seiner sozialen Herkunft ab, so handelt es sich um soziale Ungleichheit im Bildungsergebnis.

Unabhängig von der Form der Ungleichheit wird der sozialen Herkunft seit jeher große Bedeutung beigemessen, wenn es um die Einschätzung der persönlichen Bildungschancen geht (Foster et al. 1996; Hurrelmann und Mansel 2000). In der Sozialstrukturforschung der 1980er Jahre existierte zwar die Vorstellung, moderne Wohlfahrtsstaaten haben sich von Klasse und Schicht verabschiedet (Geißler 1996). Verschiedene Autoren zweifeln dies jedoch in einer anhaltenden wissenschaftlichen Auseinandersetzung an und zeigen, dass heute noch immer ein deutlicher Zusammenhang zwischen sozialer Herkunft und den Bildungschancen besteht (Becker und Lauterbach 2004b; Blossfeld und Shavit 1993a; Geißler 1996; Henz und Maas 1995; Müller und Haun 1994; Robinson und Garnier 1985: 250; Schimpl-Neimanns 2000b; Solga und Wagner 2001). Mit anderen Worten: Der „Fahrstuhl Bildungsexpansion" (Geißler 1996) wurde nicht von allen Schichten gleichermaßen genutzt und die relativen Bildungschancen zwischen den sozialen Schichten haben sich kaum verändert (Allmendinger und Nikolai 2006; Erikson und Goldthorpe 1992; Hurrelmann und Mansel 2000; Schimpl-Neimanns 2000b).

Raftery und Hout (1993) prägten im Hinblick darauf den Begriff der „Maximally Mainatined Inequality." Demnach wird in Zeiten der Bildungsexpansion die Bildungsungleichheit nur sinken, wenn die Beteiligung der höheren Sozialschichten an der höheren Bildung saturiert ist. Zunächst werden aber vornehmlich die höheren sozialen Schichten von der Expansion profitieren (vgl. Blossfeld und Shavit 1993b; Hout et al. 1993; Tolsma et al. 2007: 327). „Maximally Mainatined Inequality" kann auch als direkte Übertragung der Kuznets-Kurve auf die Bildungsungleichheit verstanden werden (vgl. Kuznets 1955; Vinod et al. 2001). Nach der Kuznets-Kurve wächst die Ungleichheit zunächst mit dem Anstieg des Reichtums in einer Gesellschaft an und fällt erst nach einem bestimmten moderaten Wohlstand im Sinne eines umgekehrt uförmigen Zusammenhangs wieder ab. Von wachsendem Wohlstand auf einem niedrigen Niveau profitieren somit zunächst die höheren sozialen Schichten, was die Ungleichheit zunächst steigen lässt. Lucas (2001) definiert ferner das Konzept „Effectively Mainatined Inequality" und spezifiziert damit, dass die Bildungsexpansion zu einer Öffnung der Berufsausbildungsgänge im tertiären Sektor führt, während die Selektivität der Hochschulbildung zunächst erhöht wird (vgl. Tolsma et al. 2007: 327). Eine reine Bildungsexpansion bedeutet somit nicht automatisch eine Verringerung der sozialen Bildungsungleichheit auf allen Bildungsebenen.

2.2 Mechanismen des Zusammenhangs zwischen sozialer Herkunft und dem Bildungserfolg

In der bildungssoziologischen Forschung werden sowohl Entscheidungstheorien als auch Kapitaltheorien angewandt um den Zusammenhang zwischen individueller sozialer Herkunft und dem individuellen Bildungserfolg zu begründen (vgl. Kristen 1999). Dabei wird jeweils angenommen, dass die soziale Herkunft der Schüler zu distinktem sozialschichtabhängigen Bildungsverhalten, distinkten sozialschichtabhängigen Bildungsopportunitäten und distinkten sozialschichtabhängigen Bildungspräferenzen führt. Aus diesem individuellen Bildungsverhalten, den individuellen Bildungsopportunitäten und den individuellen Bildungspräferenzen folgt ein bestimmter sozialschichtabhängiger Bildungserfolg (vgl. Abbildung 2.2). Die Mechanismen dieses Zusammenhangs zwischen individueller Sozialschicht und individuellen Bildungserfolg werden anhand der Theorie subjektiven Werterwartung und der Kapitaltheorien eingehend erläutert.

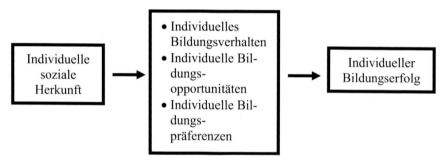

Abbildung 2.2: Der Wirkmechanismus der sozialen Herkunft auf den individuellen Bildungserfolg
Anmerkung: Eigene Darstellung.

2.2.1 Theorie der subjektiven Werterwartung

Ein entscheidungstheoretischer Ansatz zum Zusammenhang zwischen sozialer Herkunft und Bildungserfolg ist die *Theorie der subjektiven Werterwartung*. Dabei wird angenommen, dass Individuen in Entscheidungssituationen die jeweiligen Kosten, Nutzen und Risiken der verschiedenen Entscheidungsmöglichkeiten abwägen (Becker 2000, 2003; Boudon 1973; Erikson und Jonsson 1996; Esser 1996; Goldthorpe 1996; Meuleman 1999). Die Alternative mit der höchstmöglichen Nutzenmaximierung wird gewählt. Im Rahmen der Theorie der subjektiven Werterwartung werden die Eltern und Schüler selbst als zentrale Komponenten der Bildungskarrieren gesehen. Die individuellen Annahmen der Eltern über den Wert, die Kosten und das Risiko eines Bildungswegs spielen demnach eine bedeutende Rolle bei der Entscheidung für einen Bildungsgang. Erikson und Jonsson (1996) sowie Esser (1999) zeigen, dass sowohl die Ertragserwartung bzw. die Verlusterwartung des Besuchs eines höheren Bildungsgangs als auch die Erfolgswahrscheinlichkeit und die Kosten einen signifikanten und relevanten Einfluss auf die Bildungsentscheidung der Eltern haben. In den einschlägigen Forschungen zur Bildungsungleichheit wird ferner postuliert, dass Eltern verschiedener Sozialschichten die Kosten, Nutzen und Risiken höherer Bildung ungleich einschätzen (Becker 2000, 2003), was schließlich zu systematisch unterschiedlichen Bildungsentscheidungen der sozialen Schichten führt. Die soziale Herkunft bestimmt demnach das individuelle *Bildungsverhalten* und die individuellen *Bildungspräferenzen* (vgl. Abbildung 2.2). So kann gezeigt werden, dass der Nutzen und die Erfolgswahrscheinlichkeit einer höheren Schulbildung von Familien aus höheren Schichten erheblich höher eingeschätzt werden, als von Familien aus unteren sozialen Schichten (Stocké 2007). Hingegen werden die anfallenden Kosten des Besuchs einer höheren Schule (Hausaufgabenhilfe, Nachhilfeunterricht) von wohlhabenden Elternhäusern geringer eingeschätzt.

Insgesamt ergibt sich aus der Verknüpfung von Nutzen, Erfolgswahrscheinlichkeit und Kosten für Eltern aus höheren Sozialschichten eine höhere subjektive Werterwartung der weiterführenden Schulbildung (zum Beispiel des Gymnasialbesuchs). Die Eltern spielen bei der Wahl des Bildungswegs eine bedeutende Rolle. Insbesondere in Deutschland dürften die Bildungsaspirationen der Eltern auch die immense Bildungsexpansion auf dem Gymnasium vorangetrieben haben. Nach Ditton (1989: 215) hat der Wunsch nach dem gymnasialen Bildungsabschluss seit 1979 bei den Eltern von 37 Prozent auf 54 Prozent zugenommen. Vergleicht man jedoch die Bildungsaspirationen der Eltern mit den Bildungsempfehlungen der Lehrer so zeigt sich, dass insbesondere die Erwartungen unterer sozialer Schichten unter den Empfehlungen der Lehrer liegen. Hingegen wählen höhere soziale Schichten auch höhere Bildungsgänge, wenn die Leistungen der Kinder und die Empfehlungen der Lehrer dies nicht befürworten (Ditton 1989: 216). In einer Studie zur Evaluation der Werterwartungstheorie in Deutschland untersucht Becker (2003) für verschiedene Jahrgangskohorten in den 1960er, 1970er und 1980er Jahren, welche Faktoren die elterliche Entscheidung für den Gymnasialbesuch beeinflussen. Seine These ist, dass die Bildungsexpansion in Deutschland und der damit einhergehende Beteiligungszuwachs am Gymnasium auf veränderte Entscheidungsbedingungen zurückzuführen sind. Für alle drei Jahrgangskohorten sind alle vier Entscheidungsbedingungen signifikant. Der Nutzen des Statusverlusts, die erwartete Wahrscheinlichkeit des Statusverlusts, und die erwartete Erfolgswahrscheinlichkeit begünstigen die Entscheidung für den Gymnasialbesuch während höhere Kosten die Entscheidung für den Gymnasialbesuch weniger wahrscheinlich machen. Jedoch haben sich die Effektstärken über die Zeit verändert (Becker 2003): Der Effekt der Kosten des Gymnasialbesuchs ist geringer geworden, die erwartete Wahrscheinlichkeit eines Statusverlusts bei einem Nichtbesuch des Gymnasiums ist höher geworden und auch der Nutzen eines Gymnasialbesuchs hat dementsprechend an Einfluss gewonnen. Einzig der Effekt der erwarteten Erfolgswahrscheinlichkeit ist gleich geblieben.

2.2.2   Kapitaltheorien

Neben den Entscheidungstheorien werden zudem *Theorien über die Verteilung verschiedener Kapitalformen* zur Erklärung sozialer Bildungsungleichheit beansprucht (Bourdieu 1983; Schwingel 1995). Dabei wird nach Bourdieu (1983) zwischen ökonomischem, kulturellem und sozialem Kapital unterschieden, wobei die einzelnen Kapitalformen zwischen den sozialen Schichten ungleich verteilt sind. Unterschiedliche Voraussetzungen für eine erfolgreiche Teilnahme am Bildungswesen stellen sich immer dann ein, wenn Eltern ihre ökonomischen, kulturellen und sozialen Kapitalressourcen auf die Kinder reproduzieren (Blossfeld und Shavit 1993a; Coleman 1990; DiMaggio 1982; Ditton 1989; Dravenau und Groh-Samberg 2005; Henz und Maas 1995; Müller und Haun 1994; Schimpl-Neimanns 2000b; Schneider 2004; Teachman et al. 1996). Im Bildungssystem liefern die Wahl der Lehrpläne, die pädagogischen Methoden, die Beziehung zwischen Lehrern und Schülern und die Methoden der Selektion für Kindern aus ökonomisch bessergestellten Familien und Kindern aus Familien mit höherem Bildungsstand einen Vorteil (Robinson und Garnier 1985: 251). Im Hinblick auf Abbildung 2.1 wird angenommen, dass die durch die soziale Herkunft bedingten Kapitalressourcen sich sowohl auf das *Bildungsverhalten* als auch auf die *Bildungsopportunitäten* und die *Bildungspräferenzen* auswirken.

Der Einfluss des *ökonomischen Kapitals* des Elternhauses auf die kindlichen Bildungschancen wird in einer Vielzahl von Studien bestätigt und gründet auf finanziellem Kapital wie dem Einkommen, dem Berufsstand oder den Wohlstandsgütern im Elternhaus (Blossfeld und Shavit 1993a; Davies und Guppy 1997; Egerton 1997; Hauser 2004; Henz und Maas 1995; Müller und Haun 1994; Savage und Egerton 1997; Schimpl-Neimanns 2000b; Schneider

2004; Sullivan 2001). Rumberger (1983) etwa zeigt, dass der materielle Reichtum der Familie die Bildungsbeteiligung der Kinder (Anzahl der Schuljahre) unter Kontrolle weiterer sozialer Aspekte der Familie positiv beeinflusst. Dafür kann die Möglichkeit, private Bildungsleistung wie Nachhilfe oder Lehrmaterial zu finanzieren verantwortlich sein *(Bildungsopportunitäten)*, aber auch die Aspiration der Eltern hinsichtlich des Statuserhalts durch Bildung ihrer Kinder *(Bildungspräferenzen)* (vgl. Stocké 2007). Nach der Reproduktionstheorie sind Eltern mit prestigereichen Berufen in der Lage, ihre sozioökonomischen Ressourcen zu nutzen, um den Kindern eine hohe Bildung zu ermöglichen, was wiederum den Kindern ermöglicht, prestigereiche Berufe zu erlangen (Robinson und Garnier 1985: 251). Müller und Haun (1994) untersuchen ebenfalls, inwiefern der berufliche Stand der Eltern die individuelle Bildungsbeteiligung beeinflusst und vergleichen dies für verschiedene Geburtskohorten. Unabhängig von der elterlichen Berufsklasse, sind die Anteile derer, die mindestens den Abschluss der Mittleren Reife (Realschulabschluss) haben, gestiegen. Auch die Ungleichheit im Zugang zur Mittleren Reife zwischen Kindern mit unterschiedlichem ökonomischem Hintergrund ist verringert worden. Allerdings ist der Anteil derer, die eine Mittlere Reife absolviert haben, auch in der Geburtskohorte 1960 bis 1969 noch bei denen am höchsten, deren Eltern der Oberen Dienstklasse angehören. Der Anteil ist hingegen am geringsten bei denen, deren Eltern ungelernte Arbeiter sind. Sowohl die Studie von Schimpl-Neimanns (2000b) als auch die von Müller und Haun (1994) zeigen, dass der Berufsstand der Eltern einen Effekt auf die Bildungsbeteiligung der Kinder hat. Allerdings weisen beide Studien darauf hin, dass der Effekt im Laufe der Zeit abgenommen hat.

Bezogen auf die Wirkung des *kulturellen Kapitals* wird angenommen, dass vorhandenes kulturelles Kapital in der Familie eine bildungsfördernde Sozialisation der Kinder ermöglicht und einen gehobenen Bildungshabitus *(Bildungspräferenzen/Bildungsverhalten)* der Kinder schafft. Nach Katsilis und Rubinson (1990) können die Kompetenzen in der Hochkultur einer Gesellschaft (deren Verhalten, Habitus und Einstellungen) als kulturelles Kapital erfasst werden. Lareau und Weininger (2003) liefern einen Überblick der Definitionen kulturellen Kapitals im Rahmen bestehender Forschung. Nach DiMaggio und Mohr (1985) beschreibt kulturelles Kapital das Interesse an oder Erfahrungen mit „prestigereichen" kulturellen Ressourcen. Robinson und Garnier (1985) sowie Aschaffenburg und Maas (1997: 573) sind präziser und definieren linguistische und kulturelle Kompetenzen wie etwa das Kaufen oder Ausleihen von Büchern, das Besuchen von Museen, Theatern, Konzerten, aber auch Sprachstile, ästhetische Präferenzen und interpersonale Fähigkeiten als kulturelles Kapital. Bourdieu (1983) unterscheidet drei Formen des kulturellen Kapitals: Kulturelles Kapital im inkorporierten Zustand, im objektivierten Zustand und im institutionalisierten Zustand. Unter *inkorporiertem Kulturkapital* werden körpergebundene und daher verinnerlichte Kapitalformen verstanden: Besitztümer, die zum festen Bestandteil einer Person und damit zum Habitus geworden sind (Bourdieu 1983: 187). Inkorporiertes Kulturkapital ist nur durch soziale Vererbung übermittelbar. Dies können zum Beispiel im familiären Umfeld erlernte Sprachstile oder erlerntes Wissen etwa in Museen, in Theatern, in Ausstellungen oder auf Reisen sein. Auch der Migrationsstatus kann einen Mangel inkorporierten Kulturkapitals bedeuten, wenn für eine Gesellschaft wichtige bildungsfördernde Mechanismen in der Familie nicht vermittel werden können: Sprache, historisches Wissen oder kulturelle Verhaltensweisen. Hinsichtlich des inkorporiertes Kulturkapitals stellt DiMaggio (1982) fest, dass Schüler mit einem Bezug zu Kunst, Musik und Literatur erfolgreicher die High-School absolvieren. De Graaf et al. (2000) stellen heraus, dass insbesondere das Leseverhalten von Eltern wichtig für den Bildungserfolg der Kinder ist, insbesondere in Familien mit geringem Bildungsstand. Kulturelles Kapital im *objektivierten* Zustand hingegen sind fassbare Güter mit Bildungswert, wie etwa Bücher, Bilder, Instrumente, Maschinen, Computer oder lehrreiches Spielzeug. Im Gegensatz zu inkorporiertem Kulturkapital ist es materiell übertragbar (Bourdieu 1983: 188). Kulturkapital im *institutionalisierten* Zustand kann durch die Objektivierung des inkorporierten Kulturkapitals definiert werden. Wenn Kompetenzen oder Kenntnisse durch Bildungsabschlüsse oder Titel verbrieft sind, spricht man von institutionalisiertem Kulturkapital (Bourdieu 1983: 189ff). Nach Egerton (1997) ist der Bildungsabschluss der Eltern – eine institutionalisierte Kulturkapitalform – der am häufigsten untersuchte Indikator für das kulturelle Kapital in der Familie. Rössel und Beckert-Ziegelschmid (2002) verweisen weiter auf signifikante Zusammenhänge zwischen dem elterlichen Bildungsniveau (institutionalisiertes Kulturkapital) und dem Schulartbesuch der Kinder (vgl. auch Sewell und Shah 1968). Roscigno und Ainsworth-Darnell (1999) zeigen, dass sowohl der Bildungsstand der Eltern (institutionalisiertes Kulturkapital) als auch die kulturellen Ressourcen (inkorporiertes und objektiviertes Kulturkapital) in der Familie einen Einfluss auf den Kompetenzwerb von Schülern haben. Allerdings zeigen sie auch, dass das Vorhandensein kultureller Ressourcen stark vom Bildungsstand (institutionalisiertes Kulturkapital) der Familie abhängt.

Nach Bourdieus Reproduktionstheorie ist das familiäre Kulturkapital stark mit sozio-ökonomischen Status (ökonomisches Kapital, Berufsstand) verbunden (Sullivan 2001: 909). Jede soziale Klasse hat ihren bestimmten Habitus, so dass die Position in der Berufshierarchie eng mit der Position der kulturellen Hierarchie zusammenhängt (Barone 2006: 1040). Zentrale Aussagen der Reproduktionstheorien sind, dass Eltern das Kulturkapital an die Kinder vererben (vgl. Sullivan 2001: 895). Die Kinder übersetzen das vererbte Kulturkapital in ihre eigenen Bildungsabschlüsse, was zu sozialer Reproduktion führt. Kinder treten mit unterschiedlichem kulturellem Kapital und kulturellem Wissen in das Bildungssystem ein. Diese Unterschiede werden nach der sozialen Reproduktionstheorie im Bildungssystem nicht ausgeglichen, sondern verschärft (Aschaffenburg und Maas 1997: 573). Robinson und Garnier (1985: 251) nehmen an, dass Eltern höherer sozialer Schichten eine kulturelle Umgebung schaffen, die die Entwicklung der Kinder hinsichtlich ihrer Sprache, ihres Geschmacks und ihrer interpersonalen Fähigkeiten fördert. Diese Entwicklungseigenschaften honoriert das Bildungssystem wiederum mit höheren Abschlüssen und höherem Schulerfolg. Nach dem Konzept des Habitus folgen soziale Praktiken im Bildungssystem einer gemeinsamen Logik (Barone 2006: 1040). Kinder aus höheren sozialen Schichten erfahren deshalb mehr akademischen Erfolg, weil die Schule als Institution die kulturellen Praktiken honoriert *(Bildungsopportunitäten)* (Dravenau und Groh-Samberg 2005: 119; Kingston 2001: 88; Sullivan 2001). Nach Preuß (1970) erhalten Schüler aus höheren Schichten trotz gleicher Fähigkeiten leichter eine höhere Schulempfehlung als Schüler aus niedrigeren sozialen Schichten. Dies liege vor allem daran, dass sich Lehrer stärker am Bildungshabitus der höheren Sozialschichten orientieren.

Vergleicht man die Effekte des familiären ökonomischen Kapitals (Einkommen und Berufsstatus) mit denen des familiären kulturellen Kapitals auf den Bildungserfolg der Kinder, so gibt es deutliche Hinweise darauf, dass sich die Bedeutung der Kapitalformen im Zeitverlauf verändert hat. Laut Kalmijn und Kraaykamp (1996) hat der Effekt des kulturellen Kapitals gegenüber dem ökonomischen Kapital (von 1900 bis 1960) an Bedeutung gewonnen. Robinson und Garnier (1985: 264) können zeigen, dass der Berufsstand des Vaters (ökonomisches Kapital) den Bildungsvorteil der Kinder nur mäßig beeinflusst, wohingegen der Effekt des Bildungsstands des Vaters (kulturelles Kapital) sehr viel größer sei. Schneider (2004), Sullivan (2001), Hauser (2004) und auch Savage und Egerton (1997) zeigen, dass die elterliche Bildung zwar die größere Rolle für den Bildungserfolg von Schülern spielt. Jedoch hat das Einkommen bzw. der berufliche Status ebenso einen signifikanten Effekt, auch bei Kontrolle der kulturellen Ressourcen im Elternhaus (Bildungsabschlüsse, Bildungsgüter). Das kulturelle Kapital kann somit nur einen Teil der Unterschiede im Bildungserfolg erklären.

Ferner ist nach Coleman (1990: 300) auch das familiäre und nachbarschaftliche *Sozialkapital* als eine Determinante der kognitiven und sozialen Entwicklung von Kindern zu werten:

„Social capital is the set of resources that inhere in family relations and in community social organization and that are useful for cognitive or social development of a child or young person. These resources differ for different persons and can constitute an important advantage for children and adolescents in the development of their human capital."

Geht es um den Einfluss des *sozialen Kapitals* in der Bildungsforschung wird zwischen sozialem Kapitel innerhalb der Familie und sozialem Kapitel außerhalb der Familie unterschieden (Teachman et al. 1996). Teachman et al. (1996) sowie Kim und Schneider (2005) zeigen, dass sowohl das soziale Kapital innerhalb der Familie (positive Eltern-Kind Verbindung) als auch soziales Kapital außerhalb der Familie (Beziehung zwischen Eltern verschiedener Familien oder Beziehung zwischen Eltern und Institutionen, insbesondere den Schulen) einen positiven Effekt auf die Bildungsleistung der Kinder haben. Hinsichtlich des sozialen Kapitals innerhalb der Familie zeigt sich, dass die Bindung zwischen Eltern und Kindern, gemessen an der Zeit und Aufmerksamkeit, die Eltern in die Interaktion mit ihren Kindern investieren und mit der sie die Aktivitäten der Kinder beaufsichtigen, den Bildungserfolg positiv beeinflusst (Parcel und Dufur 2001).

Bezüglich des sozialen Kapitals außerhalb der Familie machen Dravenau und Groh-Samberg (2005) deutlich, dass Kinder der Mittelschicht im Vergleich zu Kindern aus sozial benachteiligten Schichten durch Tätigkeiten in Vereinen kontaktfreudiger und selbstbewusster im Umgang mit Erwachsenen sind, was wiederum den Bildungsverlauf positiv beeinflusst. Ferner begünstigen auch soziale Interaktionen zwischen Eltern und Lehrern den Schulerfolg der Kinder (Ditton 1989; Teachman et al. 1996).

Im Hinblick auf soziale Ungleichheiten zeigt Symeou (2007), dass Eltern unterschiedlicher Schichten die Schulkontakte unterschiedlich nutzen. Eltern der Mittelschicht genießen eine positive und vertrauenswürdige Verbindung zu Schulen und Lehrern und werden eingebunden, während weniger privilegierte Schichten, insbesondere Migranten, davon häufiger ausgeschlossen sind (Levine-Rasky 2009). Insbesondere in schulischen Problemsituationen spielt das Sozialkapital der Familien eine Rolle (Horvat et al. 2003): In solchen Fällen agieren Eltern der Mittelschichten eher kollektiv im Gegensatz zu Familien der Arbeiterschicht.

3 Makrotheorie und Hypothesen zur Erklärung sozialer Bildungsungleichheit

Um das Ausmaß an sozialer Bildungsungleichheit in politischen Einheiten zu erklären, bedarf es eines makro-theoretischen Ansatzes. In diesem Kapitel wird in Abschnitt 3.1 zunächst der neo-institutionalistische Ansatz zur Erklärung sozialer Bildungsungleichheit vorgestellt. In Abschnitt 3.2 folgt ein Abriss des Forschungsstands zum Einfluss bildungspolitischer Institutionen auf das Ausmaß der sozialen Bildungsungleichheit. In Abschnitt 3.3 werden die Hypothesen zum Einfluss der einzelnen bildungspolitischen Aspekte hergeleitet.

3.1 Ein Neo-institutionalistischer Ansatz zur Erklärung sozialer Bildungsungleichheit

Der deutsche Bildungsföderalismus führt zu unterschiedlichen institutionellen Rahmenbedingungen im Bildungswesen der Bundesländer. Die institutionelle Ausgestaltung der subnationalen Bildungssysteme unterscheidet sich insbesondere im Ausbau der frühkindlichen Bildung, im Ausbau der Ganztagsschule, in der durchschnittlichen Klassengröße, in der Höhe der Bildungsausgaben, in Zeitpunkt und Grad der Gliederung in der Sekundarstufe I und in der Stärke des Privatschulsektors. Hanushek und Luque (2003) fordern in Reaktion auf die vergleichenden Schulleistungsstudien eine stärkere Beachtung der bildungspolitischen Rahmenbedingungen bei der Erklärung unterschiedlicher nationaler Bildungsergebnissen. Im Folgenden soll beantwortet werden, inwiefern die bildungspolitischen Institutionen der Länder den Zusammenhang zwischen sozialer Herkunft und Bildungserfolg moderieren (vgl. Abbildung 3.1).

Der Neo-Institutionalismus bietet einen makro-theoretischen Rahmen für den Einfluss bildungspolitischer Institutionen auf das Ausmaß der sozialen Bildungsungleichheit (vgl. Koch und Schemmann 2009). Die Hauptaussage des Neo-Institutionalismus ist, dass institutionelle Regeln, Prozesse und Konventionen die individuellen Präferenzen formen und somit Verhaltensoptionen durch bestimmte Anreizmechanismen stimulieren oder limitieren (Hall/Taylor 1996; Immergut 1998; Mayntz/Scharpf 1995: 43; Ostrom 1999).

Insbesondere Pierson (2006) fordert dazu auf, Public Policy, also die Ausgestaltung bestimmter Politikfelder, als politische Institutionen zu untersuchen: Die konkreten Ausgestaltung von Politikfeldern beeinflussen den einzelnen Bürger in seinem täglichen Leben am direktesten und intensivsten und viel stärker als die formale Architektur des Staates, die herkömmlicherweise als Institution definiert wird (Pierson 2006: 116). Dieser Forderung wird im Folgenden nachgegangen, indem die Auswirkungen bildungspolitischer Institutionen auf das Bildungsverhalten in verschiedenen Sozialschichten fokussiert werden.

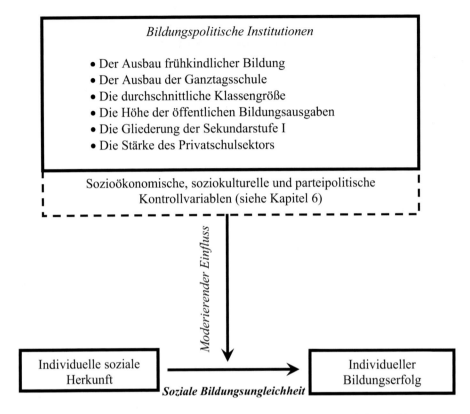

Abbildung 3.1: Makrotheoretisches Modell zur Erklärung sozialer Bildungsungleichheit
Anmerkung: Eigene Darstellung.

Sowohl das Explanans dieser Arbeit – Bildungspolitik – als auch das Explanandum – soziale Bildungsungleichheit – sind makro-gesellschaftliche Phänomene. Dennoch beruht der Zusammenhang auf einer Verkettung von Marko- und Mikromechanismen (vgl. Coleman 1990): Das Ausmaß der sozialen Bildungsungleichheit ist durch den Zusammenhang zwischen der individuellen sozialen Herkunft und dem individuellen Bildungserfolg definiert (vgl. Abbildung 3.2). Die individuelle soziale Herkunft führt zu einem distinkten sozialschichtabhängigen Bildungsverhalten, sozialschichtabhängigen Bildungsopportunitäten und sozialschichtabhängigen Bildungspräferenzen. Aus diesem individuellen Bildungsverhalten, den individuellen Bildungsopportunitäten und den individuellen Bildungspräferenzen folgt ein bestimmter sozialschichtabhängiger Bildungserfolg. Die Mechanismen dieses Zusammenhangs zwischen individueller Sozialschicht und individuellen Bildungserfolg wurden im vorangegangenen Kapitel 2 eingehend erläutert.

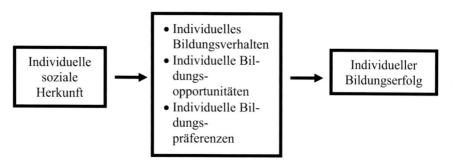

Abbildung 3.2: Mikromechanismen soziale Herkunft und Bildungserfolg (siehe auch Kapitel 2, Abbildung 2.2)
Anmerkung: Eigene Darstellung.

Wenn die Bildungspolitik das Ausmaß an sozialer Bildungsungleichheit beeinflusst, muss sie den Zusammenhang zwischen individueller sozialer Herkunft und individuellem Bildungserfolg modulieren. Folglich beeinflusst die Bildungspolitik zunächst das individuelle Bildungsverhalten, die individuellen Bildungsopportunitäten und/oder die individuellen Bildungspräferenzen (mikrogesellschaftliche Ebene) (Opp 1996) (vgl. Abbildung 3.3). Schüler sind tief in das jeweilige Bildungssystem und die bildungspolitischen Regelungen eingebettet (vgl. Alber 2001; Engerman und Sokoloff 2008; Esping-Andersen 1990: 23; Gourevitch 2008). So wird im Folgenden zum Beispiel erwartet, dass die Bildungspolitik durch eine spätere Gliederung in der Sekundarstufe I die Möglichkeiten eines Gymnasialbesuchs formen (*Bildungsopportunitäten*) kann. Durch die Einführung der Ganztagsschule und die Verlängerung des Bildungsalltags sollte das individuelle *Bildungsverhalten* verändert werden können. Durch die öffentliche Wertschätzung höherer Bildung anhand hoher Bildungsausgaben könnten die *Bildungspräferenzen* der Einzelnen moduliert werden. Regionale bildungspolitische Kontexte können somit im Anschluss an Hank (2003: 81) als kontextuelle Eigenschaften der Individuen zu Parametern des individuellen Handelns werden.

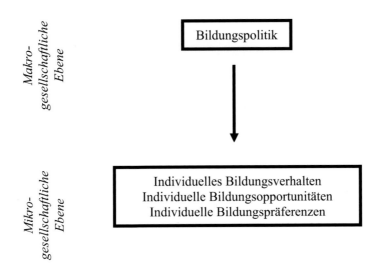

Abbildung 3.3: Bildungspolitische Institutionen als Regelwerk für das Verhalten, die Möglichkeiten und die Entscheidungen der Einzelnen
Anmerkung: Eigene Darstellung.

Durch die Modulation des individuellen Bildungsverhaltens, der individuellen Bildungsopportunitäten und der individuellen Bildungspräferenzen, agieren die bildungspolitischen Institutionen letztlich auch als Filter des individuellen Bildungserfolgs (vgl. Abbildung 3.4).

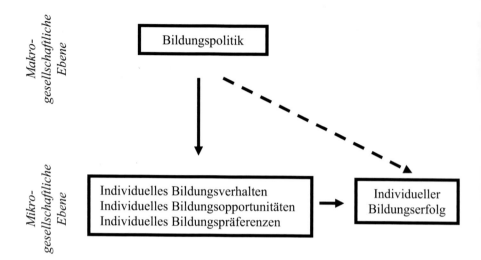

Abbildung 3.4: Bildungspolitische Institutionen als Regelwerk für das Verhalten, die Möglichkeiten und die Entscheidungen der Einzelnen und deren Bildungserfolg

Anmerkung: Eigene Darstellung. Durchgezogene Pfeile bedeuten einen direkten Zusammenhang; gestrichelte Pfeile bedeuten einen indirekten Zusammenhang.

Mit Blick auf die soziale Bildungsungleichheit wird in dieser Arbeit davon ausgegangen, dass bildungspolitische Institutionen zudem das Bildungsverhalten bzw. den Bildungserfolg verschiedener Schichten in unterschiedlicher Weise beeinflussen (vgl. Abbildung 3.5). Konkrete bildungspolitische Institutionen können so konzipiert sein, dass sie das Bildungsverhalten, die Bildungsopportunitäten oder die Bildungspräferenzen bestimmter sozialer Schichten fördern oder limitieren. Bezüglich des Privatschulsektors wird zum Beispiel angenommen, dass er vor allem die Bildungsmöglichkeiten der höheren sozialen Schichten fördert und durch die Forderung von Schulgeld die Möglichkeiten niedriger Sozialschichten limitiert. Ebenso kann die Konstruktion bildungspolitischer Institutionen auch auf unterschiedliche Sozialschichten sehr anders wirken. So wird für die Institution der frühkindlichen Bildung häufig angenommen, dass sie insbesondere auf Kinder aus unteren Sozialschichten fördernd wirkt, während Kinder aus höheren Sozialschichten eine ähnlich bildungsnahe Förderung auch im Elternhaus erhalten.

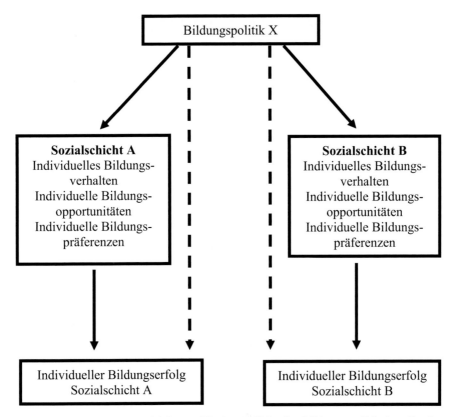

Abbildung 3.5: Sozialschichtspezifischer Effekt der bildungspolitischen Institution X auf das individuelle Bildungsverhalten und den individuellen Bildungserfolg in unterschiedlichen Sozialschichten A und B
Anmerkung: Eigene Darstellung. Durchgezogene Pfeile bedeuten einen direkten Zusammenhang; gestrichelte Pfeile bedeuten einen indirekten Zusammenhang.

Generell werden drei verschiedene Arten des Neo-Institutionalismus unterschieden (vgl. Hall und Taylor 1996): der Historische Institutionalismus, der soziologische Institutionalismu und der Rational-Choice Institutionalismus. Eine theoretische Fundierung sozialer Bildungsungleichheit bieten sowohl der soziologische Institutionalismus als auch der Rational-Choice Institutionalismus. Beide Ansätze können als Makrofundierungen der Entscheidungs- und Kapitaltheorien in der Bildungssoziologie angesehen werden. Im Rahmen des Soziologischen Institutionalismus wird davon ausgegangen, dass bildungspolitische Institutionen eine bestimmte gesellschaftliche Bildungskultur etablieren, die infolge auf die Bildungsidentitäten und Bildungspräferenzen der einzelnen Schüler rückkoppelt. Diese Mechanismen werden insbesondere in den Hypothesen 1-4 erwartet. Die bildungspolitischen Institutionen – Ausbau der frühkindlichen Bildung, Ausbau der Ganztagsschule, durchschnittliche Klassengröße und Bildungsausgaben – wirken kultur- und identitiätsstiftend. Sie beeinflussen weniger die Bildungsentscheidungen von Schülern, Eltern und Lehrern als die die individuellen Bildungsidentitäten.

Im Rahmen des Rational-Choice Institutionalismus wird erwartet, dass die bildungspolitischen Institutionen Entscheidungsalternativen, Zwänge und Informationen liefern, die die individuellen Bildungsentscheidungen moderieren. Diese Wirkung wird insbesondere in den Hypothesen 5 und 6 erwartet. So werden die Gliederung des Sekundarschulwesens und die Stärke des Privatschulsektors die Bildungsungleichheit insbesondere über Entscheidungen für bestimmte Schularten beeinflussen.

Die beiden Ansätze geben lediglich die grundlegenden Erwartungen an die Wirkmechanismen in den einzelnen Hypothesen wieder. Ganz allgemein können die Mechanismen des soziologischen und des Rational Choice Institutionalismus, wie auch die Entscheidungstheorien und die Kapitaltheorien, nicht vollständig voneinander getrennt werden. Die Bildungskultur gibt auch Zwänge, Informationen und Alternativen für Entscheidungen vor und die Entscheidungsalternativen, -informationen und -zwänge richten ebenso eine bestimmte Bildungskultur ein.

Überall auf der Welt ist die Politik, insbesondere nach der Veröffentlichung der PISA Studien, damit beschäftigt, die nationalen Bildungssysteme zu verbessern, letztlich mit dem Ziel die Bildungschancen der einzelnen Schüler zu erhöhen (Andersen 2008: 44). In den USA etwa wurde im Jahr 2002 das „No-Child-Left-Behind"- Gesetz eingerichtet (Darling-Hammond 2006; Hoerandner und Lemke 2006; Lowry 2009; Manna 2006; McGuinn 2005; Rouse und Barrow 2006). In dem Gesetz des „Senate and House of Representatives of the United States of America in Congress assembled" (2002: 1439ff) wird unter anderem das Ziel der freien Schulwahl für Eltern festgelegt deren Kinder Schulen besuchen, die bestimmte Leistungsstandards nicht erreichen. Im Hinblick auf den Neo-Institutionalismus, moduliert diese Regelung die *Bildungsoptionen* der Schüler, da sie in ihrer Schulwahl weniger eingeschränkt sind als zuvor (vgl. Abbildung 3.3). Wenn die Schule im Wohndistrikt die erforderten Leistungsstandards nicht erreicht, haben die Eltern die Wahl die Kinder bei einer anderen Schule anzumelden. Erwirkt dies, dass Kinder aus zuvor sozial benachteiligten Schuldistrikten nun leistungsstärkere Schulen besuchen können und in der Folge einen verbesserten Kompetenzerwerb aufweisen, beeinflusst die bildungspolitische Regelung des No-Child-Left-Behind-Programms den individuellen Bildungserfolg der Schüler positiv und führt zu einer Angleichung der Bildungschancen zwischen den sozialen Schichten (vgl. Abbildung 3.5).

Ein weiteres Programm aus den USA ist das Head Start Program (2009), mit dem Ziel die Chancengleichheit in der Bildung zwischen den sozialen Schichten auszubauen (Bierman et al. 2008; Bierman et al. 2009; Magnuson et al. 2004; Magnuson und Waldfogel 2005; McAllister et al. 2009). Ein Programmpunkt ist die Bereitstellung von Stipendien für den Besuch einer vorschulischen Bildungseinrichtung für sozial benachteiligte Kinder. Ziel ist die Stimulation kognitiver Fähigkeiten von Kindern aus ärmeren Schichten (Austin 1976: 3). Damit soll die Lücke zwischen Kindern verschiedener sozialer Schichten hinsichtlich der Schulreife geschlossen werden *(Bildungsverhalten)*. Wenn das Programm in der Lage ist, für mehr Kinder aus unteren sozialen Schichten den Zugang zu vorschulischen Bildungseinrichtungen zu ermöglichen *(Bildungsopportunitäten)*, dann kann durch diese bildungspolitische Rahmenregelung der Bildungserfolg einzelner Schüler erhöht werden (vgl. Abbildung 3.5).

In Deutschland hat das Bundesministerium für Bildung und Forschung (2003) ein Investitionsprogramm zur Förderung der Ganztagsschule eingerichtet, mit dem offiziellen Ziel, die soziale Chancengleichheit im Bildungswesen zu stärken. Es wird erwartet, dass die Ganztagsschule den Bildungserfolg (insbesondere unterer sozialer Schichten) erhöhen kann. Die Ganztagsschule kann im Vergleich zur Halbtagsschule den Kompetenzerwerb der Schüler fördern, da ein längerer Tagesabschnitt in der bildungsfördernden Umgebung der Schule verbracht wird. Das bildungspolitische Ziel mit der Institution der Ganztagsschule ist somit wiederum eine Modulation des individuellen *Bildungsverhaltens* bzw. des individuellen Bildungserfolgs (vgl. Abbildung 3.5).

Die genannten Beispiele zielen jeweils darauf ab, mittels bildungspolitischer Institutionen das individuelle Bildungsverhalten, die individuellen Bildungsopportunitäten, die individuellen Bildungspräferenzen und letztlich auch den individuellen Bildungserfolg zu steuern und zwischen unterschiedlichen sozialen Schichten anzupassen. Wenn der Bildungserfolg verschiedener Sozialschichten (mikrogesellschaftliche Ebene) durch die Bildungspolitik (makrogesellschaftliche Ebene) in unterschiedlicher Weise beeinflusst wird, so verändert sich durch die bildungspolitische Modulation das Ausmaß der sozialen Bildungsungleichheit (makro-gesellschaftliche Ebene). Der Mechanismus gleicht den Bildungserfolg unterschiedlicher Sozialschichten entweder an oder segregiert ihn. Der Einfluss der Bildungspolitik auf das Ausmaß der sozialen Bildungsungleichheit kann somit nach Coleman (1990) nur über einen Makro-Mikro-Makro-Mechanismus erfolgen (siehe Abbildung 3.6). Demzufolge wirkt sich jeweils die Bildungspolitik (Makroebene) zunächst auf das individuelle Bildungsverhalten, die individuellen Bildungsopportunitäten, die individuellen Bildungspräferenzen und letztlich auch auf den individuellen Bildungserfolg (Mikroebene) aus und führt dadurch schließlich zu einem bestimmten Ausmaß an sozialer Bildungsungleichheit (Makroebene) (Coleman 1990).

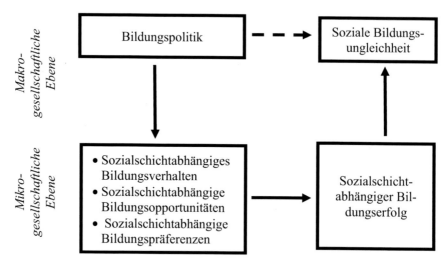

Abbildung 3.6: Makro-Mikro-Makro Mechanismus beim Einfluss der Bildungspolitik auf das Ausmaß der sozialen Bildungsungleichheit
Anmerkung: Eigene Darstellung.

Nach Coleman (1990) wirken sich Veränderungen auf der individuellen Ebene wiederum auf makro-gesellschaftliche Phänomene, wie etwa Bildungsungleichheit, aus. Die folgenden Hypothesen zum Einfluss der Bildungspolitik auf das Ausmaß der sozialen Bildungsungleichheit werden daher stets durch die Wirkung der bildungspolitischen Aspekte auf das individuelle Bildungsverhalten untermauert, um dem Makro-Mikro-Makro-Mechanismus des Zusammenhangs gerecht zu werden (vgl. Abbildung 3.6). Mit anderen Worten wird bei der Begründung der Hypothese jeweils diskutiert, warum das Bildungsverhalten, die Bildungsopportunitäten und die Bildungspräferenzen und schließlich der Bildungserfolg der Individuen aus unterschiedlichen sozialen Schichten durch die jeweilige bildungspolitische Rahmenbedingung beeinflusst werden. Für diese Erklärungen des sozialschichtspezifischen individuellen Bildungsverhaltens sind die, in Kapitel 2 erläuterten Entscheidungs- und Kapitaltheorien, von Bedeutung (Becker 2000, 2003; Boudon 1973; Bourdieu 1983; Erikson und Jonsson 1996; Goldthorpe 1996). Letztlich wird aus diesen Mechanismen geschlossen, wie sich der aggregierte Zusammenhang zwischen sozialer Herkunft und Bildungserfolg (soziale Bildungsungleichheit) durch die Modulationen des sozialschichtspezifischen Bildungserfolgs verändert.

3.2 Forschungsstand zum Einfluss bildungspolitischer Institutionen auf das Ausmaß der sozialen Bildungsungleichheit

Der Forschungsstand zur Untersuchung des Einflusses makro-politischer Strukturen auf das Ausmaß der sozialen Bildungsungleichheit ist bisher gering (vgl. etwa Hanushek und Luque 2003). Sofern die Bildungspolitik im Rahmen der vergleichenden Staatstätigkeitsforschung Gegenstand des analytischen Interesses ist, stehen nahezu ausschließlich die Determinanten der Bildungsausgaben im Vordergrund (Busemeyer 2006; Castles 1989; Freitag und Bühlmann 2003; Schmidt 1980, 2002; Wolf 2006). Vereinzelt wird allerdings auch die Ausgestaltung der einzelnen Bildungssysteme innerhalb dicht beschreibender Fallstudien untersucht, ohne aber auf das hier interessierende Thema der Bildungsungleichheit vertiefend einzugehen (vgl. Anweiler et al. 1996; Conant 1968; Demaine 1999; Freire 1985; Harman 1974; Heidenheimer 1993, 1997; Jonsson 1990; Kogan 1975, 1978; Leschinsky und Mayer 1990b; McAndrews 1991; Murray 1983; White 2002). In allen Studien steht jedoch das Policy-Output entweder als zu beschreibendes oder zu erklärendes Phänomen im Zentrum des analytischen Interesses. Ungeachtet der zahlreichen Hinweise bildungssoziologischer Forschung auf die Bedeutung der Bildungssysteme für die Chancengleichheit im Bildungswesen, ist der Vergleich der Bildungssysteme und der Bildungspolitiken zwischen politischen Einheiten und die Bewertung ihrer Wirkung auf die Bildungsungleichheit ein weitgehendes Desiderat wohlfahrtsstaatlicher Forschung (Allmendinger 2004; Becker 2000; Becker und Lauterbach 2004b; Coleman 1966; Dronkers 1993; Hanushek und Luque 2003; Müller 2005). Der Effekt des Policy-Outputs auf verschiedene Outcomes wie etwa die allgemeine Bildungsleistung eines Landes oder das Niveau der Bildungsungleichheit wird jedoch nur in sehr wenigen Studien beleuchtet. Es kann daher bisher nur vage beurteilt werden, ob die Bildungspolitik in der Lage ist, das Niveau der Bildungsungleichheit zu verringern bzw. zu verstärken. Blossfeld und Shavit (1993a) vergleichen 13 Industrienationen hinsichtlich ihrer zeitlichen Veränderung im Ausmaß sozialer Bildungsungleichheit und entwickeln drei Typen von Ländern entlang einer Reihe von ökonomischen, politischen und kulturellen Aspekten: dem Niveau der Industrialisierung, der politischen Grundstruktur (demokratisch, sozialistisch oder undemokratisch), des distributiven Systems (marktwirtschaftlich vs. bürokratisch, ethnisch vs. klassenspezifisch), der Zentralisierung oder Dezentralisierung der Bildungssysteme, der Gliedrigkeit des Schulsystems, der Bildungsbeteiligungsraten an verschiedenen Schultypen, der Stärke der gesellschaftlichen Orientierung am Prinzip der Chancengleichheit. Die Autoren stellen fest, dass sich die drei Systemtypen (westlich kapitalistisch, nicht-westlich kapitalistisch und westlich-sozialistisch) hinsichtlich der Entwicklung sozialer Bildungsungleichheit nicht systematisch voneinander unterscheiden. Über den Aspekt der Gliedrigkeit des Bildungssystems hinaus, werden jedoch keine weiteren konkreten bildungspolitischen Faktoren der Länder in die Untersuchung einbezogen.

Ebenfalls im Nationenvergleich analysieren Schütz und Wößmann (2005) und Schütz et al. (2008) die makro-strukturellen Ursachen für die Unterschiede hinsichtlich der Bildungsungleichheit (vgl. Tabelle 3.1a) (vgl. auch Schütz 2009). In ihren Studien zeigt sich ein hemmender Einfluss der frühkindlichen Bildung und einer spät einsetzenden Differenzierung in verschiedene Schultypen auf die Bildungsungleichheit – gemessen anhand eines Indikators basierend auf den Daten der „Trends in International Mathematics and Science" (TIMSS) Studien von 1995 und 1999. Ferner zeigen sie, dass ein starker Privatschulsektor die Bildungsungleichheit verringern kann, jedoch hohe private Bildungsausgaben die Bildungsungleichheit verstärken. Die von den Autoren zusätzlich berücksichtigten öffentlichen Bildungsausgaben, das Einschulungsalter, das Niveau wirtschaftlicher Entwicklung sowie die Ausprägung der Ganztagsschulen bleiben indes ohne nachweisbare Wirkung auf die Bildungsungleichheit.

Pfeffer (2008) zeigt, dass Länder mit einer starken Gliederung des Schulwesens auch bedeutend höhere Bildungsungleichheitsmaße aufweisen als Länder mit geringerer oder gar keiner Gliederung. Ammermüller (2005) zeigt im Vergleich von 14 Nationen einen verringernden Effekt der Ganztagsschule auf die Bildungsungleichheit, sowie verstärkende Effekte des Privatschulsektors und der Stärke der Gliederung in der Sekundarschule (vgl. Tabelle 3.1a).

Schlicht et al. (2010) untersuchen anhand der PISA Daten 2006, wie die Bildungspolitik der EU-Mitgliedsstaaten das Ausmaß an sozialer Bildungsungleichheit beeinflusst (vgl. Tabelle 3.1b). Die Studie präzisiert die bestehenden Forschungsergebnisse insofern, dass sie die Effekte zwischen ost- und westeuropäischen Ländern unterscheidet. Es stellt sich vor allem heraus, dass die Bildungspolitik das Ausmaß der sozialen Bildungsungleichheit in Ost- und Westeuropa sehr unterschiedlich beeinflusst, was auf die historische Prägung des politischen Systems und der ökonomischen Strukturen zurückgeführt wird. Nur die Bildungsausgaben haben in allen EU-Mitgliedsstaaten einen mildernden Effekt auf die soziale Bildungsungleichheit. Die Beteiligung an frühkindlichen Bildungsinstitutionen hingegen verringert die Bildungsungleichheit nur in Osteuropa. Die Beteiligung an der Ganztagsschule verringert die Bildungsungleichheit in Westeuropa und verstärkt sie in Osteuropa. Die Stärke des Privatschulsektors verringert die Bildungsungleichheit nur in Westeuropa. Die Gliederung in der Sekundarschule verstärkt die Bildungsungleichheit nur in Osteuropa, während sie in Westeuropa keine Auswirkung zeigt.

Die ausgewiesenen Beiträge bieten zweifellos einen wichtigen Überblick über mögliche Determinanten der Variation sozialer Bildungsungleichheit im internationalen Vergleich. Allerdings wird der Variation sozialer Bildungsungleichheit und der Bildungssysteme innerhalb föderaler Nationalstaaten wie zum Beispiel Deutschland, Österreich, der Schweiz oder Ungarn keine Beachtung geschenkt (Schlicht et al. 2010). Angesichts der Unterschiede des ausgeprägten und ständig in der öffentlichen Diskussion stehenden Bildungsföderalismus in Deutschland scheint eine Untersuchung auf subnationaler Ebene aber durchaus von Belang (vgl. Decker 2004: 4).

Einen ersten Schritt in diese Richtung unternimmt von Below (2002), die in ihrem Vergleich der Bundesländer nach möglichen Ursachen für die dort anzutreffenden Bildungsungleichheiten sucht. Von Below (2002) teilt die Bildungssysteme entlang zweier Dimensionen, Strukturen und Lehrinhalte des Bildungswesens, in vier Kategorien ein: traditionell-konservativ, reformiert-konservativ, traditionell-liberal und reformiert-liberal, um anhand dieser Typologie die Ausprägungen sozialer Bildungsungleichheit zu rubrizieren. Angesichts der vorgenommenen Dichotomisierung der einzelnen Aspekte und Dimensionen gehen allerdings wichtige Informationen über die Einflüsse einzelner bildungspolitischer Faktoren verloren. Zudem können keine Aussagen über die Wirkung der einzelnen bildungspolitischen Variablen getroffen werden. Dies ist allein nur für die vier Schultypen (traditionell-konservativ, reformiert-konservativ, traditionell-liberal und reformiert-liberal) möglich.

Wößmann (2007) vergleicht die deutschen Bundesländern auf Grundlage der Ergebnisse von PISA-E 2003 und untersucht wie die Ungleichheitswerte von bestimmten bildungspolitischen Faktoren beeinflusst werden (vgl. Tabelle 3.1b). Die Beteiligung an der frühkindlichen Bildung, ein starker Privatschulsektor und ein später Zeitpunkt der Gliederung in der Sekundarschule verringern demnach das Niveau der Bildungsungleichheit in den Bundesländern. Hinsichtlich einer starken Gliederung in der Sekundarstufe, ermittelt er einen ungleichheitsverstärkenden Einfluss. Ferner kann kein Effekt der Bildungsausgaben, eines externen Abschlussexamens und der durchschnittlichen Klassengröße auf die Bildungsungleichheit festgestellt werden.

Freitag und Schlicht (2009) können im Vergleich der deutschen Bundesländer zeigen, dass ein starker Ausbau des frühkindlichen Bildungswesens eine notwendige Bedingung für ein niedriges Niveau der sozialen Bildungsungleichheit in den deutschen Bundesländern ist (vgl. Tabelle 3.1b). Ferner ist ein guter Ausbau der frühkindlichen Bildung in Verknüpfung mit einer spät einsetzenden Gliederung in verschiedene Bildungsgänge eine hinreichende Bedingung für ein niedriges Niveau der sozialen Bildungsungleichheit. Freitag und Schlicht (2009) konnten hingegen keinen Effekt der Gliederung generell und der Ganztagsschule feststellen.

Auch Schlicht (2010) streicht im Vergleich der Bundesländer die Bedeutung des frühkindlichen Bildungssystems und der späten Gliederung für das Ausmaß sozialer Ungleichheit im Zugang zum Gymnasium heraus (vgl. Tabelle 3.1b). Ferner können in der Studie auch Effekte der Ganztagsschule, der durchschnittlichen Klassengröße und der Stärke des Privatschulsektors nachgewiesen werden. Keinen Effekt auf die Ungleichheit im Zugang zum Gymnasium hatten hingegen die Stärke der Gliederung in der Sekundarstufe I und die Höhe der Bildungsausgaben.

Die Tabellen 3.1a und 3.1b fassen die Ergebnisse aller genannten Studien zum Einfluss bildungspolitischer Aspekte auf die Bildungsungleichheit zusammen und zeigen, dass auch die Ergebnisse der Studien im Vergleich der deutschen Bundesländer teils divergieren. Während Wößmann (2007) einen verstärkenden Effekt der Gliederung in der Sekundarstufe und einen verringernden Effekt des Privatschulsektors auf die Bildungsungleichheit feststellt, finden Freitag und Schlicht (2009) keinen Effekt für die Gliederung und einen verstärkenden Effekt für den Privatschulsektor.

Die vorliegende Arbeit ergänzt und erweitert die bisherige Forschung in mehrfacher Hinsicht. Zum einen werden die untersuchten Eigenschaften der Bildungssysteme erweitert. So wird etwa eine spezifischere Betrachtung verschiedener Eigenschaften der Gliederung in der Sekundarstufe vorgenommen. Auch werden verschiedene Aspekte des frühkindlichen Bildungswesens berücksichtigt. Ferner werden auch weitere nicht im Bildungssystem begründete soziokulturelle und sozioökonomische Kontrollvariablen analysiert. Um einen breiten Überblick über die bildungspolitischen Einflussmöglichkeiten zu erlangen werden zudem eine Reihe verschiedener Maße sozialer Bildungsungleichheit im Bildungszugang und im Bildungsprozess untersucht.

Publikationen	Ammermüller Centre of European Economic Research (ZEW)	Schütz/Wößmann ifo-Schnelldienst 2005	Schütz et al. Kyklos 2008	Pfeffer European Sociological Review 2008
Messung Bildungsungleichheit	A) Effekt der Anzahl der Bücher zu Hause auf die Lesekompetenz B) Effekt der sozialen Herkunft auf die Lesekompetenz	Effekte der Anzahl der Bücher zu Hause auf die Mathematikkompetenz von Schülern	Effekt der Anzahl der Bücher zu Hause auf die Mathematikkompetenz von Schülern	Mobilität der Bildungsabschlüsse zwischen Generationen
Untersuchungseinheiten	14 Länder	54 Länder	54 Länder	19 Länder
Frühkindliche Bildung	-	verringernd/ umgekehrt u-förmig	verringernd/ umgekehrt u-förmig	-
Einschulungsalter	-	kein Effekt	kein Effekt	-
Ganztagsschule	verringernd	kein Effekt	kein Effekt	-
Bildungsausgaben	-	kein Effekt	verringernd	-

private Bildungsausgaben	–	verstärkend	verstärkend	–
Privatschulsektor	verstärkend	verringernd	verringernd	–
späterer Zeitpunkt der Gliederung in Sekundarschulen	–	verringernd	verringernd	–
Stärke der Gliederung in Sekundarschulen	verstärkend	–	–	verstärkend
Externes Abschlussexamen	–	–	–	–
Klassengröße	–	–	–	–

Tabelle 3.1a: Der Forschungsstand zum Einfluss bildungspolitischer Institutionen auf das Ausmaß sozialer Bildungsungleichheit (Teil 1)

Publikationen	*Schlicht et al.* European Union Politics 2010	*Wößmann* Website der Harvard University 2007	*Freitag/Schlicht* Governance 2009	*Schlicht* Sammelband Vergleichende subnationale Analysen 2010
Messung Bildungsungleichheit	Effekt des elterlichen Bildungsstands auf die Mathematikkompetenz der Schüler	Effekt des sozioökonomischen Hintergrundes auf die Mathematikkompetenz der Schüler	Wahrscheinlichkeit des Gymnasialbesuchs höher sozialer Schichten im Vergleich zu niedrigen sozialen Schichten	Die Abhängigkeit des Gymnasialbesuchs von der sozialen Herkunft
Untersuchungseinheiten	25 EU Mitgliedstaaten	Die 16 deutschen Bundesländer	Die 16 deutschen Bundesländer	Die 16 deutschen Bundesländer
Frühkindliche Bildung	Ost-EU verringernd	verringernd	verringernd	verringernd
Einschulungsalter	-	-	-	-
Ganztagsschule	West-EU verringernd Ost-EU verstärkend	-	kein Effekt	verringernd
Bildungsausgaben	verringernd	kein Effekt	-	kein Effekt

private Bildungsausgaben	-	-	-	-
Privatschulsektor	West-EU verringernd	verringernd	-	verstärkend
späterer Zeitpunkt der Gliederung in Sekundarschulen	-	verringernd	(verringernd)	verringernd
Stärke der Gliederung in Sekundarschulen	Ost-EU verstärkend	verstärkend	kein Effekt	kein Effekt
Externes Abschlussexamen	-	kein Effekt	-	-
Klassengröße	verstärkend	verringernd	-	verstärkend

Tabelle 3.1b: Der Forschungsstand zum Einfluss bildungspolitischer Institutionen auf das Ausmaß sozialer Bildungsungleichheit (Teil 2)

3.3 Hypothesen zum Einfluss der Bildungspolitik auf das Ausmaß der sozialen Bildungsungleichheit in den Bundesländern

In den folgenden Hypothesen wird postuliert, dass bestimmte bildungspolitische Institutionen die soziale Ungleichheit im Bildungsprozess (Kompetenzerwerb) und im Bildungszugang (Zugang zum gymnasialen Bildungsgang) beeinflussen (vgl. Abschnitt 3.1). Es wird davon ausgegangen, dass bestimmte bildungspolitische Regelungen der deutschen Bundesländer die gleichberechtigte Beteiligung sozial schwacher Schüler am Erwerb von Kompetenzen und am Zugang zum gymnasialen Bildungsgang entsprechend ihrer Leistungsfähigkeit fördern, während andere die soziale Segregation unabhängig von den individuellen Fähigkeiten eher bekräftigen. Abbildung 3.1 fasst die Hypothesen zum moderierenden Einfluss konkreter Bildungspolitiken auf die soziale Bildungsungleichheit zusammen.

3.3.1 Die Frühkindliche Bildung

Entsprechend der Hypothese wird erwartet, dass der Ausbau des frühkindlichen Bildungssystems negativ mit dem Ausmaß an sozialer Bildungsungleichheit assoziiert ist. Ein breites Angebot an frühkindlicher Bildung mildert demnach den Zusammenhang zwischen sozialer Herkunft und Schulbildungserfolg, während ein geringes Angebot mit starker Bildungsungleichheit einhergeht. Diese Hypothese wird durch die Ergebnisse von Freitag und Schlicht (2009), Schlicht (2010), Schlicht et al. (2010), Schütz und Wößmann (2005), Schütz et al. (2008) und Wößmann (2007) jeweils im internationalen oder im Bundesländervergleich unterstützt. Esping-Andersen (2008: 28-29) geht sogar davon aus, dass das Angebot an frühkindlicher Bildung eine notwendige Bedingung für ausgeglichene Bildungschancen sind und dass alle weiteren Bildungspolitiken mit dem Ziel der Verringerung von Bildungsungleichheit keine Wirkung erzielen, falls das Angebot an frühkindlicher Bildung zu gering ist (siehe dazu auch Freitag und Schlicht 2009).

Effekt der frühkindlichen Bildung auf das individuelle Bildungsverhalten und den individuellen Bildungserfolg

Bereits vor dem Schulleintritt werden mit der frühkindlichen Entwicklung Weichen für Bildungserfolg gestellt (Biedinger et al. 2008; Ramey und Ramey 2004). Der Entwicklungspsychologie folgend, wird ein Großteil der kindlichen Entwicklung in der Periode vor dem vierten Lebensjahr vollzogen (Austin 1976:

1). Die Literatur zur Schulreife (School Readiness) zeigt verschiedene Aspekte der frühkindlichen Entwicklung auf, die für den erfolgreichen Bildungsstart maßgeblich sind. Demnach wird der Schulbildungserfolg besonders durch bereits früh internalisierte lernbezogene Fähigkeiten von Kindern bestimmt. Bierman et al. (2009) unterscheiden zwei Dimensionen der Schulreife: Zum einen Verhaltensaspekte wie etwa die aktive Unterrichtsbeteiligung, das prosoziale Verhalten oder Aggressionskontrolle bzw. Selbstregulierung. Zum anderen kognitive Fähigkeiten, die sowohl das akademische Wissen, als auch Planungsfähigkeiten, Umsetzungsfähigkeiten und Sprachfertigkeiten beinhalten (vgl. High 2008; Justice et al. 2009). Das frühe Vorhandensein der Verhaltensfertigkeiten wiederum begünstigt die Entwicklung kognitiver Fähigkeiten (Bierman et al. 2009). McClelland et al. (2006) zeigen, dass insbesondere Verhaltensfähigkeiten wie Selbstregulierung und Sozialkompetenz den Erwerb von Lese- und Mathematikkompetenz in den ersten Schuljahren positiv beeinflussen (vgl. auch Barbarin et al. 2008).

Bereits während der ersten beiden Schuljahre konstituiert sich demnach eine klare Leistungslücke zwischen Schüler, die bestimmte soziale und kognitive Fähigkeiten bereits beim Schuleintritt aufweisen gegenüber Schülern ohne diese Fertigkeiten. Die Leistungslücke erweitert sich zwar in späteren Schuljahren nicht mehr, bleibt aber über die Schulbildungslaufbahn bestehen (McClelland und Acock 2006).

Unterschiede in den Schulreifegraden werden in bedeutendem Maße durch Schichtunterschiede zwischen den Familien determiniert (McAllister et al. 2009). Charakteristika des Elternhauses – insbesondere der soziale Status und die Leseaffinität – haben einen erheblichen Einfluss auf die für die Schulreife und den frühen Schulerfolg maßgeblichen Sprachfertigkeiten der Kinder (Forget-Dubois et al. 2009). Kinder aus niedrigen sozialen Schichten (ärmeren und gering gebildeten Elternhäusern oder aus Familien mit Migrationshintergrund) haben daher ein erhöhtes Risiko mangelnde kognitive und soziale Schulreifekriterien aufzuweisen (Connell und Prinz 2002; Ramey und Ramey 2004). Die Unterschiede in der frühkindlichen Entwicklung sind maßgeblich auf nicht vorhandene Kapitalformen in Elternhäusern mit niedrigem Sozialschichtniveau zurückzuführen (vgl. Attewell und Battle 1999; Bourdieu 1983; Coleman 1966; De Graaf et al. 2000; Sullivan 2001) (siehe auch Kapitel 2). Die frühkindlichen Prägungen durch diese Kapitalformen führen zu ungleichen Startvoraussetzungen beim Eintritt in die Schulbildungslaufbahn.

Allerdings lässt sich in einer Vielzahl an Studien zeigen, dass der Erwerb von Schulreifekriterien – kognitive, sprachliche und feinmotorische Fähigkeiten, das Sprachvokabular, die Lesefähigkeit, das emotionale Verständnis, die soziale Problemlösungskompetenz, das soziale Verhalten und das Lernengagement – durch den Besuch einer frühkindlichen Bildungsinstitution gefördert wird (Berlinski et al. 2009; Bierman et al. 2008; Gormley et al. 2008; Magnuson et al. 2004; Magnuson und Waldfogel 2005; Winsler et al. 2008). Nach Schechter und Bye (2006) sowie Belsky und Steinberg (1978) hat insbesondere die soziale Interaktion zwischen den Kindern in frühkindlichen Bildungsinstitutionen eine hohe Bedeutung für den Spracherwerb und den Erwerb von Sozialkompetenz. Die frühkindlichen Bildungsinstitutionen leisten somit einen langfristigen Beitrag zur Humankapitalbildung (Donovan und Watts 1990).

Effekt der frühkindlichen Bildung auf das Bildungsverhalten in verschiedenen Sozialschichten

Ferner lässt sich zeigen, dass der Besuch frühkindlicher Bildungseinrichtungen die Unterschiede hinsichtlich der Schulreifekriterien zwischen den sozialen Schichten verringern kann (Biedinger et al. 2008). Die in frühkindlichen Bildungsinstitutionen gebotene Förderung kann das mangelnde Vorhandensein von Kapitalformen in Elternhäusern niedriger Sozialschichten ausgleichen (Büchel et al. 1997; Crosnoe 2007; Hillmert 2004, 2005; Hurrelmann 1988; Kreyenfeld et al. 2002; Leschinsky und Mayer 1990b; Magnuson et al. 2004; Magnuson et al. 2006; Magnuson und Waldfogel 2005; McClelland und Acock 2006; 2008: 416; Schechter und Bye 2006). Der Besuch einer vorschulischen Bildungseinrichtung kann das Sprachvermögen von Kindern mit geringer sozialer Herkunft innerhalb eines halben Jahres an das der Kinder aus wohlhabenden Familien angleichen (Schechter und Bye 2006).

Der Ausgleich unterschiedlicher Bildungsvoraussetzungen durch den Besuch frühkindlicher Bildungsinstitutionen kommt dadurch zustande, dass die gezielte Förderung in frühkindlichen Bildungsinstitutionen in erster Linie Kindern aus sozial schwachen Familien zugutekommt. Während Kinder aus Elternhäusern mit hohem Sozialschichtniveau bereits durch familieninterne Prägungen recht hohe Schulstartvoraussetzungen internalisieren können, ist bei Kindern aus niedrigen Sozialschichten häufig eine externe Anreicherung notwendig um ein ähnlich hohes Niveau an Bildungsvoraussetzungen zu erlangen (č Umek et al. 2008).

Allerdings sollte sich der ungleichheitsmildernde Effekt der frühkindlichen Bildung nur einstellen, wenn die frühkindlichen Bildungseinrichtungen auch für schwache soziale Schichten zugänglich sind. Kreyenfeld (2007) argumentiert, dass auch in Deutschland ein starkes Ungleichgewicht zwischen den sozialen Schichten bei der Nutzung der Betreuungseinrichtungen besteht. So nutzen Migrantenfamilien die Betreuungseinrichtung weit weniger als Familien ohne Migrationshintergrund. Austin (1976: 13) zeigt ebenfalls, dass in den USA in den 1970er Jahren die höheren Sozialschichten deutlich stärker in frühkindlichen Bildungsinstitutionen vertreten waren als niedrige Sozialschichten. Der mildernde Effekt des Angebots frühkindlicher Bildungseinrichtungen auf die Schulbildungsungleichheit kann daher nur zustande kommen, wenn eine genügend hohe Beteiligung erreicht wird, die es vermag alle sozialen Schichten abzudecken (vgl. auch Freitag und Schlicht 2009; Schlicht 2010; Schlicht et al. 2010; Schütz et al. 2008; Schütz und Wößmann 2005; Wößmann 2007). Ferner zeigen sich ungleichheitsmildernden Effekte nur, wenn sich die frühkindlichen Bildungseinrichtungen aus Kindern heterogener Sozialschichten zusammensetzt. Das bedeutet, dass insbesondere die Interaktion zwischen Kindern aus wohlhabenderen Schichten und Kindern aus ärmeren Schichten die Förderung der letztgenannten Gruppe begünstigt (Schechter und Bye 2006).

Hypothese 1: Je größer das Angebot an frühkindlicher Bildung in einem Bundesland ist, desto geringer ist das Ausmaß sozialer Bildungsungleichheit.

3.3.2 Der Ausbau der Ganztagsschulen

Entsprechend der Hypothese führt ein Ganztagsschulsystem zu weniger sozialer Bildungsungleichheit als ein Halbtagsschulsystem. In Bundesländern, in welchen ein großer Anteil der Schüler ganztags unterrichtet wird, sollte demnach die Bildungsungleichheit geringer sein, als in Ländern, in welchen die Kinder nur einen halben Tag in der Schule verbringen. Diese Hypothese wird durch die Ergebnisse von Schlicht et al. (2010) im internationalen Vergleich und Schlicht (2010) im Bundesländervergleich unterstützt.

Effekt der Ganztagsschule auf das individuelle Bildungsverhalten und den individuellen Bildungserfolg in unterschiedlichen Sozialschichten

Schüler aus unterschiedlichen sozialen Schichten bringen in unterschiedlichem Maße Kapitalressourcen mit, die ihnen eine erfolgreiche Teilhabe am Schulbildungsprozess ermöglichen (Attewell und Battle 1999; Bourdieu 1983; Coleman 1966; De Graaf et al. 2000; Entwisle und Alexander 1992; Saxe et al. 1987; Sullivan 2001) (siehe auch Kapitel 2). Diese Kapitalressourcen werden in bedeutendem Maße durch die Freizeitaktivitäten außerhalb der Schulzeiten geprägt (Kalmijn und Kraaykamp 1996). Insbesondere Formen des inkorporierten kulturellen Kapitals im Elternhaus, wie etwa ein kultiviertes Selbstverständnis, beeinflussen die Schulleistungen positiv (vgl. DiMaggio 1982). So weisen Kinder, die in ihrer Freizeit kulturelle Ausflüge in Museen unternehmen oder an Kunst-, Musik- oder Tanzkursen teilnehmen weitaus höhere Schulleistungen auf, als Kinder, die diese kulturellen Ressourcen in ihrer Freizeit nicht geboten bekommen (DiMaggio 1982; Roscigno und Ainsworth-Darnell 1999). Ferner beeinflussen aber auch Formen des objektivierten Kulturkapitals im Elternhaus, wie etwa der tägliche Bezug einer Zeitung, der Besitz einer Enzyklopädie oder der Besitz von einer großen Anzahl an Büchern, den Schulerfolg von Kindern durchweg positiv (Roscigno und Ainsworth-Darnell 1999).

Der Zugang zu diesen kulturellen Kapitalformen hängt stark von der sozialen Herkunft der Schüler ab (Lareau 2000; Le Roux et al. 2008; Roscigno und Ainsworth-Darnell 1999; Sullivan 2001). Lareau (2000) zeigt, dass Kinder der Mittelschicht stärker als Kinder der Arbeiterschicht in von Erwachsenen angeleiteten Freizeitaktivitäten involviert sind, die den Erfolg und das Anhäufen von Fähigkeiten fokussieren und zudem Ähnlichkeiten zu Schulaktivitäten haben. Kindern aus weniger wohlhabenden oder weniger gebildeten Elternhäusern, stehen einerseits nicht die finanziellen Ressourcen zur Teilhabe an bestimmten bildungsfördernden Aktivitäten oder für den Besitz bildungsfördernder Medien zur Verfügung (Chin und Phillips 2004). Andererseits mangelt es aber auch häufig an der durch das Elternhaus vermittelten Fähigkeiten ökonomisches in kulturelles Kapital umzuwandeln (Blasius und Friedrichs 2008): Kinder aus unterschiedlichen Schichten profitieren zum Beispiel in unterschiedlichem Maß vom Konsum bestimmter Medien (Sesamstraßeneffekt) (Attewell und Battle 1999): Kinder aus höheren sozialen Schichten profitieren stärker vom Besitz eines Computers, als Kinder aus unteren sozialen Schichten. In diesem Zusammenhang zeigen Kirkorian et al. (2008), dass die Nutzung des Medienkonsum für die kindliche Entwicklung stark von den Programminhalten abhängt. So ist der Fernsehkonsum für Kinder gewinnbringend, solange sie altersgerechte Programme mit einem Bildungs- und Lernbezug konsumieren. Pure Unterhaltungssendungen und Gewaltszenen hingegen behindern die kindliche Entwicklung (Kirkorian et al. 2008).

In Halbtagsschulsystemen liegt ein Großteil der Verantwortung für die Freizeitgestaltung bei den Familien. Der Konsum kultureller Ressourcen wie Musikunterricht, Tanzunterricht, Kunstkurse oder Museumsbesuche oder die Nutzung kulturstiftender Medienprogramme hängt demzufolge von der Förderung durch das Elternhaus ab. Da laut der vorab aufgezeigten Ergebnisse der Zugang zu diesen Kulturkapitalressourcen stark von der sozialen Schicht der Familie abhängt, dürfte die soziale Ungleichheit im Halbtagsschulsystem hoch sein. Im Ganztagsschulwesen werden Schüler hingegen über einen langen Tagesabschnitt in einem ähnlichen sozialen und bildungsfördernden Umfeld sozialisiert (Becker und Lauterbach 2004b; Schütz und Wößmann 2005).

Nach DiMaggios (1982) Mobiliätstheorie profitieren gerade Kinder aus unteren Schichten in besonderem Maße von kultureller Förderung in der Schule, was ihnen infolge den sozialen Aufstieg ermöglicht (vgl. auch De Graaf et al. 2000). Die kulturstiftenden Bildungsangebote der Ganztagsschule am Nachmittag können demnach das mangelnde Kulturkapital der Kinder aus unteren sozialen Schichten ausgleichen (Becker und Lauterbach 2004b; Bettmer 2007; Freitag und Schlicht 2009; Ipfling und Lorenz 1979; Prüß 2007; Radisch et al. 2006; Zvoch et al. 2008). Die Schulleistungen der Schüler aus unteren Sozialschichten sollten sich aufgrund der im Nachmittagsunterricht erworbenen Kapitalressourcen verbessern. Das Bundesministerium für Bildung und Forschung (2003) fördert den Ausbau der Ganztagschulen mit einem vier Millionen Euro Investitionsplan mit dem offiziellen Ziel, die soziale Ungleichheit zwischen den Schülern zu verringern.

Allerdings sind die Ergebnisse zum Effekt der Ganztagsschule bisher rar und ambivalent. Zvoch et al. (2008) sowie Ipfling und Lorenz (1979) können einen mildernden Effekt der Ganztagsschule auf die soziale Bildungsungleichheit ermitteln. Zvoch et al. (2008) zeigen, dass Kinder aus unteren Schichten, die eine Ganztagsschule besuchen bessere Leistungen aufweisen, als Kinder der gleichen Sozialschicht, die ein Halbtagangebot in Anspruch nehmen. Ipfling und Lorenz (1979) postulieren, dass in Deutschland besonders Kinder auf Hauptschulen, also tatsächlich die sozial schwächeren Schüler, von Ganztagsangeboten profitieren, während die Schultaglänge keinen Effekt auf die Schulleistung von Kindern auf höheren Schularten hat.

Im Kontrast zu diesen Ergebnissen zeigen Radisch et al. (2006), dass der Zusammenhang zwischen sozialer Herkunft und Schulerfolg nicht durch den Besuch einer Ganztags- bzw. Halbtagsschule moderiert wird. Diese ambivalenten Ergebnisse im Blick wird im Folgenden, aufbauend auf den Ergebnissen von Zvoch et al. (2008) und Ipfling und Lorenz (1979), davon ausgegangen, dass die Ganztagsschule die soziale Bildungsungleichheit verringern kann.

Hypothese 2: Je höher der Anteil der Schüler, die an Ganztagsschulen unterrichtet werden, desto geringer ist das Ausmaß der sozialen Bildungsungleichheit.

3.3.3 Die durchschnittliche Klassengröße

Die Hypothese zur Klassengröße lautet, dass kleine Klassen das Ausmaß an sozialer Bildungsungleichheit verringern, während große Klassen es verstärken. Die Klassengröße ist eine Konsequenz des Lehrschüler-Verhältnisses und des Lehrpersonalangebots. Es definiert, für wie viele Schüler ein Lehrer verantwortlich ist. Das Verhältnis von Lehrer- und Schülerzahlen gilt häufig als Indikator für die Qualität des Bildungsprozesses und somit als Prädiktor für die Bildungsleistung einzelner Schüler (Kvist 1999; Szelewa und Polakowski 2008: 118). Die einzelnen Schülerleistungen sollten demnach in kleinen Klassen höher sein, als in großen Klassen. Der negative Zusammenhang zwischen Klassengröße und individueller Schülerleistung findet in großen Teilen der Literatur empirische Unterstützung (Angrist und Lavy 1999; Blatchford et al. 2003; Card und Krueger 1996; Corak und Lauzon 2009; Dustmann et al. 2003; Finn et al. 2005; Glass und Smith 1978; Kokkelenberg et al. 2008; Lindahl 2005; Lubienski et al. 2008; McGiverin et al. 1989; Roscigno et al. 2006; Zvoch et al. 2008).

Effekt der durchschnittlichen Klassengröße auf das individuelle Bildungsverhalten und den individuellen Bildungserfolg

Eine häufig angeführte Begründung für den Zusammenhang zwischen Klassengröße und individuellem Bildungserfolg ist, dass das Lehrpersonal bei kleinen Klassengrößen einzelnen Schülern mehr Aufmerksamkeit schenken und auf ihre individuellen Lernbedürfnisse eingehen kann, während bei großen Klassen weniger extensiv gefördert wird (Graddy und Stevens 2005).

Finn et al. (2003) sehen die verbesserten Schülerleistungen in kleinen Schulklassen alleine im veränderten Verhalten der Schüler selbst begründet (vgl. auch Downer et al. 2007). Demnach zeigen Schüler in kleinen Klassen ein höheres Engagement, welches sowohl auf dem veränderten Lernverhalten als auch auf dem gesteigerten prosozialen Verhalten beruht; Faktoren die beide wiederum stark mit dem akademischen Erfolg zusammenhängen.

Allerdings existieren auch Studien, die keinen Einfluss der Klassengröße auf den individuellen Schulerfolg ermitteln können (vgl. Asadullah 2005; Coleman 1966; Hanushek 1986; Karsten 2006; Kennedy und Siegfried 1997; Milesi und Gamoran 2006; Scheerens und Bosker 1997; Shapson et al. 1980). Bourke (1986) zeigt, dass verkleinerte Klassen nur zu mehr individueller Schülerleistung führen, wenn auch die Unterrichtsqualität verbessert wird (vgl. auch Rivkin et al. 2005). Nach Wößmann (2007) hängt der Effekt der Klassengröße auf die Schülerleistung von den Lehrergehältern ab. So zeigt sich nur in Ländern mit niedrigeren Lehrergehältern ein Effekt der Klassengröße auf die die Schülerleistung.

Effekt der durchschnittlichen Klassengröße auf das individuelle Bildungsverhalten und den individuellen Bildungserfolg in unterschiedlichen Sozialschichten

Inwiefern lässt sich jedoch von dem allgemein negativen Zusammenhang zwischen Klassengröße und individueller Schülerleistung ein Effekt auf die soziale Bildungsungleichheit ableiten (Nye et al. 2004)? Mosteller (1995) zeigt, dass hauptsächlich Schüler aus unteren sozialen Schichten unter fehlender individueller Förderung leiden. Schüler aus höheren Schichten können die fehlende individuelle Förderung durch private Unterstützung des Elternhauses kompensieren (etwa Hilfe durch die Eltern oder private Nachhilfe). Schüler aus unteren sozialen Schichten können die mangelnde Anpassung des Lehrprozesses an ihre individuellen Bedürfnisse hingegen häufig nicht durch familiäre Ressourcen ausgleichen. Verschiedenen Studien zeigen tatsächlich, dass insbesondere niedrige soziale Schichten von verkleinerten Klassengrößen profitieren (Browning und Heinesen 2007; Downer et al. 2007; Hoerandner und Lemke 2006; Lubienski et al. 2008; Rouse und Barrow 2006). Lindahl (2005), Nye et al. (2004) sowie Finn und Achilles (1990) zeigen diesen Effekt am Beispiel des Schulerfolgs von Minderheiten. Nach Maasoumi et al. (2005) profitieren sogar nur Schüler mit ursprünglich schlechten Schulleistungen von einer Verkleinerung der Klassengröße. Bemerkenswert ist dabei, dass die Schulleistung von guten Schülern durch die Verkleinerung der Klassengrößen sogar verschlechtert wird. Dem widerspricht Konstantopoulos (2008), da seine Resultate darauf hindeuten, dass nur Schüler mit hohen Leistungswerten von verkleinerten Klassengrößen profitieren und somit Leistungsunterschiede durch verkleinerte Klassen nicht verringert werden könne. Keinen Effekt der Klassengröße auf die Ungleichheit finden auch Nye et al. (2004), Ecalle et al. (2006) sowie Milesi und Gamoran (2006). Trotz der ambivalenten empirischen Befunde, wird ein verstärkender Einfluss großer Klassen auf die Bildungsungleichheit angenommen.

Hypothese 3: Je größer die durchschnittliche Klasse, desto stärker ist das Ausmaß der sozialen Bildungsungleichheit.

3.3.4 Die Bildungsausgaben

Die Hypothese zu den Bildungsausgaben unterscheidet sich von allen anderen Hypothesen zum Einfluss der Bildungspolitik darin, dass die Bildungsausgaben keine direkte Ausprägung der Bildungspolitik (Policy-Output) darstellen. Vielmehr handelt es sich bei den Bildungsausgaben um die Ressourcen des öffentlichen Bildungswesens (Policy-Input), die wiederum zur Ausgestaltung des Bildungssystems herangezogen werden.

Effekt der Bildungsausgaben auf das individuelle Bildungsverhalten und den individuellen Bildungserfolg

Im Folgenden werden dennoch sowohl ein indirekter als auch ein direkter Einfluss der Bildungsausgaben auf das Ausmaß der sozialen Bildungsungleichheit unterstellt. Wie in den Hypothesen zuvor wird auch hinsichtlich der Bildungsausgaben erwartet, dass ein Ausbau der staatlichen Verantwortung – in diesem Fall durch höhere Staatsausgaben – die soziale Bildungsungleichheit verringern kann. Während die Determinanten von Bildungsausgaben sowohl im internationalen Vergleich als auch im Bundesländervergleich weitreichend bekannt sind (Busemeyer 2006; Busemeyer 2007; Schmidt 2002; Verner 1979; Wolf 2006), sind die Auswirkungen von Bildungsausgaben auf die Ausgestaltung des Bildungswesens aber auch auf gesellschaftliche Bedingungen weitgehend unerforscht. Ein merklicher Bestand an Literatur besteht allenfalls zum Effekt der Bildungsausgaben auf die Einkommensungleichheit. Sylwester (2002) zeigt etwa, dass die öffentlichen Bildungsausgaben einen mildernden Einfluss auf das Ausmaß der Einkommensungleichheit hat. Rudra (2004) kann diesen Effekt nur für Entwicklungsländer zeigen, für wohlhabende Länder hingegen nicht. Bemerkenswert ist dabei allerdings, dass hierbei ein wenig untersuchter indirekter Effekt angenommen wird, nämlich das die Bildungsausgaben zunächst zu einem höheren Humankapitalbestand und somit zu weniger Bildungsungleichheit führen, was letztlich auch zu geringerer Ungleichheit auf dem Arbeitsmarkt und zwischen den Gehältern führt. Zum grundlegenden Effekt der Bildungsausgaben auf das höhere Humankapital bzw. die geringere Bildungsungleichheit gibt es nur wenig Befunde. Chaudhary (2009), Arum (1996: 43), Greenwald et al. (1996), Steele et al. (2007) und Wenglinsky (1997) stellen die Bedeutung der Bildungsausgaben für die Leistungswerte der Schüler heraus. Rajpal (1969) zeigt, dass höhere Bildungsausgaben insbesondere zu einer höheren Schulqualität führen. Normore und Ilon (2006) weisen aber auch darauf hin, dass geringere Bildungsausgaben nicht automatisch zu einem schlechteren Bildungssystem führen. So hatten in ihrer Studie monetär günstigere Bildungsinvestitionen, wie die Ausbildung von Lehrern, die gleichen Effekte auf die Schülerleistungen, wie relative teure Bildungsinvestitionen wie die Verringerung des Schüler-Lehrer Verhältnisses. Aufgrund des bisher geringen Forschungsstands wird davon ausgegangen, dass hohe Bildungsausgaben die soziale Bildungsungleichheit sowohl indirekt als auch direkt positiv beeinflussen.

Indirekter Effekt der Bildungsausgaben auf das individuelle Bildungsverhalten und den individuellen Bildungserfolg in unterschiedlichen sozialen Schichten

Erstens bedeuten niedrige öffentliche Bildungsausgaben auch weniger Investitionen in das Bildungssystem, wie etwa in frühkindliche Bildung, Ganztagsschulen, Lehrer-Schüler-Verhältnis (Wenglinsky 1997). Diese fehlenden Investitionen müssen letztlich von einem höheren Anteil privater Bildungsausgaben substituiert werden (Schmidt 2002). Die Übertragung der finanziellen Verantwortung für das Bildungssystem vom Staat auf die privaten Haushalte impliziert wiederum unterschiedliche Opportunitäten zwischen den sozialen Schichten (Attewell und Battle 1999; Blasius und Friedrichs 2008; Bourdieu 1983; Chin und Phillips 2004; Coleman 1966; De Graaf et al. 2000; Lareau 2000; Le Roux et al. 2008; Roscigno und Ainsworth-Darnell 1999; Sullivan 2001). Aufgrund des in unterschiedlichem Maße vorhandenen ökonomischen, kulturellen und sozialen Kapitals, unterscheiden sich die Möglichkeiten der Eltern die fehlenden staatlichen Investitionen zu substituieren. So werden Eltern mit höherem sozialem Status eher in der Lage und bereit sein, private Bildungsausgaben, etwa für private Nachhilfe oder die Anschaffung von Lehrmaterial aufzubringen. Auch kann das mangelnde öffentliche Bildungsangebot zu einer Abwanderung der höheren sozialen Schichten auf private Bildungseinrichtungen führen (vgl. US Department of Education 2006; Chubb und Moe 1988; Coleman et al. 1982a, 1982b; Coleman et al. 1982c). Dies führt zu unterschiedlichen Bildungsmöglichkeiten zwischen den sozialen Schichten. Die Mechanismen beschreiben einen indirekten Zusammenhang zwischen den öffentlichen Bildungsausgaben und der sozialen Bildungsungleichheit: Je niedriger die öffentlichen Bildungsausgaben, desto schlechter die Qualität des öffentlichen Bildungswesens, desto schlechter die Bildungschancen ärmerer sozialer Schichten gegenüber höheren sozialen Schichten.

Direkter Effekt der Bildungsausgaben auf das individuelle Bildungsverhalten und den individuellen Bildungserfolg in unterschiedlichen sozialen Schichten

Darüber hinaus wird auch ein direkter Einfluss der öffentlichen Bildungsausgaben auf die soziale Bildungsungleichheit angenommen. Öffentliche Bildungsausgaben unterstreichen auch die gesellschaftliche Wertschätzung gegenüber der Bildung, die wiederum Vorlage für das individuelle Bildungsverhalten ist (Schmidt 2002; Wolf 2006). Demzufolge steigen die Bildungsaspirationen der niedrigeren Sozialschichten bei hoher gesellschaftlicher Wertschätzung der Bildung und passen sich den Bildungsaspirationen der höheren sozialen Schichten an. Hohe Bildungsausgaben führen somit zu einem geringeren Ausmaß sozialer Bildungsungleichheit. Diese Hypothese wird von Schlicht et al. (2010) unterstützt.

Hypothese 4: Je höher die Bildungsausgaben in einem Bundesland, desto geringer ist das Ausmaß der sozialen Bildungsungleichheit.

3.3.5 Die Gliederung in der Sekundarstufe I

In den drei folgenden Hypothesen zur Selektion der Sekundarstufe I wird erwartet, dass eine Gliederung der Sekundarstufe I in verschiedenen Schularten die soziale Bildungsungleichheit forciert (Coleman 1966; Gamoran und Mare 1989). Die Sekundarstufe I im deutschen Schulsystem ist traditionell ab der fünften Schulklasse (Alter ca. zehn Jahre) in drei verschiedene, parallel verlaufende Bildungsgänge (Hauptschule, Realschule und Gymnasium) mit unterschiedlichen akademischen Reputationen gegliedert (Ertl und Phillips 2000; Lehmann 1995). Das Gymnasium ist dabei die Schulform mit der höchsten akademischen Wertschätzung und den aussichtsreichen Berufs- und postsekundären Bildungsmöglichkeiten. Real- und Hauptschule ermöglichen beide den Zugang zu beruflichen Ausbildungsgängen, wobei die Realschule Berufsbildungsgänge mit höheren Qualifikationsanforderungen ermöglicht. Die Hauptschule stellt das unterste Glied der drei Bildungsgänge hinsichtlich der akademischen Bildung dar und liefert hauptsächlich Zugang zu gering qualifizierten Berufen oder handwerklichen Ausbildungsgängen (Schuchart 2007). Neben dem gymnasialen Bildungsgang existieren auch andere Wege zum Abitur, wie etwa der Besuch einer Abendschule oder beruflicher Gymnasien in der Sekundarstufe II (Graebe 1985; Köller et al. 1999). Ebenso gibt es auch neben dem Abitur alternative Wege zum Hochschulzugang, wie etwa in manchen Fällen eine abgeschlossene Ausbildung oder eine Fachhochschulreife (Mucke und

Schwiedrzik 1997). Dennoch ermöglicht nur das Abitur (Abschluss des Gymnasiums) den direkten Zugang zur Hochschulbildung. Entsprechend der hierarchischen Gliederung der verschiedenen Schulformen, unterscheiden sich auch die Kompetenzvermittlungen auf den einzelnen Schulen (Köller et al. 2004). Demnach impliziert ein höherer Bildungsgang nicht nur einen höheren Bildungsabschluss, sondern auch einen höheren Kompetenzerwerb. Die Intention der Gliederung ist die Bildung leistungshomogener Lerngruppen (Hallinan 1996) mit dem Ziel, den Lernprozess auf die unterschiedlichen Fähigkeiten der Schüler abzustimmen und die jeweilige Schülerzielgruppe möglichst passgenau auf Berufsbilder mit unterschiedlichen Bildungsvoraussetzungen vorzubereiten.

Effekt der Gliederung in der Sekundarstufe I auf das individuelle Bildungsverhalten und den individuellen Bildungserfolg in unterschiedlichen sozialen Schichten

Eine Implikation der Gliederung für die soziale Bildungsungleichheit ist, dass die Verteilung nicht ausschließlich dem Prinzip der Leistungsfähigkeit, sondern insbesondere Aspekten der sozialen Herkunft folgt (Coleman 1966; Erikson und Jonsson 1996; Ertl und Phillips 2000; Gamoran und Mare 1989; Jonsson 1990; Rumberger und Palardy 2005; Saporito und Sohoni 2007; Schuchart und Maaz 2007). Die frühe Entscheidung von Eltern, Lehrern und Schülern über einen Bildungsgang und die daraus folgenden berufliche und postsekundären Bildungsmöglichkeiten beruhen am Ende der vierten Klasse im Alter von etwa zehn Jahren auf einem bedeutenden Ausmaß an Unsicherheit. Ditton (1989: 216) zeigt, dass 27 Prozent bis 45 Prozent von allen Schülern, die nach der Grundschule lediglich eine Hauptschulempfehlung hatten, entgegen der Einschätzung erfolgreich das Gymnasium besuchen. Von allen Schülern mit einer ursprünglichen Realschulempfehlung hat sogar eine Quote von 35 Prozent bis 50 Prozent Erfolg auf dem Gymnasium. Zwar ist die Erfolgsquote derer mit Gymnasialempfehlung auf dem Gymnasium mit 77 Prozent bis 88 Prozent deutlich höher, doch auch bei weitem nicht hundertprozentig. Das tatsächliche akademische Potential der Schüler und ihre eigenen Bildungsaspirationen sind am Ende der Grundschule, im Alter von zehn Jahren, noch nicht sicher einschätzbar. Aus diesem Grund beruhen die Bildungsentscheidungen zu einem großen Anteil auf den Werterwartungen der Eltern an die einzelnen Bildungsgänge (Schuchart und Maaz 2007). Nach der Werterwartungstheorie wägen die Eltern bei der Bildungswahl ihrer Kinder die erwarteten Risiken gegen die erwarteten Nutzen und die erwarteten Erfolgsaussichten ab (Becker 2000; Esser 1996; Goldthorpe 1996). Ist das Risiko eines Scheiterns auf dem Gymnasium hoch, der Nutzen des Gymnasialbesuchs sowie die Erfolgsaussichten hingegen gering, so werden sich die Eltern gegen den Besuch des Gymnasiums entscheiden (Schuchart und Maaz 2007: 650). Jedoch sind nicht nur die Bildungsentscheidungen der Eltern und Schüler sozialschichtabhängig. Auch Lehrer neigen zu sozialschichtabhängigen Bildungsempfehlungen (Preuß 1970). Selbst bei gleicher Leistung und Begabung, erhalten Schüler aus höheren Schichten leichter eine Gymnasialempfehlung als Schüler aus niedrigeren Sozialschichten. Kinder aus höheren sozialen Schichten erfahren deshalb mehr akademischen Erfolg, weil die Schule als Institution die kulturellen Praktiken honoriert *(Bildungsopportunitäten)* (Dravenau und Groh-Samberg 2005: 119; Kingston 2001: 88; Sullivan 2001). Nach Preuß (1970) erhalten Schüler aus höheren Schichten trotz gleicher Fähigkeiten leichter eine höhere Schulempfehlung als Schüler aus niedrigeren sozialen Schichten. Diese liege vor allem daran, dass sich Lehrer stärker am Bildungshabitus der höheren Sozialschichten orientieren. Ferner zeigen Argys et al. (1996), dass eine Selektion nach Leistung, die Leistungen der guten Schüler keineswegs so wie angenommen verbessert. Vielmehr kann durch die Selektion einzig eine Verschlechterung der Leistungen von Schülern mit ohnehin schlechteren Leistungen festgestellt werden. Die eigentlichen Intention der Gliederung, die leistungsgerechten Förderung, muss daher in Zweifel gezogen werden.

Der Bestand bildungssoziologischer Literatur zur Werterwartungstheorie deutet darauf hin, dass die Werterwartungseinschätzungen der Eltern zu verschiedenen Bildungsgängen deutlich zwischen den sozialen Schichten variieren (Becker 2000; Ditton 1989; Goldthorpe 1996; Leschinsky und Mayer 1990a; Solga und Wagner 2001). Auf Grundlage dieser Erläuterungen zur Werterwartungstheorie werden im Folgenden drei Aspekte des deutschen Sekundarschulsystems diskutiert, die den Effekt der elterlichen Sozialschicht auf die Bildungsentscheidung verringern bzw. verstärken können. Institutionelle Regelungen in den Bundesländern sind in der Lage, die Bildungsentscheidungen weniger von den Bildungsentscheidungen und Bildungsempfehlungen abhängig zu machen (Becker 2000; Hillmert 2004; Schuchart und Maaz 2007).

Schütz und Wößmann (2005: 22) stellen indes die Frage, ob nicht etwa Länder, die bereits in frühen Bildungsstufen (Grundschule) eine starke Ungleichheit aufweisen, aus diesem Grund gegliederte Sekundarschulsysteme aufweisen um den unterschiedlichen Leistungsniveaus gerecht zu werden. Die Gliederung wäre somit keine Ursache der Ungleichheit, sondern eine Folge. Jedoch können die Autoren daraufhin zeigen, dass in Deutschland die Leistungsniveaus der Viertklässler (Ende der Grundschulzeit) noch sozial ausgeglichen sind und die starke Ungleichheit erst in der Sekundarstufe eintritt (Schütz und Wößmann 2005). Dies ist wiederum ein Grund dafür, die Gliederung als Ursache der sozialen Ungleichheit zu untersuchen.

Ein Aspekt des deutschen Sekundarschulsystems, der immer wieder als bedeutsam für das hohe Ausmaß an sozialer Bildungsungleichheit diskutiert wird ist der *frühe Zeitpunkt der Bildungsentscheidung* nach der vierten Klasse im Alter von ca. zehn Jahren (Becker 2000, 2003; Ditton 1989; Ertl und Phillips 2000: 393; Esser 1996; Goldthorpe 1996; Hillmert 2005; Hurrelmann 1988; Leschinsky und Mayer 1990a; Lucas 2001: 1646; Solga und Wagner 2001). Es wird davon ausgegangen, dass der Effekt der familiären Herkunft auf die Bildungsentscheidungen mit zunehmendem Lebensalter abnimmt (Hillmert 2005; Meulemann 1985; Schuchart und Maaz 2007; Schuchart und Weishaupt 2004; Shavit und Blossfeld 1993; Wiese et al. 1983). In verschiedenen Bundesländern wurde der Zeitpunkt der Selektion verschoben, mit dem Ziel die Bildungsentscheidung weniger von der sozialen Herkunft abhängig zu machen (Schuchart und Weishaupt 2004). Einige wenige Länder haben die Grundschule generell auf sechs anstatt vier Jahre verlängert, während andere eine generelle Orientierungsstufe in der fünften und sechsten Klasse eingeführt haben, in der alle Schüler in den ersten beiden Jahren nach der Grundschule gemeinsam unterrichtet werden (vgl. genauer Kapitel 5). In einigen Ländern gibt es statt einer verpflichtenden Orientierungsstufe die Möglichkeit anstatt der sofortigen Bildungsentscheidung nach der vierten Klasse auch eine Orientierungsstufe zu besuchen (Schuchart und Weishaupt 2004). In den meisten Ländern jedoch wird weiterhin generell nach der vierten Klassenstufe selektiert. Im Folgenden wird davon ausgegangen, dass eine spätere Selektion in verschiedene Schularten die Bildungsungleichheit verringern kann (Becker 2000, 2003; Ditton 1989; Esser 1996; Goldthorpe 1996; Hillmert 2005; Hurrelmann 1988; Leschinsky und Mayer 1990a; Lucas 2001: 1646; Solga und Wagner 2001). Je später der Zeitpunkt der Bildungsentscheidung, desto besser sollten die Bildungsleistungen der einzelnen Schüler einschätzbar sein und desto eigenständiger sollten die Schüler die eigenen Bildungsaspirationen durchsetzen können. Allerdings existieren auch Befunde, wonach die Schulartempfehlungen nach der Orientierungsstufe sehr restriktiv sind, was den Übergang zu höheren Bildungsgängen gar erschweren kann (Schuchart und Weishaupt 2004). Im Folgenden wird dennoch dem Großteil der Literatur anschließend erwartet, dass eine spätere Selektion die Bildungsentscheidungen von der sozialen Herkunft entkoppelt (Meulemann 1985; Schuchart und Maaz 2007; Shavit und Blossfeld 1993; Wiese et al. 1983).

Hypothese 5a: Bei einer späten Gliederung in der Sekundarstufe I in verschiedene Schularten ist das Ausmaß der sozialen Bildungsungleichheit geringer als bei einen frühen Gliederung.

Ein zweiter, hier beachteter Aspekt in der Sekundarstufe I ist die stark *segregierend wirkende Hauptschule*. Aufgrund der geringen durch den Hauptschulabschluss gebotenen postsekundären Bildungs- und Berufsmöglichkeiten, ist die Hauptschule während der letzten Jahrzehnte zu einem sozial stigmatisierenden Bildungsgang geworden (vgl. Ertl und Phillips 2000). Malmberg et al. (2008) zeigen, dass die Gliederung in verschiedene Schularten die Selbsteinschätzung und Leistungsmotivation der Schüler moderiert. So haben Schüler der Hauptschulen eine geringere Einschätzung ihrer Fähigkeiten und zeigen in Folge weniger Anstrengungen ihre Fähigkeiten zu erhöhen, während Gymnasiasten eine eher hohe Selbsteinschätzung bezüglich ihrer Leistungen haben und diese zur Leistungsmotivation versuchen zu maximieren. Dies liegt nicht zuletzt daran, dass die Bildungsanforderungen für einzelne Berufe deutlich gestiegen sind, so dass Berufsbildungsgänge, für die vor einigen Jahren ein Hauptschulabschluss ausreichend war, heute mindestens einen Realschulabschluss voraussetzen (Schuchart 2007). Die Befunde der Sozialstrukturanalysen in Hauptschulen ergeben dementsprechend, dass es in Hauptschulen zur starken Akkumulation und Segregation sozial benachteiligter Schüler gekommen ist (vgl. Ditton 1989; Ertl und Phillips 2000: 393; Kristen 2002; Solga und Wagner 2001). Die Hauptschule ist somit nur noch eine Option für stark bildungsferne Schichten. Die Segregation von bildungsnahen und wohlhabenderen Schichten führt schließlich wiederum zu geringer Mobilität, da die externe Bildungsanreicherung ausfällt. So wurde in Brandenburg etwa nach der Wiedervereinigung keine Hauptschule eingeführt, so dass für niedrige soziale Schichten die wenig aussichtsreiche Entscheidungsoption der Hauptschule wegfällt und eine Segregation von höheren sozialen Schichten verhindert wird. Einige weitere Länder haben die Eigenständigkeit der Hauptschule verringert und sie organisatorisch an den Realschulbildungsgang angeschlossen. Es kann erwartet werden, dass durch diese organisatorische Verbindung zum einen eine geringere Segregation zwischen sozialen Schichten innerhalb von Schulen stattfindet und zum anderen die Mobilität zwischen Bildungsgängen erhöht wird.

Hypothese 5b: Je geringer die Eigenständigkeit der Hauptschule, desto geringer ist das Ausmaß der sozialen Bildungsungleichheit.

Ein letzter Aspekt der Selektion in der Sekundarstufe ist die *Einführung von Gesamtschulen*. Die Einführung von integrierten und kooperativen Gesamtschulen sollte nach der Hypothese das Ausmaß der Bildungsungleichheit verringern (vgl. Drewek 1997; Finley 1984; Kreidl 2004; Leschinsky und Mayer 1990a; Lucas 2001). Auf *integrierten Gesamtschulen* werden alle Schüler unabhängig von ihren Leistungen gemeinsam unterrichtet. Eine Selektion in verschiedene Schularten findet nicht statt. Durch die Einführung dieser Schulart fällt die Bildungsentscheidung für verschiedene Bildungsgänge weg (Fend et al. 1980). Auf *kooperativen Gesamtschulen* werden alle Schüler, unabhängig von der individuellen Leistungsfähigkeit, innerhalb einer Schule unterrichtet. Allerdings wird innerhalb der Schulen in verschiedene Bildungsgänge der Sekundarstufe selektiert. Zwar muss somit immer noch eine Entscheidung über den besuchten Bildungsgang innerhalb der kooperativen Gesamtschule getroffen werden, allerdings sollte die Durchlässigkeit zwischen den einzelnen Bildungsgängen höher sein, als im Gliederungssystem mit strikt getrennten Schulformen. Das Risiko einer höheren Schulwahl nach der Grundschule ist weniger hoch, da der Bildungsgang ohne Schulwechsel nach unten vollzogen werden kann. Der Besuch eines Bildungsgangs und die daraus entstehenden Kompetenzen sowie die postsekundären Bildungs- und Berufsmöglichkeiten sind dementsprechend auch im kooperativen Gesamtschulwesen weniger von der sozialen Herkunft abhängig. Allgemein wird dabei angenommen, dass die Einführung der Gesamtschulen die soziale Bildungsungleichheit verringert, wobei der Effekt der integrierten Gesamtschule, aufgrund der komplett wegfallenden Selektion, stärker sein sollte. Zum einen kann die auf der kooperativen Gesamtschule unter Abhängigkeit der elterlichen Bildungserwartungen und -wertschätzung getroffene Schulentscheidung mit geringem Aufwand und ohne Wechsel der Schule zu einem späteren Zeitpunkt revidiert werden, wenn sich eine ausreichende Leistungsfähigkeit herausstellt. Zum anderen ist die Hürde der Entscheidung für einen gymnasialen Bildungsgang auf einer kooperativen Gesamtschule für Eltern aus unteren Schichten geringer als für den Besuch eines reinen Gymnasiums. Das Risiko eines Scheiterns kann durch die durchlässigen Wechselmöglichkeiten auf einen niedrigeren Bildungsgang geringer eingeschätzt werden (Fend et al. 1973; Hatcher 1998; Leschinsky und Mayer 1990a). Im internationalen Vergleich zeigt Pfeffer (2008), dass Länder mit einer starken Gliederung des Schulwesen auch bedeutend höhere Ungleichheitsmaße aufweisen, als Länder mit geringerer oder gar keiner Gliederung. Auch Ammermüller (2005) und Schlicht et al. (2010, für Osteuropa) unterstützen diesen Effekt.

Hypothese 5c: Je umfassender die Einführung der Gesamtschule, desto geringer das Ausmaß der sozialen Bildungsungleichheit.

3.3.6 Die Stärke des Privatschulsektors

Im Folgenden wird ein ungleichheitsfördernder Effekt der Privatschule erwartet. Ein großer Privatschulsektor sollte die soziale Bildungsungleichheit erhöhen, während ein geringer Privatschulsektor sie verringern sollte. Die Begründung der Hypothese beruht abermals auf der Moderation individueller Entscheidungen für oder gegen eine Privatschule. Ein großer Privatschulsektor bedeutet, dass ein Großteil der allgemeinen Schulbildung nicht von staatlichen Schulinstitutionen übernommen, sondern von privaten Institutionen angeboten wird. Diese wiederum verlangen von ihren Nutzern, den Schülern, Schulgeld im Gegenzug zur Bildungsleistung. Die Schulinstitution wird so nicht ausschließlich durch die Verwendung von Steuergeldern, sondern durch die direkten Beiträge der Schulbesucher finanziert. Der erwartete Effekt des Privatschulsektors auf die soziale Bildungsungleichheit wird durch die folgenden aufeinander aufbauenden Mechanismen begründet:

Effekt der Stärke des Privatschulsektors auf das individuelle Bildungsverhalten und den individuellen Bildungserfolg

Nach der Coleman-Hoffer These weisen Privatschulen in der Regel eine höhere Bildungsleistung auf als öffentliche Schulen (US Department of Education 2006; Chubb und Moe 1988: 1070; Coleman et al. 1981, 1982a, 1982b; Coleman et al. 1982c; Witte und Rigdon 1993). Dies kann einerseits durch die starke Prinzipal-Agenten Beziehung zwischen Privatschule (Agenten) und Eltern (Prinzipale) führen, die den Eltern eine starke Kundenposition zuschreibt (vgl. Chubb und Moe 1988: 1084; Manna 2002; Weiss 1986). Das gezahlte Schulgeld verstärkt den Einfluss und die Ansprüche der Eltern und Schüler, wohingegen die Schule wiederum gefordert ist, auf die Ansprüche der Eltern einzugehen (Chubb und Moe 1988). Andererseits besitzen Privatschulen durch den Erhalt von Schulgeld auch einen höheren finanziellen Etat als öffentliche Schulen. Diese höheren finanziellen Ressourcen können zu verbesserten Lehrbedingungen führen, die wiederum die Bildungsleistung positiv beeinflussen. Lubienski et al. (2008) zeigen, dass die höheren Bildungsleistungen auf Privatschulen insbesondere auf die besseren Lehrbedingungen, wie kleine Klassengrößen, hohe Qualifikation des Lehrpersonals und die starke Einbeziehung der Eltern zurückzuführen sind.

Die höhere Bildungsleistung an Privatschulen bedeutet, dass Schüler an öffentlichen Schulen hinsichtlich ihres Kompetenzerwerbs gegenüber Privatschülern benachteiligt sind. Sowohl der Kompetenzerwerb als auch infolge die

Chance eine höhere Schulart zu besuchen, werden durch den Besuch einer Privatschule begünstigt. Es besteht also zunächst eine Bildungsungleichheit zwischen Privat- und Nichtprivatschülern.

Effekt der Stärke des Privatschulsektors auf das individuelle Bildungsverhalten und den individuellen Bildungserfolg in unterschiedlichen Sozialschichten

Wie ist jedoch daraus auch eine soziale Bildungsungleichheit abzuleiten? Die soziale Bildungsungleichheit beruht wiederum auf Mechanismen der individuellen Bildungsentscheidungen. Analysen der Sozialstrukturen auf Privatschulen zeigen, dass die Schüler auf Privatschulen weit überdurchschnittlich häufig aus höheren sozialen Schichten stammen als Schüler auf öffentlichen Schulen (Campbell 2005; Meier et al. 2000; Weiss 1986: 159). In erster Linie sind Eltern höhere sozialer Schichten in der Lage, das auf Privatschulen anfallende Schulgeld zu bezahlen (Buddin et al. 1998). Die Entscheidungen der Eltern für oder gegen eine Privatschule beruhen wieder auf der Abwägung von Nutzen und Risiko. Für Eltern aus höheren sozialen Schichten ist der Nutzen eines Privatschulbesuchs aufgrund der höheren Bildungsleistung hoch, um den familiären Bildungsstatus zu erhalten oder gar zu erhöhen (vgl. Weiss 1986). Für Eltern aus niedrigeren sozialen Schichten, ist der Nutzen der Privatschulbildung gegenüber der öffentlichen Bildung für den Erhalt des familiären Bildungsstatus hingegen weniger hoch. Das Risiko eines Privatschulbesuchs ist jedoch für niedrigere Sozialschichten besonders hoch, da mit der Zahlung des Schulgeldes bedeutende finanzielle Verluste einhergehen. Witte (1992: 390) zeigt etwa, dass untere soziale Schichten auch auf Privatschulen weniger Erfolgsaussichten haben als höhere soziale Schichten. Für höhere soziale Schichten ist die Aufwendung der finanziellen Ressourcen für die Zahlung des Schulgeldes weniger problematisch und das Risiko des Verlusts dieser Ressourcen aufgrund der gut einschätzbaren Erfolgsaussichten gering. Infolge entsteht eine verstärkte Segregation der sozialen Schichten auf öffentlichen und privaten Schulen (Buddin et al. 1998; Fairlie und Resch 2002; Wrinkle et al. 1999).

Während höhere soziale Schichten zunehmend auf Privatschulen abwandern, verbleiben niedrigere Sozialschichten auf öffentlichen Schulen (Campbell 2005). Aufgrund der höheren Bildungsleistungen auf Privatschulen führt dies dann auch zu einer höheren sozialen Bildungsungleichheit. Campbell (2005) sieht die Abwanderung der Mittelschicht von öffentlichen Schulen auf private Schulen insbesondere durch die geringe Einflussnahme von Eltern und Schülern sowie die Pflichtvergessenheit der Eltern auf öffentlichen Schulen begründet. Die Abwanderung auf Privatschulen ist demnach ein Zeichen der eigenen Interessenvertretung der Mittelschicht (Weiss 1986: 163). In Deutschland wurde die Privatschule hauptsächlich insbesondere durch die Abwertung des Gymnasiums für höhere soziale Schichten attraktiv, da das Gymnasium den Erhalt des sozialen Status nicht mehr gewehrleistet (vgl. Weiss 1986: 150). Im Jahr 1984 war die Hälfte der Privatschüler an allgemeinbildenden Schulen auf Gymnasien (10 Prozent aller Gymnasiasten). Dies führt letztlich zur sozialen Ungleichheit, da die höhere Bildungsleistung durch die Segregation größtenteils den höheren sozialen Schichten zugutekommt.

Allerdings bringt Christie (1990) auch gegenläufige Argumente hinsichtlich des Privatschuleffekts auf. Nicht immer tragen Privatschulen zur sozialen Segregation bei: Christie (1990) zeigt, dass in Südafrika gerade die Privatschulen im Gegensatz zu den öffentlichen Schulen die Auflösung der Apartheid im Bildungswesen vorangetrieben haben, in dem sie sich für den Zugang von Kindern jeglicher Ethnien geöffnet haben. Die Privatschulen haben somit die Segregation zwischen Ethnien in Südafrika gar verringert. Dieser Effekt der Privatschule im Transformationsprozess Südafrikas zur Demokratie muss im Blick behalten werden, wenn im Folgenden von einem eher sozial segregierenden Effekt der Privatschule in Deutschland ausgegangen wird. Auch Barrow (2006) weist darauf hin, dass signifikant mehr Privatschulen in Gegenden mit einem eher moderaten Einkommensniveau und eher gemischten Populationen hinsichtlich der ethnischen Herkunft vorkommen. Ein vereinfachter Zugang unterer sozialer Schichten zu Privatschulen – etwa durch Schulgutscheine – kann deren Beteiligung an Privatschulen aufgrund der räumlichen Nähe stark fördern. Ferner weisen durch eine höhere Konzentration von Privatschulen auch die umliegenden öffentlichen Schulen eine höhere Leistung auf, was die Ungleichheit in den Bildungsleistungen zwischen privaten und öffentlichen Schulen verringern kann. Auch Schlicht et al. (2010) zeigen für Westeuropa, dass in Ländern mit einem sehr hohen Privatschüleranteil das Niveau an sozialer Bildungsungleichheit sogar geringer ist als in Ländern mit einem moderaten Privatschüleranteil. In Deutschland besteht allerdings im westeuropäischen Vergleich ein eher geringer Privatschulsektor (vgl. Schlicht et al. 2010; Weiss 1986: 149). Daher kann erwartet werden, dass das Niveau, ab welchem der Privatschulsektor die Bildungsungleichheit auch verringern kann, in Deutschland nicht erreicht wird. Im Vergleich der deutschen Bundesländer wird daher ein linear positiver Zusammenhang zwischen dem Privatschulsektor und der sozialen Bildungsungleichheit angenommen.

Hypothese 6: Je höher der Anteil der Schüler, die auf Privatschulen unterrichtet werden, desto höher ist das Ausmaß der sozialen Bildungsungleichheit.

Das zentrale Argument dieser Arbeit ist, dass die Bildungspolitik der Bundesländer das Ausmaß an sozialer Bildungsungleichheit moderieren kann. Dieses Argument wird durch die vorangegangen Hypothesen spezifiziert. Bezogen auf das hier zu erklärende Phänomen ließe sich formulieren, dass die soziale Bildungsungleichheit nicht allein durch bildungspolitische Vereinbarungen und Regelungen erklärt werden kann, sondern dass es der Erweiterung um weitere politische, sozioökonomische und kulturelle Fundamente bedarf, um den Grad sozialer Bildungsungleichheit zu begründen. Allerdings geht es in dieser Arbeit vornehmlich darum, den Effekt der Bildungspolitik auf die soziale Bildungsungleichheit zu eruieren. Es ist hingegen nicht das Ziel einen möglichst hohen Anteil erklärter Varianz des Explanandums – sozialer Bildungsungleichheit – zu erreichen. Aus diesem Grund werden die Effekte der Bildungspolitik ausschließlich durch nichtbildungspolitische Variablen kontrolliert, die mit den Effekten der bildungspolitischen Institutionen überlappen könnten und deren Außerachtlassen zu unzulässigen Kausalschlüssen führen könnten (siehe Kapitel 6).

4 Soziale Bildungsungleichheit in den Bundesländern: Operationalisierung und Messung

In Kapitel 2 wurde das Konzept der sozialen Bildungsungleichheit bereits eingehend erläutert. Dieses Kapitel ist der Beantwortung der ersten Forschungsfrage gewidmet: Inwiefern unterscheidet sich das Ausmaß an sozialer Bildungsungleichheit in den deutschen Bundesländern? In einem ersten *Abschnitt 4.1* wird die Operationalisierung des Konzepts in dieser Arbeit vorgestellt. In *Abschnitt 4.2* folgt die Beschreibung der Datengrundlage. In den *Abschnitten 4.3 und 4.4* werden die Bestandteile des Konzepts der sozialen Bildungsungleichheit – soziale Herkunft, Bildungserfolg und die Kontrollvariablen – gemessen. In den *Abschnitten 4.5 und 4.6* wird das Ausmaß sozialer Ungleichheit im Bildungszugang bzw. sozialer Ungleichheit im Bildungsprozess im Vergleich der Bundesländer dargestellt. Das Kapitel schließt in *Abschnitt 4.7* mit einer Zusammenfassung und Evaluation der ersten Forschungsfrage.

4.1 Operationalisierung sozialer Bildungsungleichheit

Soziale Bildungsungleichheit ist durch den Zusammenhang zwischen individueller sozialer Herkunft der Schüler und deren individuellem Bildungserfolg definiert (vgl. Kapitel 2). In dieser Arbeit steht sowohl das Ausmaß an *sozialer Ungleichheit im Schulbildungszugang* als auch das Ausmaß an *sozialer Ungleichheit im Schulbildungsprozess* nach Jacobs (1996) im Fokus des analytischen Interesses. Sowohl der Kompetenzerwerb als auch der Bildungsabschluss auf einer bestimmten allgemeinbildenden Schulform gelten im innerdeutschen Vergleich als bedeutende Prädiktoren für die weitere Bildungskarriere und den sozialen Status (vgl. Arps 2005: 169; Dahrendorf 1965). Die Betrachtung beider Ausprägungen, sozialer Ungleichheit im Schulbildungszugang und im Schulbildungsprozess, ermöglicht folglich eine differenzierte Betrachtung des zu erklärenden Phänomens. Keine weitere Beachtung findet im Folgenden die dritte Form der Bildungsungleichheit, *soziale Ungleichheit im Bildungsergebnis*

(Jacobs 1996). Diese Form der Ungleichheit bezieht sich auf die Nutzbarkeit von Bildungsabschlüssen auf dem Arbeitsmarkt. Da in dieser Arbeit jedoch grundlegende Ungleichheiten im Schulbildungsprozess untersucht werden sollen, werden die beiden Ungleichheitsformen soziale Ungleichheit im Bildungsprozess und im Bildungszugang fokussiert. Es wird davon ausgegangen, dass die frühen Ungleichheiten, die bereits während der Schulbildungsphase entstehen, die Grundlage für weitere curriculare Ungleichheiten sind.

Das Ausmaß der *sozialen Ungleichheit im Bildungszugang* wird anhand des Einflusses der sozialen Herkunft auf den Besuch eines bestimmten Schulbildungsgangs beschrieben. In Deutschland sind die besuchte Schulart in der Sekundarstufe I und der dort erworbene Schulabschluss zentrale Indikatoren für die postsekundären Berufs- und Bildungsmöglichkeiten. Weniger die reinen Kompetenzen in bestimmten Schulfächern, als die Art des Schulabschlusses determinieren den Zugang zu bestimmten Berufsbildungsgängen. Im Mittelpunkt dieser Arbeit steht die Abhängigkeit des Gymnasialbesuchs von der sozialen Herkunft.

Der Fokus ausschließlich auf den gymnasialen Bildungsgang gegenüber allen anderen Bildungsgängen ist durch drei Argumente begründet. Erstens nimmt der gymnasiale Bildungsgang als höchste Schulbildungsform in Deutschland eine besondere Stellung ein (Arps 2005: 169; Dahrendorf 1965). Der gymnasiale Bildungsgang und seine Abschlussform, das Abitur, bieten den einzigen direkten Zugang zur Hochschulbildung und sind damit entscheidend für die postsekundären Bildungsmöglichkeiten und die damit einhergehende berufliche und soziale Stellung im Lebenslauf. Zweitens zeigt Schimpl-Neimanns (2000b), dass die Ungleichheiten heutzutage insbesondere im Zugang zum Gymnasium auftreten, während die Ungleichheiten zwischen den unteren Bildungsgängen erheblich abgenommen haben. Drittens ist der gymnasiale Bildungsgang der einzige Bildungsgang in Deutschland, der in seiner eigenständigen Form in allen Bundesländern fortbesteht. Alle anderen Bildungsgänge variieren erheblich in ihrer Ausgestaltung zwischen den Ländern. So gibt es etwa in vielen Ländern keine eigenständigen Haupt- und Realschulen mehr. Auch die Präsenz von Gesamtschulen unterscheidet sich zwischen den Bundesländern. Daher kann ausschließlich der Zugang zum gymnasialen Bildungsgang im Vergleich aller Bundesländer betrachtet werden.

Das Ausmaß *sozialer Ungleichheiten im Bildungsprozess* wird durch die Abhängigkeit des Kompetenzerwerbs von Schülern in verschiedenen Fachdisziplinen gemessen (vgl. Wößmann 2007). Im Gegensatz zur sozialen Ungleichheit im Bildungszugang ist das Ausmaß der sozialen Ungleichheit im Bildungsprozess ein international vergleichbarer Indikator der Bildungsungleichheit. Die Schularten variieren im internationalen Vergleich erheblich, so dass auch der Zugang zu verschiedenen Bildungsgängen kaum vergleichbar ist. Die Kompetenzen der Schüler in bestimmten Schulfächern können international verglichen werden. International vergleichende Studien zur sozialen Bildungsungleichheit beschränken sich daher auf das Ausmaß der sozialen Ungleichheit im Bildungsprozess (vgl. Schlicht et al. 2010; Schütz et al. 2008; Schütz und Wößmann 2005). Um einen umfassenden Überblick über das Ausmaß sozialer Ungleichheit im Bildungsprozess in den deutschen Bundesländern zu erhalten, werden hier neben der mathematischen Kompetenz auch die Lesekompetenz und die naturwissenschaftliche Kompetenz der Schüler herangezogen und auf ihre Abhängigkeit von der sozialen Herkunft der Schüler überprüft.

Um das Ausmaß an sozialer Ungleichheit im Bildungszugang und sozialer Ungleichheit im Bildungsprozess in den Bundesländern schätzen zu können, wird in dieser Arbeit der Effekt der individuellen sozialen Herkunft auf den Zugang zum Gymnasium bzw. den Kompetenzerwerb der Schüler für jedes der 16 deutschen Bundesländer geschätzt. Es werden somit Parameter zur Beschreibung des *Effekts individueller sozialer Herkunft (unabhängige Variable)* auf den *Bildungserfolg (abhängige Variable)* für jedes einzelne Bundesland geschätzt. Die Modelle zur Berechnung dieser Effekte unterscheiden sich jedoch, je nachdem ob das Ausmaß sozialer Ungleichheit im Bildungsprozess oder sozialer Ungleichheit im Bildungszugang untersucht wird. Wird die *soziale Ungleichheit im Bildungszugang* analysiert, so wird die vorhergesagte Wahrscheinlichkeit des Gymnasialbesuchs (y) für eine Person (i) mit einem bestimmten sozialen Hintergrund (x) in einem Bundesland (j) unter Kontrolle der Variablen (k) anhand eines Logitmodells geschätzt:

Modelle (A): $$\Pr(y_i|x_i) = \frac{e^{\alpha_j + \beta_{xj} x_{ij} + \beta_{kj} k_{ij}}}{1 + e^{\alpha_j + \beta_{xj} x_{ij} + \beta_{kj} k_{ij}}}$$

Die aus den Analysen generierten Logitkoeffizienten β_{xj} für den Effekt der sozialen Herkunft (x_{ij}) auf die Wahrscheinlichkeit des Gymnasialbesuchs (y_{ij}) beschreiben das Ausmaß sozialer Ungleichheit im Bildungszugang in den 16 deutschen Bundesländern: Die Abhängigkeit der Wahrscheinlichkeit des Gymnasialbesuchs von der sozialen Herkunft. Diese Koeffizienten bieten einen Eindruck über die Unterschiedlichkeit der Bildungsungleichheit im Vergleich der Länder.

Steht die *soziale Ungleichheit im Bildungsprozess* im Mittelpunkt des analytischen Interesses so wird die Kompetenz (Y) in Lesen, Mathematik oder Naturwissenschaft für eine Person (i) mit einer bestimmten sozialen Herkunft (x) in einem Bundesland (j) unter Kontrolle der Variablen k anhand linearer Regressionen geschätzt:

Modelle (B): $\quad Y_{ij} = \alpha_j + \beta_{xj} \times x_{ij} + \beta_{kj} \times k_{ij} + \in$

Die aus den Analysen generierten Regressionskoeffizienten β_{xj} für den Effekt der sozialen Herkunft (x_{ij}) auf den Kompetenz (y_{ij}) beschreiben das Ausmaß sozialer Ungleichheit im Bildungsprozess in den 16 deutschen Bundesländern: Die Abhängigkeit des Kompetenzerwerbs von der sozialen Herkunft. Diese Koeffizienten liefern einen Eindruck über die Unterschiedlichkeit der Bildungsungleichheit im Vergleich der Länder.

Das Ausmaß der sozialen Ungleichheit im Bildungswesen wird unabhängig von der Form der Ungleichheit anhand des Einflusses der sozialen Herkunft auf den Bildungserfolg gemessen. Je stärker der Bildungserfolg mit der sozialen Herkunft der Schüler ansteigt, desto höher ist das Niveau der Bildungsungleichheit.

4.2 Die Datengrundlage

Eine Datengrundlage für die Messung sozialer Bildungsungleichheit in den deutschen Bundesländern bieten die PISA-E Erhebungen der Jahre 2000 und 2003.[6] In beiden Studien werden zum jeweiligen Zeitpunkt Neuntklässler nach Aspekten ihrer sozialen Herkunft und nach ihrem Bildungserfolg sowohl im Sinne ihrer Kompetenzen in verschiedenen Schulfächern (Bildungsprozess) als auch nach ihrer Beteiligung am Gymnasium (Bildungszugang) befragt bzw. getestet. Die Länderstichproben der PISA-E-Studien repräsentieren die Grundgesamtheit aller 15-jährigen Schüler in den deutschen Bundesländern. In dieser Arbeit werden die Untersuchungen jedoch auf die Neuntklässler aus diesen Stichproben beschränkt. Bei der Vergleichsgruppe einer Alterskohorte wäre etwa der Vergleich der individuellen Kompetenzwerte nicht möglich, ohne auch die Klassenstufe der Schüler zu berücksichtigen. Ferner können den Stichproben bei der Untersuchung einer homogenen Klassenstufe bildungspolitische Regelungen zu bestimmten Zeitpunkten besser zugeordnet werden als unterschiedli-

---

6 Der Datensatz PISA-E 2000 (Gesamtdatensatz Neuntklässler) wurde am 14.02.2008 von der Seite der Kultusministerkonferenz heruntergeladen: http://www.kmk.org/schul/home.htm. Die Berechnungen des Datensatzes PISA-E 2003 erfolgten im Rahmen eines Gastaufenthaltes am Forschungsdatenzentrum des Instituts zur Qualitätsentwicklung im Bildungswesen an der Humboldt Universität zu Berlin und durch einen Fernrechenzugang beim Forschungsinstitut zur Zukunft der Arbeit in Bonn.

chen Klassenstufen, die unter Umständen unterschiedlichen bildungspolitischen Regelungen im Zeitverlauf unterlegen waren. Die Stichproben der beiden Studien werden im Folgenden als zwei unterschiedliche Populationen erachtet: Zum einen die Neuntklässler im Jahr 2000 und zum anderen die Neuntklässler im Jahr 2003. Die Untersuchung des Ausmaßes sozialer Bildungsungleichheit anhand zweier Stichproben liefert verlässlichere Ergebnisse als die Beschränkung der Untersuchung auf nur eine Klassenkohorte zu einem Zeitpunkt.

Anhang 1 bietet einen Überblick über die Anzahl der befragten Neuntklässler in den einzelnen Ländern und die Verteilung der Geburtsjahre in der jeweiligen Studie. Die Anzahl der Befragten variiert in PISA-E 2000 zwischen 1096 in Hamburg und 2714 in Thüringen. In PISA-E 2003 enthalten die Stichproben mindestens 894 Befragte in Sachsen-Anhalt und maximal 3023 in Hamburg. Die Stichprobengröße schwankt somit in allen Bundesländern stark zwischen den beiden PISA-E Erhebungen. Nur in Bremen bleibt die Stichprobengröße von 2000 zu 2003 relativ konstant. Für Hamburg und Berlin verfehlt die Stichprobe von 2000 auch die Kriterien der Repräsentativität, so dass alle für diesen Zeitpunkt ermittelten Schätzungen in den beiden Ländern als Näherungswerte erachtet werden müssen (Baumert et al. 2002: 28-30). Die Mehrheiten der Neuntklässler im Jahr 2000 sind 1984 geboren, während für die Neuntklässler im Jahr 2003 mehrheitlich 1987 als Geburtsjahr angegeben ist. Hinsichtlich der Geburtsjahre der Neuntklässler wird deutlich, dass diese in der Erhebung PISA-E 2000 deutlich stärker variieren als in der Erhebung PISA-E 2003. Allerdings besteht die Variation vornehmlich zwischen den Jahren 1983 und 1985. Extremere Geburtsjahre bestehen nur in sehr wenigen Ausnahmefällen (siehe Anhang 1).

In den folgenden Abschnitten werden verschiedene auf Länderebene aggregierte Maßeinheiten der sozialen Herkunft oder des Bildungserfolgs der Schüler in den beiden Stichproben vorgestellt. So werden etwa Maße wie die durchschnittliche soziale Herkunft der Schüler, die Anteile der Gymnasiasten oder die durchschnittlichen Kompetenzwerte pro Bundesland vorgestellt. Die „Qualität" der PISA Stichproben wird oft daran gemessen, wie gut sie die Verteilungen spezieller soziodemographischer Variablen (etwa der mittlere sozioökonomische Hintergrund der Schüler) widerspiegelt. Zumindest wird aber erwartet, dass die geeignete Verwendung von Gewichten gute Schätzungen von Populationsmerkmalen wie etwa dem Durchschnitt der sozialen Herkunft der Schüler in den Bundesländern ermöglicht (vgl. Rothe und Wiedenbeck 1987: 43). Allerdings dienen die aggregierten Werte in den folgenden Abschnitten weniger dazu, die mittlere soziale Herkunft der Neuntklässler oder die Gymnasiastenanteile in den Bundesländern möglichst exakt wiederzugeben. Vielmehr liefern die Werte eine Deskription der Verteilung der Variablen in den

PISA-E-Stichproben, die zur Berechnung des Effekts der sozialen Herkunft von Schülern auf deren Bildungserfolg herangezogen wird. Eine Gewichtung der Werte ist für diesen Zweck daher ungeeignet und wird im Folgenden nicht vorgenommen.

4.3 Die Messung sozialer Herkunft

Die Messung sozialer Herkunft der Schüler in dieser Arbeit stützt sich auf den International Socio-Economic Index of Occupational Status (ISEI) der Eltern nach Ganzeboom et al. (1992) und Ganzeboom und Treiman (1996) in den PISA-E Erhebungen 2000 und 2003. Der ISEI-Indikator hat sich in der bildungssoziolgischen Forschung als einer der gebräuchlichsten Indikatoren für die Messung der Sozialschicht herausgestellt (vgl. Neuwirth et al. 2006; Schuchart und Maaz 2007). Der Index beschreibt den höchsten beruflichen Status beider Elternteile. Der Index ordnet 271 Berufsgruppen in 16 Staaten hierarchisch nach ihrem sozialen Status. Für die Festlegung des Status einer Berufsgruppe ist maßgebend, wie der Beruf einen bestimmten Bildungsstand in Einkommen umsetzt. Übersetzt der Beruf einen hohen Bildungsabschluss in ein hohes Gehalt nimmt der soziale Status einen höheren Wert an, als wenn der Beruf einen gleichwertigen Bildungsabschluss in ein niedriges Gehalt übersetzt. Umgekehrt können auch Berufe, die einen niedrigen Bildungsstand in ein hohes Gehalt umsetzen, einen sehr hohen sozialen Status zugeschrieben bekommen. Somit berücksichtigt der Index sowohl das *ökonomische* als auch das *kulturelle* Kapital der Elternhäuser: die Bildung, die berufliche Stellung und das Einkommen der Eltern. Der ISEI wird als Messung von Berufseigenschaften interpretiert, die individuelle Ressourcen (Bildung) in eine individuelle Entlohnung (Einkommen) übersetzen (Ganzeboom et al. 1992). ISEI-Messungen werden von Messungen des Berufsprestiges abgegrenzt. Auch die Berufsprestigeskalen sind wie die ISEI-Messungen kontinuierliche Messungen: Im Gegensatz zu ISEI-Messungen beruhen Berufsprestige Messungen jedoch auf subjektiven Beurteilungen des Berufsstatus.

Laut Ganzeboom und Treiman (1996) verläuft die Skalierung des ISEI zwischen den Werten 16 (niedrigster Berufsstatus) und 90 (höchster Berufsstatus) (vgl. Tabelle 4.1). Der Wert 90 wird etwa von Richtern besetzt, während der Wert 16 von landwirtschaftlichen Hilfsarbeitern oder Reinigungskräften besetzt wird. Tabelle 4.1 zeigt den ISEI-Wert laut Ganzeboom et al. (1992) beispielhaft für einige Berufsgruppen.

Berufsgruppe	ISEI-Wert
Richter	90
Zahnärzte	86
Apotheker	81
Universitätsprofessoren	78
Buchhalter	75
Chemiker	73
Sekundarschullehrer / Piloten	71
Grundschullehrer	69
Selbständige Landwirte mit mehr als 10 Mitarbeitern	67
Polizisten (je nach Stellung)	53-75
Versicherungsvertreter	61
Optiker	58
Sozialarbeiter	54
Professionelle Hebammen / Agrarwissenschaftler	52
Feuerwehrmänner/ Flugbegleiter/Innen	44
Selbständige Landwirte mit Angestellten	43
Professionelle Krankenschwestern	42
Friseure / Landwirtschaftliche Vorarbeiter	32
Köche	30
Bedienungen	28
Selbständige Landwirte ohne Angestellte	23
Landwirtschaftliche Hilfsarbeiter / Reinigungskräfte	16

Tabelle 4.1: ISEI-Werte beispielhaft für einige Berufsgruppen
Quelle: Ganzeboom et al. (1992)

Wenn es darum geht, die soziale Herkunft von Schülern zu bewerten, so muss der sozioökonomische Status beider Eltern berücksichtigt werden. Im Rahmen dieser Arbeit wird die Bedeutung des sozioökonomischen Status beider Eltern gleich gewichtet, so dass jeweils der höchste sozioökonomische Status beider

Eltern als Indikator für die soziale Herkunft der Schüler verwendet wird. Fehlende Werte für eines der beiden Elternteile führen daher auch zu einem fehlenden Wert für den höchsten ISEI-Wert, da dieser nur mit Unsicherheit ermittelt werden kann.

Betrachtet man die soziale Herkunft der Schüler in den Jahren 2000 und 2003 ist der stark variierende Anteil fehlender Werte in den länderspezifischen Stichproben auffällig. So haben 2000 in Berlin nur 2,6% der Schüler keine Angaben über den sozioökonomischen Status der Eltern gemacht, während es in Nordrhein-Westfalen 13,97% waren. Im Jahr 2003 haben in Hamburg gar 22,89 % der Neuntklässler keine Angaben zur sozioökonomischen Stellung der Eltern gemacht. Den niedrigsten Anteil an fehlenden Werten weist 2003 Baden-Württemberg mit 6,69% auf. Wenn die fehlenden Werte bei der ISEI-Variable nicht zufällig verteilt sind, sondern von anderen Faktoren der sozialen Herkunft und den Kompetenzwerten abhängen, können diese fehlenden Werte die Verteilung der sozialen Herkunft der Schüler verzerren. Aus diesem Grund werden die fehlenden Werte durch geschätzte Werte der sozialen Herkunft ersetzt.[7] Durch diese Vorgehensweise ändern sich die Ränge der Länder hinsichtlich der mittleren sozialen Herkunft nicht. Die mittlere soziale Herkunft der Länder mit geschätzten fehlenden Werten korreliert zu 0,998 (PISA-E 2000, Pearson's r) bzw. 0,836 (PISA-E 2003, Pearson's r) mit der mittleren sozialen Herkunft der Länder ohne Schätzungen der fehlende Werte.

Die Tabellen 4.2 und 4.3 zeigen die mittleren ISEI-Werte der sozialen Herkunft in den Bundesländern in den PISA-E Erhebungen 2000 und 2003, basierend auf den Daten mit geschätzten ISEI-Werten für die fehlenden Werte. Es handelt sich dabei um die länderspezifischen Mittelwerte des höchsten ISEI-Wertes in der Familie ohne Gewichtungen. Hinsichtlich des sozialen Status in den Elternhäusern nehmen die Stadtstaaten Hamburg und Berlin in den beiden Stichproben (PISA-E 2000 und 2003) eine Spitzenposition ein (vgl. Tabelle 4.2 und 4.3). Bremen und das Saarland hingegen bewegen sich zu beiden Untersuchungszeitpunkten am unteren Ende der Sozialschichtskala. In PISA-E 2003 variiert die mittlere soziale Herkunft der Neuntklässler zwischen 48,00 im Saarland und 51,09 in Berlin. Die mittleren ISEI-Werte der Jahre 2000 und 2003

---

[7] Für diese Schätzungen werden die berufliche Stellung der Eltern, der Migrationsstatus der Schüler und die Lesekompetenz der Schüler (einzige Kompetenzform die in beiden PISA Erhebungen getestet wurde) herangezogen. Endogenität ist hier aus den folgenden Gründen nicht zu erwarten: 1) Die Lesekompetenz ist nur eine Komponente der Indikatoren zur Schätzung sozialer Herkunft. 2) Die Lesekompetenz wird nur verwendet, um einen geringen Anteil fehlender Werte zu schätzen. Da gezeigt werden kann, dass sie auch das Vorhandensein eines fehlenden Wertes erklären kann, sollte sie auch zu dessen Schätzung herangezogen werden. 3) Die Lesekompetenz wird nur in PISA 2003 zur abhängigen Variable.

korrelieren zu 0,7 (Pearson's r), so dass von verlässlichen Rängen der Länder hinsichtlich der sozialen Herkunft der Schüler ausgegangen werden kann.

Die Werte in den Tabellen 4.2 und 4.3 beziehen sich jeweils auf den höchsten sozialen Status in den einzelnen Familien. Vergleiche des sozialen Status getrennt zwischen Müttern und Vätern zeigen, dass der mittlere soziale Status der Väter in Westdeutschland den der Mütter übersteigt. In den ostdeutschen Ländern liegt der mittlere soziale Status der Mütter über dem der Väter. In Berlin ist der mittlere soziale Status der Mütter gleich dem der Väter.

Bundesland	Anzahl der Befragten	Median	Mittlerer Sozialschichtwert	Standardabweichung	Minimum	Maximum	Schiefe	Kurtosis
Saarland	2036	43	46,69	15,33	16	90	0,56	3,02
Rheinland-Pfalz	2066	45,58	47,91	15,75	16	90	0,45	2,77
Nordrhein-Westfalen	2283	45	46,98	14,92	16	90	0,45	2,94
Niedersachsen	1824	50	48,84	15,98	16	90	0,28	2,59
Hansestadt Bremen	1746	43	45,53	15,72	16	90	0,49	2,81
Schleswig-Holstein	2066	51	51,22	16,23	16	90	0,21	2,58
Hansestadt Hamburg	1092	52	52,19	15,56	16	90	0,23	2,66
Mecklenburg-Vorpommern	2628	45	47,02	14,69	16	88	0,41	2,96
Brandenburg	2054	49	47,95	14,23	16	90	0,36	2,74
Berlin	1104	53	54,04	15,5	16	90	0,04	2,63

Sachsen	2533	46	47,61	14,64	16	90	0,37	2,76
Bayern	1811	51	49,59	15,78	16	90	0,31	2,63
Baden-Württemberg	1783	51	49,9	15,24	16	90	0,31	2,65
Hessen	2326	46,49	47,91	14,88	16	90	0,4	2,89
Thüringen	2711	43	46,37	14,61	16	90	0,48	2,95
Sachsen-Anhalt	2711	43	46,37	14,61	16	90	0,48	2,95

Tabelle 4.2: Soziale Herkunft der Neuntklässler in den Bundesländern PISA-E 2000
Quelle: Eigene Berechnung nach PISA-E 2000.

Bundesland	Anzahl der Befragten	Median	Mittlerer Sozialschichtwert	Standardabweichung	Minimum	Maximum	Schiefe	Kurtosis
Saarland	1325	45	48,00	15,50	16	90	0,43	2,70
Rheinland-Pfalz	1889	46	48,93	16,10	16	90	0,31	2,33
Nordrhein-Westfalen	1842	50	48,94	16,20	16	90	0,30	2,38
Niedersachsen	1469	45	48,21	16,08	16	90	0,37	2,50
Hansestadt Bremen	1824	48,5	48,48	16,40	16	90	0,24	2,34
Schleswig-Holstein	1410	51	50,76	15,77	16	90	0,23	2,55
Hansestadt Hamburg	3023	53	51,01	15,71	16	90	-0,04	2,42
Mecklenburg-Vorpommern	1655	45	48,50	15,21	16	90	0,23	2,45
Brandenburg	1319	50	49,22	14,70	16	90	0,26	2,49

Berlin	2275	53	51,09	16,05	16	90	0,01	2,33
Sachsen	1430	51	49,65	14,58	16	90	0,22	2,43
Bayern	1219	51	49,48	15,58	16	90	0,21	2,47
Baden-Württemberg	1419	51	50,18	15,53	16	90	0,16	2,35
Hessen	2083	51	49,38	15,80	16	88	0,20	2,30
Thüringen	1552	51	50,64	14,90	16	88	0,11	2,23
Sachsen-Anhalt	894	51	49,63	15,51	16	90	0,18	2,38

Tabelle 4.3: Soziale Herkunft der Neuntklässler in den Bundesländern PISA-E 2003
Quelle: Eigene Berechnung nach PISA-E 2003.

4.4 Die Messung des Bildungserfolgs

Während im letzten Abschnitt die Verteilung der sozialen Herkunft von Neuntklässlern in den PISA-E Erhebungen 2000 und 2003 in den deutschen Bundesländern beschrieben wurde, wird im Folgenden die Verteilung von Bildungserfolgskriterien behandelt. Um verschiedene Muster sozialer Bildungsungleichheit in den deutschen Bundesländern zu betrachten, werden nach Jacobs (1996) verschiedenen Aspekte des Schulerfolgs als abhängige Variablen untersucht. Über den Zugang zum Gymnasium hinaus wird auch der Kompetenzerwerb als Erfolgskriterium beachtet. Im Folgenden werden die verschiedenen Erfolgskriterien als unterschiedliche abhängige Variablen beschrieben.

4.4.1 Der Zugang zum gymnasialen Bildungsgang

Neben den Ungleichheiten im Kompetenzerwerb (Ungleichheit im Bildungsprozess) wird auch die Ungleichheit im Zugang zum gymnasialen Bildungsgang (Ungleichheit im Bildungszugang) als abhängige Variable dieser Arbeit untersucht. Insbesondere im gegliederten Sekundarschulwesen Deutschlands ist der Zugang zu bestimmten Schularten ein bedeutendes Kriterium des Schulbildungserfolgs (Aschaffenburg und Maas 1997).

Im Folgenden wird die Beteiligung der Neuntklässler in den deutschen Bundesländern am gymnasialen Bildungszweig beschrieben. Dabei wird sowohl der Besuch eines reinen Gymnasiums, als auch der Besuch eines gymnasialen Bildungsgangs auf einer kooperativen Gesamtschule berücksichtigt. Tabelle 4.4 zeigt, dass die Anteile der Schüler, die einen gymnasialen Bildungsgang besuchen, erheblich zwischen den Ländern variieren. Die geringsten Anteile an Gymnasiasten weist in der PISA-E Erhebung 2003 Rheinland Pfalz mit 27,79 Prozent auf, während Berlin mit 36,22 Prozent den höchsten Anteil aufzeigt. Demnach unterscheidet sich bereits die absolute Beteiligung an gymnasialen Bildungsgängen zwischen den Bundesländern. Auffällig ist insbesondere der veränderte Anteilswert in Berlin von 2000 (53,25 Prozent) zu 2003 (36,22 Prozent). Diese Abweichungen können darauf zurückzuführen sein, dass die Schülerstichproben in der Erhebung PISA-E 2000 in Berlin und Hamburg die Beteiligungsraten von 80 Prozent der Grundgesamtheit nicht erreicht und somit Repräsentativitätsprobleme aufweisen (Baumert et al. 2002: 28-30). Die Anteile der Schüler am gymnasialen Bildungsgang müssen daher in diesen beiden Ländern für den Untersuchungszeitpunkt 2000 als Näherungswerte angesehen werden.

Die Messung des Bildungserfolgs

Bundesland	Kein gymnasialer Bildungsgang 2000		Gymnasialer Bildungsgang 2000		Alle PISA-E 2000	Kein gymnasialer Bildungsgang 2003		Gymnasialer Bildungsgang 2003		Alle PISA-E 2003
	Anzahl	Anteil in %	Anzahl	Anteil in %	Anzahl	Anzahl	Anteil in %	Anzahl	Anteil in %	Anzahl
Saarland	1467	71,77	577	28,23	2044	847	63,92	478	36,08	1325
Rheinland-Pfalz	1472	71,04	600	28,96	2072	1364	72,21	525	27,79	1889
Nordrhein-Westfalen	1689	73,53	608	26,47	2297	1313	71,28	529	28,72	1842
Niedersachsen	1206	65,9	624	34,10	1830	1060	72,16	409	27,84	1469
Hansestadt Bremen	1195	67,94	564	32,06	1759	1209	66,28	615	33,72	1824
Schleswig-Holstein	1437	69,35	635	30,65	2072	1007	71,42	403	28,58	1410
Hansestadt Hamburg	535	48,81	561	51,19	1096	2040	67,48	983	32,52	3023

Bundesland	N nicht-gym. 2000	% nicht-gym. 2000	N gym. 2000	% gym. 2000	Gesamt 2000	N nicht-gym. 2003	% nicht-gym. 2003	N gym. 2003	% gym. 2003	Gesamt 2003
Mecklenburg-Vorpommern	1965	74,26	678	25,74	2634	1177	71,12	478	28,88	1655
Brandenburg	1340	65,21	715	34,79	2055	876	66,41	443	33,59	1319
Berlin	517	46,75	589	53,25	1106	1451	63,78	824	36,22	2275
Sachsen	1855	73,15	681	26,85	2536	965	67,48	465	32,52	1430
Bayern	1213	66,83	602	33,17	1815	872	71,53	347	28,47	1219
Baden-Württemberg	1150	64,35	637	35,65	1787	966	68,08	453	31,92	1419
Hessen	1726	73,95	608	26,05	2334	1412	67,79	671	32,21	2083
Thüringen	1997	73,58	717	26,42	2714	1014	65,34	538	34,66	1552
Sachsen-Anhalt	912	57,04	687	42,96	1599	576	64,43	318	35,57	894
Alle Bundesländer	21667	68,24	10083	31,76	31750	18149	68,16	8479	31,84	26628

Tabelle 4.4: Verteilung der Neuntklässler in den Bundesländern, die einen gymnasialen Bildungsgang besuchen in PISA-E 2000 und PISA-E 2003
Quelle: Eigene Berechnung nach PISA-E 2000 und PISA-E 2003.

4.4.2 Die Lese- und Mathematikkompetenz sowie die naturwissenschaftliche Kompetenz der Neuntklässler

Der Kompetenzerwerb von Schülern ist ein gängiger Indikator zur Messung des Bildungserfolgs in Studien zu sozialer Bildungsungleichheit (vgl. Savage und Egerton 1997). Um einen breiten Überblick der Kompetenzen der Schüler in den Bundesländern zu erhalten, werden im Folgenden sowohl die Lese- und Mathematikkompetenzen als auch die naturwissenschaftlichen Kompetenzen der Schüler erfasst. Für den Datensatz PISA-E 2003 sind alle drei Kompetenzmaße zwischen den Bundesländern vergleichbar. Im Datensatz PISA-E 2000 werden die Lesekompetenzwerte zwar erfasst. Allerdings sind diese auf Bundesländerebene standardisiert. Ein Vergleich der mittleren Kompetenzwerte zwischen den Ländern ist daher nicht möglich.[8] Eine Untersuchung der naturwissenschaftlichen Kompetenzen und der Mathematikkompetenzen ist für den Datensatz PISA-E 2000 ebenso nicht möglich, da diese Werte nur für einen kleinen Teil der Stichprobe getestet wurden und die Werte somit nicht repräsentativ sind. Um einheitliche Analysestandards zu gewährleisten werden daher nur die Kompetenzwerte aus PISA-E 2003 zu Messung sozialer Ungleichheit im Bildungsprozess verwendet.

Die *Lesekompetenz der Schüler* wurde in der PISA Untersuchung im Jahr 2003 als eine der Kernkompetenzen im deutschen Schulwesen untersucht. Anhand verschiedener Aufgaben zum Lesevermögen wurde die Lesekompetenz der Schüler bewertet. In den PISA Tests zur Lesekompetenz der Schüler werden den Teilnehmern unterschiedliche Textsorten, Lesesituationen (etwa Lesen für private, berufliche oder öffentliche Zwecke) und Leseaufgaben (Informationen entnehmen, reflektieren und interpretieren) vorgelegt (vgl. Drechsel und Schiefele 2005: 86). Wie von Levels et al. (2008) vorgeschlagen wird zur Berechnung des Einflusses der sozialen Herkunft auf die Lesekompetenz der Neuntklässler der Mittelwert der fünf „Plausible Values" der Lesekompetenz aus dem PISA-E 2003 Datensatz verwendet. Abbildung 4.2 zeigt, dass die Lesekompetenz der Neuntklässler im Jahr 2003 erheblich und signifikant zwischen den Bundesländern variiert. Bayern, Baden-Württemberg und Sachsen weisen hinsichtlich der Lesekompetenz die höchsten Kompetenzwerte auf. Die Stadtstaaten Hamburg, Bremen und Berlin, bilden die Schlusslichter hinsichtlich der Lesekompetenzen. Auch Brandenburg weist sehr niedrige Lesekompetenzen der Neuntklässler im Jahr 2003 auf.

---

[8] Information durch Emailkommunikation mit Dr. habil. Mareike Kunter (kunter@mpib-berlin.mpg.de) vom 8. Juni 2009.

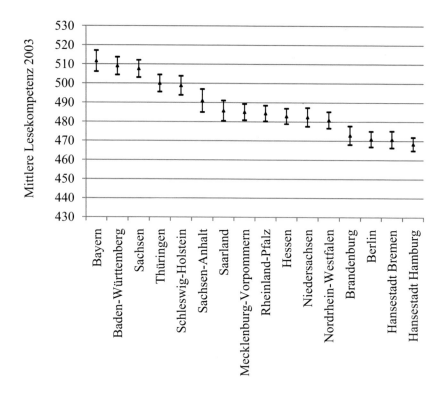

Abbildung 4.1: Mittelwerte der Lesekompetenz der Neuntklässler in den Bundesländern und 95% Konfidenzintervalle (PISA-E 2003)
Anmerkung: Werte zur Abbildung in Anhang 2.
Quelle: Eigene Berechnung nach PISA-E 2003.

Die Mathematikkompetenz der Schüler stand im Mittelpunkt der PISA Studie 2003. Die Messungen der mathematischen Kompetenz der Schüler in PISA umfassen Aufgaben in den Bereichen Arithmetik, Algebra, Geometrie und Stochastik (vgl. Neubrand et al. 2005: 52). Für jeden Schüler wird der Mittelwert der „Plausible Values" für Mathematik verwendet (vgl. Levels et al. 2008). Abbildung 4.3 zeigt für diese Erhebung wiederum erhebliche Unterschiede in der Mathematikkompetenz der Neuntklässler im Vergleich der deutschen Bundesländer. Die Bundesländer unterscheiden sich signifikant in der mittleren

Punktzahl, die im Mathematiktest erreicht werden. Die höchsten Kompetenzwerte weisen die Länder Sachsen und Bayern auf, gefolgt von Baden-Württemberg und Thüringen. Die niedrigsten Kompetenzwerte in Mathematik erreichen die Schüler in Bremen, Hamburg und Berlin. Auffällig ist, dass sowohl die Spitzenreiter, als auch die Schlusslichter mit den Rängen der Lesekompetenz 2003 in den Ländern übereinstimmen.

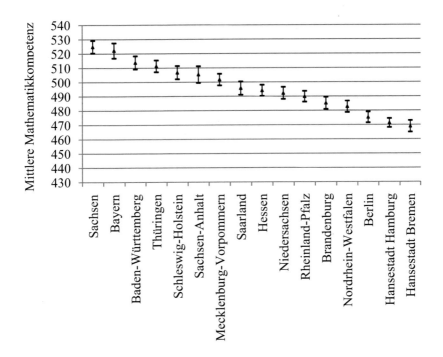

Abbildung 4.2: Mittelwerte der Mathematikkompetenz der Neuntklässler in den Bundesländern und 95% Konfidenzintervalle (PISA-E 2003)
Anmerkung: Werte zur Abbildung in Anhang 3.
Quelle: Eigene Berechnung nach PISA-E 2003.

Neben der Lese- und Mathematikkompetenzen der Schüler werden in der Erhebung von PISA-E 2003 auch die Kompetenzen der Schüler in den Naturwissenschaften erhoben. Die Aufgaben in den PISA Tests zur naturwissenschaftlichen

Kompetenz beziehen sich auf Themen wie Energie und Energieumwandlung, Stoffeigenschaften und Strukturen oder Genetik und Vererbung. Ziel der Tests ist die Kompetenzen der Schüler im „Beschreiben, Vorhersagen und erklären naturwissenschaftlicher Phänomene, im Verstehen wissenschaftlicher Untersuchungen und in der Interpretation empirischer Evidenz und naturwissenschaftlicher Schlussfolgerungen" zu erfassen (Rost et al. 2005). Auch hier wird für jeden Schüler der Mittelwert der „Plausible Values" verwendet (Levels et al. 2008). Wiederum unterscheiden sich die Länder deutlich hinsichtlich des mittleren Kompetenzerwerbs (siehe Abbildung 4.4). Die Ränge der Länder sind ähnlich derer bei Lese- und Mathematikkompetenzen: Sachsen, Bayern und Baden Württemberg besetzen die Spitzenplätze, während die Stadtstaaten Hamburg, Bremen und Berlin das Schlusslicht bilden. Die Länder scheinen also keine fachspezifischen Leistungen zu fördern. Im Gegenteil weisen die Länder fachübergreifend gute oder schlechte Ergebnisse auf. Man kann daher ungeachtet der Schulfächer von leistungsstarken und leistungsschwachen Bundesländern sprechen.

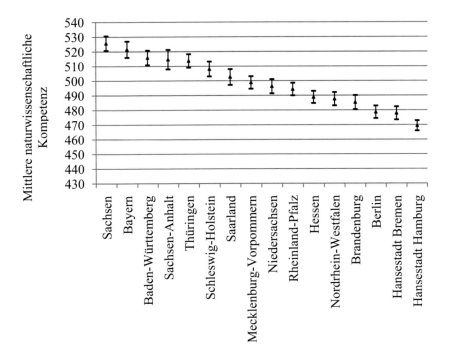

Abbildung 4.3: Mittelwerte der naturwissenschaftlichen Kompetenzwerte der Neuntklässler in den Bundesländern und 95% Konfidenzintervalle (PISA-E 2003)
Anmerkung: Werte zur Abbildung in Anhang 4.
Quelle: Eigene Berechnung nach PISA-E 2003.

4.5 Begründung und Messung der Kontrollvariablen des Effekts der sozialen Herkunft auf den Bildungserfolg

Eine Kontrolle des Effekts der sozialen Herkunft auf den Bildungserfolg der Schüler durch deren *Geschlecht* wird in einer Reihe bildungssoziologischer Untersuchungen als bedeutsam erachtet (Gorard und Smith 2004; Klein 2004; Lamb 1989; Schuchart und Maaz 2007). Das Geschlecht spielt meist auch bei Kontrolle anderer sozialer Faktoren eine bedeutende Rolle für den Bildungserfolg (Lamb 1989: 166). Die Verteilung der Geschlechter ist in allen Bundesländer in beiden Erhebungsjahren (2000 und 2003) etwa hälftig (vgl. Tabellen 4.5 und 4.6).

Eine weitere Kontrollvariable für den Effekt der sozialen Herkunft ist der *Migrationshintergund* der Schüler. Ein Migrationshintergrund eines Schülers wird im Folgenden definiert als Geburt mindestens eines Elternteils im Ausland (vgl. Schuchart/Maaz 2007). Alba et al. (1994) zeigen, dass Kinder aus drei ethnischen Gruppen: Italienern, Türken und Jugoslawen, häufiger eine Hauptschule anstatt einer höheren allgemeinbildenden Schulart besuchen und häufiger das Bildungssystem ohne Lehrabschluss verlassen als ihre deutschen Mitschüler. Tolsma et al. (2007) zeigen insbesondere für den Zugang zu verschiedenen Schularten nach der Primarstufe eine erhebliche ethnische Ungleichheit. Roscigno und Ainsworth-Darnell (1999) finden einen Mediatoreffekt des ethnischen Hintergrunds auf die Bildungsressourcen, der auf der sozialen Herkunft gründet: Die ethnische Herkunft hängt häufig mit der sozialen Herkunft zusammen und somit auch mit den Bildungsressourcen. Nauck et al. (1998) zeigen, dass es einen direkten Einfluss des Migrationsstatus auf den Bildungserfolg von Schülern in Deutschland gibt und das dieser nur zum Teil auf die sozialen Bedingungen in der Familie zurückzuführen ist. Der Migrationsstatus kann auch als Indikator des sozialen Kapitals angesehen werden. Sowohl Kao und Rutherford (2007) als auch Bankston und Zhou (2002) zeigen, dass Migranten ein niedrigeres Niveau an Sozialkapital aufweisen. Der Migrationsstatus beschreibt somit, inwiefern ein Schüler in die gesellschaftlichen Strukturen integriert ist. Nichtsdestotrotz muss berücksichtigt werden, dass der Migrationsstatus nur einen Teil des Konzepts Sozialkapital abdecken kann.

Der Anteil der Neuntklässler, die einen Migrationshintergrund aufweisen variiert zu beiden Untersuchungszeitpunkten erheblich zwischen den Bundesländern (siehe Tabellen 4.7 und 4.8). Während in Sachsen-Anhalt (2003) nur 4,7% der Neuntklässler einen Migrationshintergrund aufweisen, sind es in Hamburg (2003) 41,9%. Insgesamt besteht hinsichtlich des Migrationsanteils eine extreme Differenz zwischen den ost- und westdeutschen Bundesländern.

Da die ISEI-Variable eine umfassende Messung der sozialen Herkunft bietet, die sowohl das kulturelle als auch das ökonomische Kapitel im Elternhaus abdeckt, wird von weiteren Kontrollvariablen abgesehen. Weitere detailliertere Indikatoren des Sozialstatus (etwa die Anzahl der Bücher oder die Wohlstandsgüter im Elternhaus) sind jeweils hoch mit dem ISEI korreliert.

Bundesland	Männlich PISA-E 2000		Weiblich PISA-E 2000		Fehlende Werte PISA-E 2000		Total PISA-E 2000
	Anzahl	Anteil in %	Anzahl	Anteil in %	Anzahl	Anteil in %	Anzahl
Saarland	1007	49,27	996	48,73	41	2,01	2044
Rheinland-Pfalz	1039	50,14	1033	49,86	0	0,00	2072
Nordrhein-Westfalen	1113	48,45	1184	51,55	0	0,00	2297
Niedersachsen	883	48,25	946	51,69	1	0,05	1830
Hansestadt Bremen	876	49,80	883	50,20	0	0,00	1759
Schleswig-Holstein	1079	52,08	992	47,88	1	0,05	2072
Hansestadt Hamburg	535	48,81	561	51,19	561	2,19	1096
Mecklenburg-Vorpommern	1272	48,29	1361	51,67	1	0,04	2634

Brandenburg	985	47,93	1070	52,07	0	0,00	2055
Berlin	545	49,28	561	50,72	0	0,00	1106
Sachsen	1230	48,50	1306	51,50	0	0,00	2536
Bayern	878	48,37	937	51,63	0	0,00	1815
Baden-Württemberg	915	51,20	872	48,80	0	0,00	1787
Hessen	1258	53,90	1076	46,10	0	0,00	2334
Thüringen	1346	49,59	1368	50,41	0	0,00	2714
Sachsen-Anhalt	767	47,97%	832	52,03	0	0,00	1599

Tabelle 4.5: Verteilung der Geschlechter unter den Neuntklässlern in den Bundesländern in PISA-E 2000

Quelle: Eigene Berechnung nach PISA-E 2000.

Begründung und Messung der Kontrollvariablen 107

Bundesland	Männlich PISA-E 2003		Weiblich PISA-E 2003		Fehlende Werte PISA-E 2003		Total PISA-E 2003
	Anzahl	Anteil in %	Anzahl	Anteil in %	Anzahl	Anteil in %	Anzahl
Saarland	670	50,57	655	49,43	0	0,00	1325
Rheinland-Pfalz	950	50,29	939	49,71	0	0,00	1889
Nordrhein-Westfalen	876	47,56	966	52,44	0	0,00	1842
Niedersachsen	740	50,37	729	49,63	0	0,00	1469
Hansestadt Bremen	909	49,84	915	50,16	0	0,00	1824
Schleswig-Holstein	727	51,56	683	48,44	0	0,00	1410
Hansestadt Hamburg	1556	51,47	1467	48,53	0	0,00	3023
Mecklenburg-Vorpommern	828	50,03	827	49,97	0	0,00	1655

Brandenburg	721	54,66	598	45,34	0	0,00	1319
Berlin	1200	52,75	1075	47,25	0	0,00	2275
Sachsen	741	51,82	689	48,18	0	0,00	1430
Bayern	579	47,50	640	52,50	0	0,00	1219
Baden-Württemberg	716	50,46	703	49,54	0	0,00	1419
Hessen	1081	51,90	1002	48,10	0	0,00	2083
Thüringen	807	52,00	745	48,00	0	0,00	1552
Sachsen-Anhalt	425	47,54	469	52,46	0	0,00	894

Tabelle 4.6: Verteilung der Geschlechter unter den Neuntklässlern in den Bundesländern in PISA-E 2003

Quelle: Eigene Berechnung nach PISA-E 2003.

Bundesland	Schüler ohne Migrationsstatus PISA-E 2000		Schüler mit Migrationsstatus PISA-E 2000		Fehlende Werte PISA-E 2000		Total PISA-E 2000
	Anzahl	Anteil in %	Anzahl	Anteil in %	Anzahl	Anteil in %	Anzahl
Saarland	1576	77,10	434	21,23	34	1,66	2044
Rheinland-Pfalz	1518	73,26	483	23,31	71	3,43	2072
Nordrhein-Westfalen	1577	68,65	679	29,56	41	1,78	2297
Niedersachsen	1461	79,84	331	18,09	38	2,08	1830
Hansestadt Bremen	1033	58,73	655	37,24	71	4,04	1759
Schleswig-Holstein	1763	85,09	264	12,74	45	2,17	2072
Hansestadt Hamburg	695	63,41	374	34,12	27	2,46	1096
Mecklenburg-Vorpommern	2517	95,56	71	2,70	46	1,75	2634

Brandenburg	1964	95,57	65	3,16	26	1,27	2055
Berlin	881	79,66	209	18,90	16	1,45	1106
Sachsen	2409	94,99	93	3,67	34	1,34	2536
Bayern	1436	79,12	341	18,79	38	2,09	1815
Baden-Württemberg	1309	73,25	455	25,46	23	1,29	1787
Hessen	1549	66,37	737	31,58	48	2,06	2334
Thüringen	2605	95,98	66	2,43	43	1,58	2714
Sachsen-Anhalt	1526	95,43	54	3,38	19	1,19	1599

Tabelle 4.7: Verteilung der Neuntklässler mit Migrationshintergrund in den Bundesländern in PISA-E 2000

Quelle: Eigene Berechnung nach PISA-E 2000.

Begründung und Messung der Kontrollvariablen 111

Bundesland	Schüler ohne Migrationsstatus PISA-E 2003		Schüler mit Migrationsstatus PISA-E 2003		Fehlende Werte PISA-E 2003		Total PISA-E 2003
	Anzahl	Anteil in %	Anzahl	Anteil in %	Anzahl	Anteil in %	Anzahl
Saarland	805	60,75	433	32,68	87	6,57	1325
Rheinland-Pfalz	1055	55,85	667	35,31	167	8,85	1889
Nordrhein-Westfalen	946	51,36	711	38,60	185	10,04	1842
Niedersachsen	935	63,65	465	31,65	69	4,70	1469
Hansestadt Bremen	889	48,74	762	41,78	173	9,48	1824
Schleswig-Holstein	1015	71,99	322	22,84	73	5,18	1410
Hansestadt Hamburg	1190	39,36	1266	41,88	567	18,76	2023
Mecklenburg-Vorpommern	1422	85,92	94	5,68	139	8,40	1655

Brandenburg	1170	88,70	90	6,82	59	4,47	1319
Berlin	1111	48,84	830	36,48	334	14,68	1275
Sachsen	1206	84,34	99	6,92	125	8,74	1430
Bayern	815	66,86	338	27,73	66	5,41	1219
Baden-Württemberg	849	59,83	500	35,24	70	4,93	1419
Hessen	1094	52,52	807	38,74	182	8,74	1083
Thüringen	1344	86,60	77	4,96	131	8,44	1552
Sachsen-Anhalt	763	88,35	42	4,70	89	9,96	894

Tabelle 4.8: Verteilung der Neuntklässler mit Migrationshintergrund in den Bundesländern in PISA-E 2003

Quelle: Eigene Berechnung nach PISA-E 2003.

4.6 Das Ausmaß sozialer Ungleichheit im Bildungszugang im Vergleich der deutschen Bundesländer

Der Unterschied zwischen der Operationalisierung sozialer *Ungleichheit im Bildungsprozess* und der Operationalisierung der sozialen *Ungleichheit im Bildungszugang* beruht auf einer andersartigen Spezifikation des Bildungserfolgs. In diesem Abschnitt wird nun das Konzept der *sozialen Ungleichheit im Zugang zum gymnasialen Bildungsgang* ermittelt (Modell A in Abschnitt 4.1). Es wird untersucht, inwiefern die Wahrscheinlichkeit des Besuchs eines gymnasialen Bildungsgangs von der sozialen Herkunft der Schüler abhängt (vgl. Becker 2000; Ditton 1989; Grundmann et al. 2003; Saporito und Sohoni 2007). Folgende Indikatoren werden diesen Zusammenhang beschreiben:

I. Abhängigkeit der Wahrscheinlichkeit des Gymnasialbesuchs von der sozialen Herkunft in der PISA-E Erhebung 2000.
II. Abhängigkeit der Wahrscheinlichkeit des Gymnasialbesuchs von der sozialen Herkunft in der PISA-E Erhebung 2003.

Die Anhänge 5 und 6 zeigen, dass zu beiden Erhebungszeitpunkten PISA-E 2000 und PISA-E 2003 der Besuch eines gymnasialen Bildungsgangs der Neuntklässler in allen Bundesländern signifikant von der sozialen Herkunft der Schüler abhängt. Je höher die soziale Herkunft, desto höher die Wahrscheinlichkeit einen gymnasialen Bildungsgang zu besuchen. In allen Bundesländern besteht somit soziale Ungleichheit im Bildungszugang.

Hinsichtlich der Kontrollvariablen ergibt sich kein solch eindeutiges Bild. Bei Betrachtung der Kontrollvariable *Geschlecht* der Schüler unterscheiden sich die Signifikanzen in den Ländern zwischen den beiden Erhebungszeitpunkten stark. Wenn das Geschlecht jedoch einen signifikanten Einfluss hat, haben stets die Schülerinnen eine höhere Wahrscheinlichkeit das Gymnasium zu besuchen als die Schüler. In der PISA-E 2000 Erhebung haben die Schülerinnen in allen Ländern außer im Saarland und in Hamburg eine höhere Wahrscheinlichkeit ein Gymnasium zu besuchen als die Schüler. In der PISA-E 2003 Erhebung hingegen hat das Geschlecht in sieben Bundesländern (Bremen, Schleswig-Holstein, Mecklenburg-Vorpommern, Brandenburg, Bayern, Hessen und Sachsen-Anhalt) keinen signifikanten Effekt auf die Wahrscheinlichkeit des Gymnasialbesuchs.

Auch die Kontrollvariable *Migrationsstatus* der Schüler ist nicht in allen Bundesländern signifikant. Ebenso unterscheiden sich die Signifikanzen in den einzelnen Ländern wieder zwischen den beiden Erhebungen PISA-E 2000 und 2003. Generell ist der Effekt des Migrationsstatus bei Kontrolle der sozialen

Herkunft der Schüler und deren Geschlecht nur in wenigen Bundesländern signifikant. In der PISA-E 2000 Erhebung beeinflusst der Migrationsstaus die Wahrscheinlichkeit des Gymnasialbesuchs bei Kontrolle der sozialen Herkunft und des Geschlechts nur im Saarland und in Niedersachsen. Dort haben Schüler mit Migrationshintergrund eine signifikant geringere Chance das Gymnasium zu besuchen als Schüler ohne Migrationshintergrund. In der PISA-E 2003 Erhebung ist der Effekt des Migrationsstatus auch im Saarland und in Niedersachsen nicht signifikant, wenn man für die soziale Herkunft und das Geschlecht kontrolliert. Der Migrationsstatus hat nur in Nordrhein-Westfalen, Berlin, Bayern und Thüringen einen signifikanten Effekt. Ein außerordentliches Ergebnis weist Thüringen auf, da dort Neuntklässler mit Migrationshintergrund in der Erhebung PISA-E 2003 eine signifikant höhere Chance haben einen gymnasialen Bildungsgang zu besuchen als Schüler ohne Migrationshintergrund, bei Kontrolle der sozialen Herkunft und des Geschlechts. Allerdings kann dieses Ergebnis auch durch den sehr geringen Anteil der Schüler mit Migrationshintergrund in der Stichprobe Thüringen zustande kommen. Zusammenfassend kann davon ausgegangen werden, dass der Effekt des Migrationsstatus bei Kontrolle der sozialen Herkunft und des Geschlechts bei gleichbleibendem Sozialstatus eher eine untergeordnete Rolle spielt.

Im Folgenden interessiert aber inwiefern sich die Abhängigkeit des Gymnasialbesuchs von der sozialen Herkunft zwischen den Bundesländern unterscheidet. Die Abbildungen 4.5 und 4.6 bestätigen, dass sich einige Länder signifikant hinsichtlich der sozialen Ungleichheit im Zugang zum Gymnasium unterscheiden. Demnach bestehen unterschiedliche Niveaus sozialer Ungleichheit im Bildungszugang in den deutschen Bundesländern. Allerdings ist die Variation eher gering einzuschätzen, da sich nur wenige Länder signifikant unterscheiden. In der PISA-E Erhebung 2000 (Abbildung 4.5) weist das Saarland die höchste soziale Ungleichheit im Zugang zum Gymnasium auf, während der Effekt der sozialen Herkunft der Schüler auf die Wahrscheinlichkeit des Gymnasialbesuchs in Berlin am geringsten ist. Auch für die PISA-E Erhebung 2003 (Abbildung 4.6) stellt sich heraus, dass die soziale Ungleichheit im Zugang zum gymnasialen Bildungsgang im Saarland am stärksten ausgeprägt ist. Obwohl Berlin für die Neuntklässler im Jahr 2003 immer noch eine sehr geringe soziale Ungleichheit im Zugang zum Gymnasium aufweist, ist nun Brandenburg das Bundesland mit der geringsten sozialen Ungleichheit im Zugang zum Gymnasium. Betrachtet man die generellen Beteiligungsraten am Gymnasium im Saarland und in Berlin, so ist bemerkenswert, dass beide sehr hohe allgemeine Gymnasiastenanteile aufweisen. Das Ausmaß der sozialen Ungleichheit im Zugang zum Gymnasium wird somit nicht durch die generellen Zugangsmöglichkeiten determiniert.

Die beiden Messungen sozialer Ungleichheit im Zugang zum gymnasialen Bildungsgang aus PISA-E 2000 und PISA-E 2003 korrelieren stark (vgl. Tabelle 4.8). Die Ränge der Länder hinsichtlich sozialer Ungleichheit im Bildungszugang sind somit in beiden Messungen sehr ähnlich. Das bedeutet, dass es sich um reliable Indikatoren soziale Ungleichheit im Bildungszugang handelt.

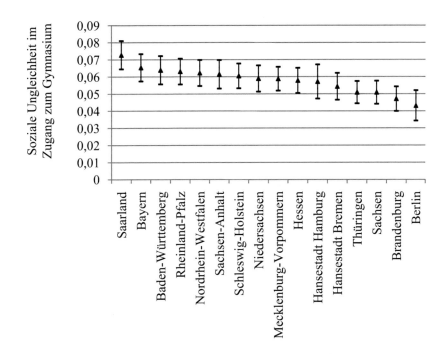

Abbildung 4.4: Effekte der sozialen Herkunft der Neuntklässler auf die Wahrscheinlichkeit einen gymnasialen Bildungsgag zu besuchen in den Bundesländern mit 95% Konfidenzintervallen (PISA-E 2000) (Indikator BU-I)

Anmerkung: Die Abbildung basiert auf den Logitkoeffizienten und deren Standardfehler in Anhang 5.

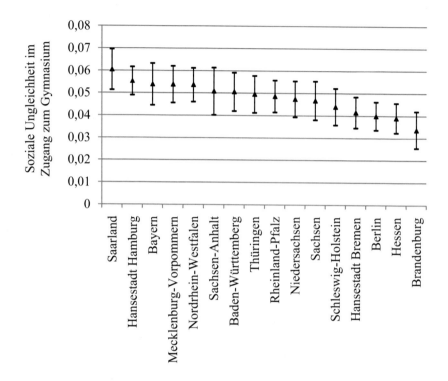

Abbildung 4.5: Effekte der sozialen Herkunft der Neuntklässler auf die Wahrscheinlichkeit einen gymnasialen Bildungsgag zu besuchen in den Bundesländern mit 95% Konfidenzintervallen (PISA-E 2003) (Indikator BU-II)

Anmerkung: Die Abbildung basiert auf den Logitkoeffizienten und deren Standardfehler in Anhang 6.

Was bedeuten die in den Abbildungen 4.5 und 4.6 dargestellten Effekte für den Zugang zum gymnasialen Bildungsgang unterschiedlicher Sozialschichten? Die vorhergesagten Wahrscheinlichkeit des Gymnasialbesuchs einer Schülerin ohne Migrationshintergrund aus einer hohen Sozialschicht (75% Quartil des ISEI) sind im Saarland höher als in Berlin (siehe Abbildung 4.7). Im Saarland gehen 62,78% der Mädchen aus dieser Sozialschicht auf das Gymnasium, während es in Berlin nur 58,00% sind. Höhere Sozialschichten haben somit im Saarland eine bessere Chance das Gymnasium zu besuchen als in Berlin. Vergleicht man jedoch den Zugang der unteren sozialen Schichten (25% Quartil des ISEI) zum Gymnasium zwischen den beiden Ländern, so besuchen im Saarland nur 28,72% der Mädchen einen gymnasialen Bildungsgang. In Berlin hingegen besuchen immerhin 34,92% der Mädchen aus einer niedrigen Sozialschicht den gymnasialen Bildungsgang. Untere soziale Schichten haben somit in Berlin eine bessere Chance das Gymnasium zu besuchen als im Saarland. Der Unterschied zwischen den sozialen Schichten hinsichtlich der Chancen auf Zugang zum Gymnasium ist somit im Saarland größer als in Berlin, was ein stärkeres Maß an sozialer Bildungsungleichheit bedeutet.

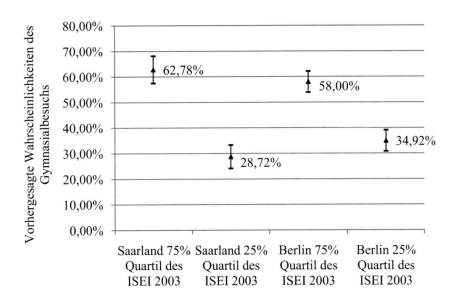

Abbildung 4.6: Vorhergesagte Wahrscheinlichkeiten des Gymnasialbesuchs für Schülerinnen ohne Migrationshintergrund aus niedrigen (25% Quartil des ISEI=38) und hohen (75% Quartil des ISEI=61,67217) Sozialschichten im Saarland und in Berlin
Anmerkung: Eigene Berechnung.

4.7 Das Ausmaß sozialer Ungleichheit im Bildungsprozess im Vergleich der deutschen Bundesländer

Im vorangegangenen Abschnitt wurde das Ausmaß sozialer Ungleichheit in den deutschen Bundesländern anhand der sozialen Ungleichheit im Bildungszugang untersucht. Anstatt des Zugangs zu verschiedenen Schulformen wird bei sozialer Ungleichheit im Bildungsprozess der Kompetenzerwerb in verschiedenen Schulfächern der Definition des Bildungserfolgs zugrunde gelegt (Modell B in Abschnitt 4.1). In dieser Arbeit wird der Kompetenzerwerb durch die Leistungen der Schüler in Mathematik, Lesen und Naturwissenschaften operationalisiert. Diese unterschiedlichen Schulfächer bieten einen umfassenden Überblick über ein breites Leistungsspektrum der Schüler sowohl in mathematisch-naturwissenschaftlichen Bereichen, als auch in einer sprachlichen Disziplin, der Lesekompetenz. Es wird demnach überprüft, inwiefern die Kompetenzen der Schüler in den einzelnen Fächern von verschiedenen Aspekten ihrer sozialen Herkunft abhängen. Folgende drei Indikatoren der sozialen Ungleichheit im Schulbildungsprozess werden ermittelt:

I. Einfluss der sozialen Herkunft auf die Lesekompetenz der Neuntklässler in der PISA-E Erhebung 2003.
II. Einfluss der sozialen Herkunft auf die Mathematikkompetenz der Neuntklässler in der PISA-E Erhebung 2003.
III. Einfluss der sozialen Herkunft auf die naturwissenschaftliche Kompetenz der Neuntklässler in der PISA-E Erhebung 2003.

Die Anhänge 7 bis 9 zeigen, dass für alle Messungen der sozialen Ungleichheit im Bildungsprozess der *Effekt der sozialen Herkunft* der Schüler einen hochsignifikanten und positiven Effekt auf die Kompetenzwerte hat, sowohl auf die Lese- und Mathematikkompetenzen als auch auf die naturwissenschaftlichen Kompetenzen in der PISA-E Erhebung 2003. In allen Ländern besteht daher soziale Bildungsungleichheit im Bildungsprozess.

Hinsichtlich der Kontrollvariablen ist das Bild nicht ganz so eindeutig. Der *Effekt des Geschlechts* der Schüler zeigt etwa, dass Mädchen sowohl in Erhebung von 2000 als auch in der Erhebung von 2003 in allen Bundesländern bessere Lesekompetenzen aufweisen als die Jungs. Hinsichtlich der Mathematikkompetenzen und der Naturwissenschaftlichen Kompetenzen ist der Effekt gegenläufig. Hier zeigen die Jungs durchweg in allen Bundesländern bessere Kompetenzen als die Mädchen.

Der *Migrationshintergrund* hat, wenn man für die Sozialschicht und das Geschlecht kontrolliert, hingegen bei weitem nicht in allen Bundesländern einen signifikanten Einfluss auf die Kompetenzwerte der Schüler. Wenn der Effekt signifikant ist, ist er in allen Fällen negativ, so dass Schüler mit Migrationshintergrund schlechtere Kompetenzwerte aufweisen als Schüler ohne Migrationshintergrund, auch bei gleichbleibender sozialer Herkunft und gleichbleibendem Geschlecht. In Mecklenburg-Vorpommern und Thüringen hat der Migrationsstatus bei keiner der vier Analysen einen Effekt auf die Kompetenz der Schüler, wenn man für die Sozialschicht und das Geschlecht kontrolliert. Allerdings sind die Anteile der Schüler mit Migrationshintergrund in diesen Ländern auch auffallend gering, so dass ausbleibende Signifikanz auch auf die geringe Variation dieser Variable zurückzuführen sein kann. In Niedersachsen ist der Effekt des Migrationsstatus für drei der vier Analysen signifikant. Allerdings bleibt der Effekt auf die Mathematikkompetenz im Jahr 2003 aus, dies obwohl der Anteil der Schüler mit Migrationshintergrund in Niedersachsen recht hoch ist.

Die zentrale Frage dieses Kapitels ist jedoch, inwiefern sich das Ausmaß der sozialen Bildungsungleichheit zwischen den deutschen Bundesländern unterscheidet. In den Abbildungen 4.8-4.10 wird nun deutlich, dass der Effekt der sozialen Herkunft auf die Kompetenzwerte sich in der Tat signifikant zwischen Bundesländern unterscheidet. Demnach bestehen unterschiedliche Niveaus sozialer Ungleichheit im Bildungsprozess in den deutschen Bundesländern. Allerdings ist die Variation eher gering einzuschätzen, da sich nur wenige Länder signifikant unterscheiden. Bei Betrachtung der Abbildungen 4.8 bis 4.10 zeigt sich, dass Brandenburg in allen drei Indikatoren ein sehr geringes Ausmaß an sozialer Bildungsungleichheit aufweist. In Hamburg hingegen ist das Ausmaß sozialer Ungleichheit in allen Indikatoren sehr hoch. Demnach ist der Kompetenzerwerb in Hamburg sehr stark von der sozialen Herkunft abhängig (Ungleichheit im Bildungsprozess), während die Kompetenzen in Brandenburg über die sozialen Schichten hinweg eher ausgeglichen sind.

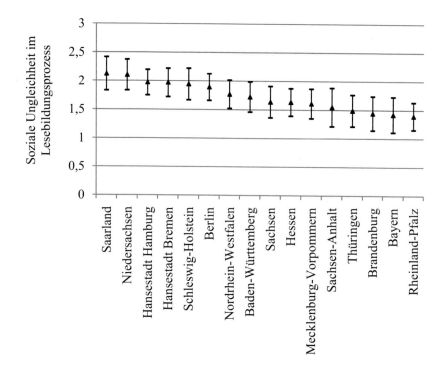

Abbildung 4.7: Soziale Bildungsungleichheit in den deutschen Bundesländern: Regressionskoeffizienten des Effekts sozialer Herkunft auf die Lesekompetenz der Neuntklässler mit 95% Konfidenzintervallen (PISA-E 2003) (Indikator BU-III)

Anmerkung: Die Abbildung basiert auf den Regressionskoeffizienten und deren Standardfehler in Anhang 7.

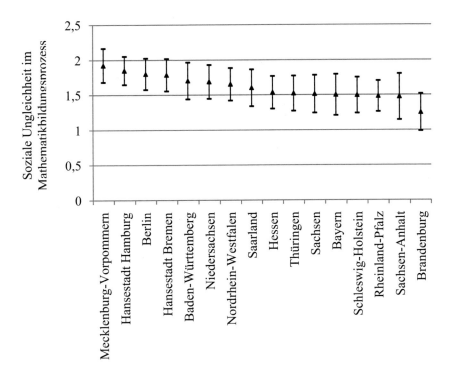

Abbildung 4.8: Soziale Bildungsungleichheit in den deutschen Bundesländern: Regressionskoeffizienten des Effekts sozialer Herkunft auf die Mathematikkompetenz der Neuntklässler mit 95% Konfidenzintervallen (PISA-E 2003) (Indikator BU-IV)

Anmerkung: Die Abbildung basiert auf den Regressionskoeffizienten und deren Standardfehler in Anhang 8.

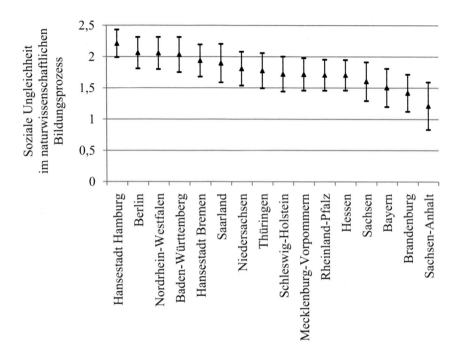

Abbildung 4.9: Soziale Bildungsungleichheit in den deutschen Bundesländern: Regressionskoeffizienten des Effekts sozialer Herkunft auf naturwissenschaftliche Kompetenz der Neuntklässler mit 95% Konfidenzintervallen (PISA-E 2003) (Indikator BU-V)
Anmerkung: Die Abbildung basiert auf den Regressionskoeffizienten und deren Standardfehler in Anhang 9.

Die Betrachtung der Effekte der sozialen Herkunft auf die Kompetenzwerte in den Abbildungen 4.8 bis 4.10 verdeutlicht, inwiefern sich die soziale Ungleichheit im Bildungsprozess zwischen den Bundesländern unterscheidet. Was bedeuten jedoch diese Effekte für den tatsächlichen Erwerb von Kompetenzen in verschiedenen Sozialschichten? Tabelle 4.9 zeigt für Brandenburg (jeweils sehr geringe Ungleichheit im Bildungsprozess) und Hamburg (jeweils sehr hohe Ungleichheit im Bildungsprozess) die vorhergesagten Mathematikkompetenzen niedriger und hoher Sozialschichten. Hohe Sozialschichten in Hamburg haben einen deutlichen Kompetenzvorsprung (vorhergesagte Mathematikkompetenz der Neuntklässlerinnen ohne Migrationshintergrund liegt bei 504,53 Punkten) vor den hohen Sozialschichten in Brandenburg (vorhergesagte Mathematikkompetenz liegt bei 497,66 Punkten). Jedoch liegt die Mathematikkompetenz der niedrigen Sozialschichten in Brandenburg (vorhergesagte Mathematikkompetenz liegt bei 468,03Punkten) weit über der der niedrigen Sozialschichten in Hamburg (vorhergesagte Mathematikkompetenz liegt bei 460,74 Punkten). Dadurch ist der Kompetenzunterschied zwischen den sozialen Schichten in Brandenburg deutlich geringer als in Hamburg, was zu einem niedrigeren Niveau an sozialer Bildungsungleichheit führt.

Bundesland	Brandenburg	Hamburg
Vorhergesagte Mathematikkompetenz der Neuntklässlerinnen 2003 bei hoher Sozialschicht (75% Quartil des ISEI = 61,67217)	497,66	504,53
Vorhergesagte Mathematikkompetenz der Neuntklässlerinnen 2003 bei niedriger Sozialschicht (25% Quartil des ISEI = 38)	468,03	460,74

Tabelle 4.9: Vorhergesagte Mathematikkompetenzwerte der Neuntklässlerinnen ohne Migrationshintergrund im Jahr 2003 für hohe und niedrige Sozialschichten
Anmerkung: Eigene Berechnung.

Anhand der vier vorgestellten Indikatoren kann geschlossen werden, dass in allen deutschen Bundesländern soziale Ungleichheit im Bildungsprozess besteht. Ebenso unterscheidet sich das Ausmaß der sozialen Bildungsungleichheit signifikant zwischen den Ländern. Darüber hinaus korrelieren die verschiedenen Messungen sozialer Ungleichheit im Bildungsprozess in der PISA-E Erhebung 2003 deutlich positiv miteinander, so dass von verlässlichen Rängen der Bundesländer hinsichtlich der Ungleichheit im Bildungsprozess ausgegangen werden kann (vgl. Tabelle 4.8). Je nach Kompetenzindikator unterscheiden sich die Rangreihen der Länder nur geringfügig.

4.8 Zusammenfassung und Beantwortung der ersten Forschungsfrage

Die Analysen der sozialen Bildungsungleichheit im Vergleich der deutschen Bundesländer lassen vier zentrale Schlüsse zu: *Erstens* besteht in allen deutschen Bundesländern soziale Bildungsungleichheit. In allen Ländern hat der soziale Status der Herkunftsfamilie einen signifikant positiven Einfluss auf die Indikatoren des Bildungserfolgs der Schüler.

Zweitens kann bestätigt werden, dass sich das Ausmaß sozialer Bildungsungleichheit zwischen den Ländern unterscheidet. Zwar sind die Unterschiede weitaus weniger klar, als aufgrund der Diskussion nach den PISA-Studien erwartet. Doch unterscheiden sich die Effekte der sozialen Herkunft auf den Bildungserfolg zwischen einigen Ländern statistisch signifikant und relevant. Es muss daher im Folgenden von einer geringen Variation des Ausmaßes sozialer Bildungsungleichheit ausgegangen werden.

Drittens variieren die Ränge der Länder hinsichtlich des Ausmaßes sozialer Ungleichheit, je nachdem ob soziale Ungleichheit im Bildungszugang oder im Bildungsprozess untersucht wird. Die Indikatoren für soziale Ungleichheit im Bildungszugang korrelieren nicht mit den Indikatoren im der Ungleichheit im Bildungsprozess (vgl. Tabelle 4.10). Bayern etwa weist einen sehr hohen Grad an sozialer Ungleichheit im Zugang zum Gymnasium auf. Der Erwerb von Kompetenzen ist in Bayern jedoch nur geringfügig von der sozialen Herkunft abhängig. Von der Ungleichheit im Zugang zum Gymnasium kann daher nicht auf die Ungleichheit im Kompetenzerwerb geschlossen werden.

Viertens korrelieren die Indikatoren innerhalb der beiden Ungleichheitsdimensionen – Ungleichheit im Bildungszugang und Ungleichheit im Bildungsprozess – sehr hoch miteinander (vgl. Tabelle 4.10). Es kann daher von reliablen Indikatoren der sozialen Ungleichheit im Bildungszugang und im Bildungsprozess ausgegangen werden.

Indikatoren sozialer Bildungsungleichheit (BU)	BU-I	BU-II	BU-III	BU-IV	BU-V
BU im Zugang 2000 (BU-I)	1				
BU im Zugang 2003 (BU-II)	**0,73**	1			
BU im Prozess (Lesen) (BU-III)	0,15	0,17	1		
BU im Prozess (Mathematik) (BU-IV)	0,02	0,35	**0,53**	1	
BU im Prozess (Naturwissenschaften) (BU-V)	0	0,23	**0,62**	**0,7**	1

Tabelle 4.10: Korrelationen der Bildungsungleichheitsmaße der Bundesländer (Pearson's r)
Anmerkung: Eigene Berechnung nach Anhängen 5 bis 9.

5 Bildungspolitik in den Bundesländern: Konzept und Messung

Die zentrale These dieser Arbeit ist, dass das Ausmaß an sozialer Bildungsungleichheit in den deutschen Bundesländern durch die Komposition der *Bildungspolitik* in den deutschen Bundesländern beeinflusst wird. Während dem Explanandum – soziale Bildungsungleichheit in deutschen Bundesländern – bereits Kapitel 4 gewidmet wurde, steht in diesem Kapitel das Explanans – die bildungspolitische Ausgestaltung der Bundesländer – im Mittelpunkt. Im ersten Abschnitt 5.1 wird das Konzept der Bildungspolitik und ihre Bedeutung für den Wohlfahrtssaat erläutert. Es folgt eine Einführung in die historischen Grundlagen der Bildungspolitik in Deutschland. Abschnitt 5.2 liefert die Beschreibung und Messung der relevanten bildungspolitischen Variablen im Vergleich der Bundesländer: das frühkindliche Bildungswesen, die Ganztagsschule, die durchschnittliche Klassengröße, die Bildungsausgaben, die Gliederung in der Sekundarstufe I und die Stärke des Privatschulsektors.

5.1 Das Konzept der Bildungspolitik und historische Grundlagen der Bildungspolitik in Deutschland

5.1.1 Das Konzept der Bildungspolitik und seine Bedeutung für den Wohlfahrtsstaat

Die *Bildungspolitik* umfasst „alle politischen und verbandlichen (auch kirchlichen) Aktivitäten sowie die gesetzgeberischen Maßnahmen, die das Bildungssystem finanziell, organisatorisch und inhaltlich betreffen" (Schubert und Klein 2006). Damit ist „i.d.R. die Ordnung und Entwicklung des Schulwesens, des Hochschulwesen und der außerschulischen Erziehung, Bildung und Qualifizierung innerhalb staatlicher Gemeinschaften und anderer Gebietskörperschaften mit öffentlich-rechtlichem Bildungsauftrag" gemeint (Oehler 2000: 65).

Friedman (2008: 109ff.) unterscheidet zwei generelle Ziele der Bildungspolitik: Ein erstes Ziel ist die allgemeine Erziehung zum Staatsbürger.

Eine stabile und demokratische Gesellschaft kann ohne ein Minimum an Bildung und Wissen und ohne weitgehend akzeptierte Werte nicht bestehen. Von der Bildung des individuellen Kindes werden somit nicht nur das Kind und dessen Eltern, sondern auch die restlichen Mitglieder der Gesellschaft profitieren (vgl. auch Fägerlind und Saha 1989). Ein zweites Ziel der Bildungspolitik ist die Vorbereitung der Gesellschaft auf die Teilhabe am Berufsleben und auf das Mitwirken in der Volkswirtschaft. Ziel ist somit, die Schüler bestmöglich auf die Anforderungen des Arbeitsmarktes und des wirtschaftlichen Fortschritts vorzubereiten.

Wie die üblichen sozialpolitischen Politikfelder variieren auch bildungspolitische Entscheidungen auf einem Kontinuum zwischen Freiheit und Gleichheit (Baumert und Schümer 2001; Iversen und Stephens 2008). Trotz der klaren Zuordnung der Bildungspolitik in die Reihe der wohlfahrtsstaatlichen Politikfelder, wurde die Bildungspolitik bisher im Rahmen wohlfahrtsstaatlicher Forschung eher vernachlässigt (Allmendinger 2005; Castles 1999: 174; Heidenheimer 1973; Jahn 2006; Schmidt 2002; Schneider und Keesler 2007; Wilensky 1975). Gängige Typologien von Wohlfahrtsstaaten nach Esping-Andersen (1990) oder Goodin et al. (1999) beschäftigen sich ausschließlich mit den wohlfahrtsstaatlichen Aspekten, welche die Beziehung zwischen Wirtschaft und Staat beschreiben (Goodin et al. 1999; Korpi 1978; Schmidt 1998; Schmidt et al. 2007): Rentenpolitik, Gesundheitspolitik, Arbeitslosen- und Sozialhilfe.

Wenn die wohlfahrtsstaatliche Bildungspolitik verglichen wird, beziehen sich diese Untersuchungen meist auf das Berufsausbildungssystem, welches wiederum eng an die Wirtschafts-Staats-Beziehung gekoppelt ist (vgl. Thelen 2004). Einen ersten Schritt zum Vergleich wohlfahrtsstaatlicher Schulbildungspolitik macht Klitgaard (2007, 2008) mit dem Vergleich der drei wohlfahrtsstaatlichen Systemtypen – liberaler Wohlfahrtsstaat, konservativer Wohlfahrtsstaat und sozialdemokratischer Wohlfahrtsstaat – hinsichtlich der Einführung von Schulbildungsgutscheinen. Die Schulbildungsgutscheine gelten als Instrument zur Liberalisierung und Marktorientierung im Bildungswesen (Klitgaard 2007, 2008).

Das zentrale Ziel liberaler Bildungspolitik ist nach Friedman (1997, 2008) der Rückzug staatlicher Verantwortung für das Bildungssystem. Dadurch sollen mehr Effizienz sowie eine stärkere Orientierung an den Bedürfnissen und Weltanschauungen der Individuen (Eltern und Schüler) erreicht werden (vgl. Witte und Rigdon 1993). Die zentralen Paradigmen sozialdemokratischer Bildungspolitik hingegen sind ein generell hohes Bildungsniveau und der Ausgleich sozialer Ungleichheiten (Esping-Andersen 1990: 11; Iversen und Stephens 2008; Soskice 1991; Thelen 2004: 6). Nach Esping-Andersen (1990: 3) ist die Herstellung von Gleichheit das zentrale Ziel des Wohlfahrtsstaats.

Armingeon et al. (2004) sehen Ähnlichkeiten zwischen konservativer und liberaler Bildungspolitik, da beide im Vergleich zu sozialdemokratischen Bildungszielen ökonomisches Wachstum in erster Linie durch niedrige Steuersätze und geringe öffentliche Ausgaben anstatt durch den Aufbau von Humankapital (Bildung) anstreben.

5.1.2 Historische Grundlagen der deutschen Bildungspolitik

Die historischen Grundlagen des deutschen Bildungssystems basieren auf konservativen Wohlfahrtsstaatsziele (Ertl und Phillips 2000; Robinsohn und Kuhlmann 1967). So wurzeln die Anfänge des Bildungssystems in Deutschland nicht in staatlichen, sondern in kirchlichen Initiativen (Lamberti 1989: 13). Das preußische Elementarschulwesen wurde im 19. Jahrhundert lediglich durch staatliche Zuschüsse unterstützt: etwa 75 Prozent der Kosten wurden durch kommunale Körperschaften oder Schulsozietäten (meist Kirchen) und weitere 20 Prozent durch Beiträge der Eltern getragen. Nur 5 Prozent der Kosten des Elementarschulwesens wurden durch den Staat finanziert (Herrlitz et al. 1998: 54). Die Schulgeldfreiheit für Volksschulen wurde in Preußen erst 1888 gesetzlich eingeführt (Herrlitz et al. 1998: 55). Im Jahr 1910 gliederte sich das preußische Schulwesen in Volksschule, Mittelschule (Realschule), Gymnasien und Höhere Mädchenschulen. Die Volksschule deckte die Schulpflicht bis zum 14. Lebensjahr ab. Danach schlossen die weiterführenden Schulen an (Michael und Schepp 1993: 206).

Aufgrund der „staatlich-dynastischen" Vielfalt und der konfessionellen Spaltung in Deutschland bestand jedoch niemals ein einheitliches deutsches Schulsystem (Anweiler 1996: 31). Erst nach Gründung der Weimarer Republik wurde im Jahr 1920 für das gesamte Deutsche Reich eine obligatorische Grundschule innerhalb der Volksschule festgelegt. Betrachtet man die Entwicklung der allgemeinen Schulbildung in Preußen, so wurde dort die allgemeine Schulpflicht bereits zu Beginn des 18. Jahrhunderts gesetzlich verankert, allerdings lange nicht umgesetzt (Herrlitz et al. 1998: 52): Im Jahr 1816 besuchten von ca. 2,2 Millionen schulpflichtigen Kindern nur etwa 60 Prozent eine öffentlichen Schule. Die Umsetzung der Schulpflicht machte laut Herrlitz et al. (1998: 52) zwischen 1816 und 1846 die deutlichsten Fortschritte, als die Bildungsbeteiligung auf 82 Prozent stieg. Bemerkenswert ist, dass auch damals deutliche regionale Unterschiede innerhalb Preußens erkennbar waren. So waren in Sachsen bereits 80 Prozent in öffentlichen Schulen beteiligt, während es im Rheinland kaum die Hälfte war.

Auch im heutigen Staatsaufbau der Bundesrepublik Deutschland ist das Bildungssystem eines der wenigen Politikfelder, die ausschließlich in der Verantwortung der Länder liegen (Erk 2003). In Artikel 70 des Grundgesetztes der Bundesrepublik Deutschland (GG) ist mit der „Kulturhoheit der Länder" festgelegt, dass die legislative Gewalt über das Bildungssystem den Bundesländern obliegt. Für den schulischen Bereich liegt sowohl die Legislative als auch die Exekutive in der Hand der Bundesländer. Die Verwaltung und Finanzierung der schulischen Infrastruktur liegt gar in der Verantwortung der Kommunen. Es existiert keine bildungspolitische Entscheidungshoheit auf föderaler Ebene. Verschiedene Versuche, das Bildungssystem zu zentralisieren, sind jeweils am Veto der Länder gescheitert (Klatt 1989: 194).

Das Grundgesetz bietet nur einen grundsätzlichen Rahmen für die Ausgestaltung des Bildungssystems, wie etwa durch das Recht auf freie Entfaltung der Persönlichkeit, Mitbestimmung der Bildungswege durch die Eltern, religiöse Erziehung, Gleichberechtigung, sowie das Recht auf Privatschulen (Oehler 2000: 65-66). Die starke Dezentralisierung des deutschen Bildungssystems seit der Gründung der Bundesrepublik Deutschland im Jahr 1949 nach dem Zweiten Weltkrieg kann auch als Reaktion auf die totale Zentralisierung und Entdemokratisierung des Bildungssystems im Dritten Reich gesehen werden (Schlicht 2009).

Schlicht (2009) zeigt, dass die Bundesländer im Laufe der Jahre ihre Verantwortung für das Bildungssystem genutzt und stark unterschiedliche Bildungssysteme entwickelt haben. Dabei verfolgen die Länder unterschiedliche wohlfahrtsstaatliche Ziele im Bildungssystem. Das deutsche Bildungssystem fußt traditionell auf konservativen Wohlfahrtsstaatprinzipien, die durch eine starke Verantwortung der Familien für die individuelle Bildung und das Ziel der sozialen Kohäsion definiert werden (Ertl und Phillips 2000; Klitgaard 2008; Robinsohn und Kuhlmann 1967; Schlicht 2009). Im Laufe der Jahrzehnte hat sich dieser Fokus in einigen Ländern stark zu sozial-integrativen Wohlfahrtszielen – allgemein hohes Bildungsniveau und soziale Chancengleichheit – verschoben (Schlicht 2009). Liberalisierende Tendenzen und eine marktwirtschaftliche Orientierung im Bildungssystem finden hingegen in Deutschland weniger Beachtung (vgl. Klitgaard 2007, 2008; Schlicht 2009). Der wohlfahrtsstaatlichen Konfliktlinie zwischen konservativer und sozial-integrativer Bildungspolitik liegen die Machtkonstellationen der politischen Parteien in den Bundesländern zugrunde. Zwischen den Volksparteien, der Christlich Demokratischen Union (CDU) bzw. Christlich Sozialen Union (CSU) und der Sozialdemokratischen Partei Deutschlands (SPD), treten erhebliche ideologische Differenzen sowohl über die Ausgestaltung als auch die Ziele der Bildungspolitik auf (Schubert und Klein 2006). Bereits im Jahr 1848 wurden die zentralen Konfliktlinien zwischen dem sozialdemokratischen und bürgerlichen Lager in Preußen deutlich: Die Sozialdemokratie zielte darauf ab, die geltende Struktur des Bildungssystems durch eine strikte Trennung von Kirche und Schule, die Abschaffung der Privatschulen, den Aufbau einer Gesamtschule und die Unentgeltlichkeit des Unterrichts auszuhebeln (Herrlitz et al. 1998: 125).

Trotz der dezentralen Ordnung des Bildungssystems, lassen sich in Deutschland auch gemeinsame Strukturen des Bildungssystems identifizieren (vgl. Lehmann 1995): Das Schulbildungssystem beginnt in Deutschland traditionell mit der Grundschule. Die Pflicht zum Besuch einer Grundschule beginnt mit Vollendung des sechsten Lebensjahres. In den meisten Ländern dauert die Grundschulphase vier Jahre an. Danach reiht sich das Sekundarschulwesen an, welches sich in drei hierarchisch geordnete Schularten – Gymnasium, Realschule und Hauptschule – gliedert. Das Gymnasium ist die Schulform mit der höchsten akademischen Reputation, da es den einzigen direkten Weg nach acht bzw. neun Jahren zum Abitur und zur Hochschulzugangsberechtigung bietet. Die Realschule (zweithöchste Schulform) und die Hauptschule (niedrigste Schulform) bieten beide nach sechs bzw. fünf Jahren Zugang zu Berufsbildungsgängen, wobei die Hauptschule Zugang zu geringqualifizierten und handwerklichen Berufsbildungsgängen bietet. Historisch waren Grund- und Hauptschule lange in der Volksschule integriert. Im Jahr 1950 hatten 72 Prozent der 14-18-jährigen höchstens einen Volksschulabschluss (Schimpl-Neimanns 2000b: 651). Auf eine weiterführende Schule wechselten im Jahr 1950 nur 28 Prozent der Schüler, auf ein Gymnasium sogar nur ca. 5 Prozent. Die Affiliation der Hauptschule an die Grundschule wurde in den Anfangsjahren der Bundesrepublik in beinahe allen Ländern weitgehend abgeschafft, um Chancengleichheit zu fördern (Oehler 2000). Nach der Wiedervereinigung wurden fünf neue ostdeutsche Bundesländer gegründet, denen ebenfalls die Kulturhoheit zugesprochen wurde. Die neuen Bundesländer haben die gewonnene Verantwortung genutzt, um ihre Bildungssysteme größtenteils den westdeutschen Verhältnissen anzupassen (vgl. Ertl und Phillips 2000; Fuchs und Reuter 2004; Oehler 2000), wenngleich mit einem starken Fokus auf sozial-integrative Wohlfahrtsziele (vgl. Schlicht 2009).

Seit Gründung der Bundesrepublik bestanden auch verschiedene beratende föderale Organe. Die Empfehlungen hatten jedoch keine bindenden Konsequenzen für die subnationalen Kultusminister (Herrlitz et al. 1998: 168). Der *Deutsche Ausschuss für das Erziehungs- und Bildungssystem* (1953 bis 1965) hatte die Aufgabe, die Entwicklung des deutsche Erziehungs- und Bildungssystems zu beobachten und durch Rat und Empfehlung zu fördern (Kleemann 1977: 22). Zentrale Erkenntnis des Ausschusses war, dass eine moderne Gesellschaft eines höheren allgemeinen Bildungsniveaus und einer ausgeprägten sozialen Gerechtigkeit bedarf und somit einer breiteren Schicht Zugang zu höherer

Bildung gewährleisten muss (Herrlitz et al. 1998). Reformen, die auf Vorstöße des Ausschusses zurückgehen, sind etwa die Erweiterung der achtjährigen Volksschule auf neun Jahre (1954), der Aufbau der Förderstufe (Orientierungsstufe) in der 5. und 6. Klasse (1959) oder die Abgrenzung der Volksschuloberstufe (5.-9. Klasse) von der Grundschule durch die Umwandlung zur Hauptschule (vgl. Herrlitz et al. 1998: 169; Kleemann 1977). Als Nachfolgeorganisation des Deutschen Ausschuss für das Erziehungs- und Bildungssystem wurde 1965 der *Deutsche Bildungsrat* gegründet (1965 bis 1975). Der Rat befürwortete die Einführung von integrierten Gesamtschulen im Rahmen von Schulversuchen und den qualitativen und quantitativen Ausbau des frühkindlichen Bildungswesens (Hemmerling 2007: 20; Herrlitz et al. 1998: 207f.). Von 1970 bis 2008 bestand die *Bund-Länder-Kommission für Bildungsplanung und Forschungsförderung (BLK)*. Ausgangspunkt dieser Initiative war die Änderung Grundgesetzes mit Artikel 91b GG, in dem eine gemeinsame Bildungsplanung von Bund und Ländern ermöglicht wurde (Poeppelt 1978: 3). Auf dieser Grundlage erarbeitete die BLK Ziele eines gesamtdeutschen Bildungsplans. Unabhängig von der freien oder öffentlichen Trägerschaft der Elementarbildungsinstitutionen wird die Notwendigkeit einer „einheitlichen pädagogischen Kontrolle der Lehrinhalte" proklamiert (Poeppelt 1978: 135). Für den Elementarbereich wurde das Ziel der Vorverlegung des Einschulungsalters auf das fünfte Lebensjahr ab 1980 bis 1985 als Ziel festgelegt (Poeppelt 1978: 154). Weiterhin bedeutsame Beschlüsse der BLK sind das Festhalten an der vom Deutschen Bildungsgrat empfohlenen integrierten Gesamtschule (Poeppelt 1978: 207ff.). Auch die Orientierungsstufe soll weiter ausgebaut werden, wobei sie schulartunabhängig oder schulartabhängig geführt werden kann (Poeppelt 1978: 215). Die Föderalismuskommission ersetzte die BLK im Jahr 2008 durch die *Gemeinsame Wissenschaftskonferenz*. Neben diesen beratenden Gremien besteht als ältestes föderales Organ der Bildungsplanung seit 1948 die *Kultusministerkonferenz,* die ständige Zusammenkunft der jeweiligen Kultusminister der Bundesländer.

5.2 Bildungspolitik im Vergleich der deutschen Bundesländer und Messung der bildungspolitischen Indikatoren

In den Hypothesen 1 bis 6 wurden bildungspolitische Aspekte benannt, von denen ein Einfluss auf das Ausmaß der sozialen Bildungsungleichheit erwartet wird (Kapitel 3): Die frühkindlichen Bildung, die Ganztagsschule, das Lehrpersonalangebot, die Bildungsausgaben, die Gliederung in der Sekundarstufe I und die Stärke des Privatschulsektors (vgl. Abbildung 5.1). Im Folgenden werden diese bildungspolitischen Aspekte zu den für die Analysen relevanten Zeitpunkten detailliert beschrieben und gemessen. Die Messzeitpunkte der bildungspolitischen Variablen werden jeweils so gewählt, dass sie für die beiden Populationen der Neuntklässler 2000 und 2003 relevant sind. Gegebenenfalls werden über die Messung der bildungspolitischen Variablen hinaus, die rechtlichen und historischen Rahmenbedingungen der einzelnen bildungspolitischen Aspekte vorab erläutert.

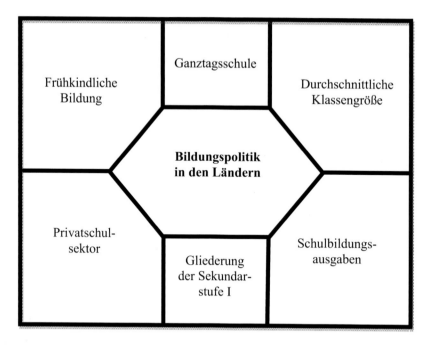

Abbildung 5.1: Bildungspolitische Institutionen in den Bundesländern
Anmerkung: Eigene Darstellung.

5.2.1 Das frühkindliche Bildungssystem in den Bundesländern

Für die Analysen in dieser Arbeit sind drei Aspekte des frühkindlichen Bildungssystems von Bedeutung: die Kinderkrippe, der Kindergarten und die Vorschule (auch Schulkindergarten genannt). Die beiden ersten Säulen des frühkindlichen Bildungssystems – Kinderkrippe und Kindergarten – sind in Deutschland rechtlich nicht dem Bildungssystem, sondern dem System der Kinder- und Jugendhilfe zugeordnet. Die Vorschule hingegen ist rechtlich dem Bildungssystem zugeordnet.

Historische und rechtliche Rahmenbedingungen von Kinderkrippe und Kindergarten

Im Jahre 1840 gründete Friedrich Fröbel den weltweit ersten Kindergarten und mit ihm ein komplettes Konzept frühkindlicher Bildung (Berger 1990). Dieses Konzept war Vorbild für die Entwicklung frühkindlicher Bildungsinstitutionen weltweit (Austin 1976: 26). Hemmerling (2007: 18) sieht die Einführung des Kindergartens Mitte des 19. Jahrhunderts als Reaktion auf gesellschaftliche Veränderungen wie die Transformation der Ständegesellschaft zur Klassengesellschaft, in der Familie und Arbeit getrennt wurde. Insbesondere die Arbeiterklasse benötigte den Kindergarten als Betreuungseinrichtung für ihre Kinder. Im Laufe des letzten Jahrhunderts entwickelte sich der Kindergarten zu einer Regeleinrichtung für alle drei- bis fünf-jährigen Kinder (Mörsberger 1978: 4).

Die gesetzliche Grundlage für das System der Kinder- und Jugendhilfe bietet das Achte Sozialgesetzbuch (SGB VIII) der Bundesrepublik Deutschland (auch Kinder- und Jugendhilfegesetz (KJHG) genannt). Darin werden die Hauptsäulen des frühkindlichen Bildungssystems beschrieben (Bundesministerium für Familie, Seniore, Frauen und Jugend 2009: 22): die Kinderkrippe und der Kindergarten. Die Kinderkrippe betreut Kinder von Geburt an bis zur Vollendung des 3. Lebensjahres, der Kindergarten steht für Kinder ab Vollendung des 3. Lebensjahrs bis zur Einschulung zur Verfügung. Nach dem KJHG hat seit 1996 jedes Kind ab Vollendung des 3. Lebensjahrs bis zur Einschulung den Anspruch auf einen halbtägigen Kindergartenplatz. Über diesen Betreuungsumfang hinaus existieren keine Betreuungsansprüche an den Staat. Die Bundesländer haben den gesetzlichen Rahmen des Bundes für die Kinder- und Jugendhilfe durch eigene Landesgesetze ausgefüllt, ergänzt und erweitert. Träger der Kinderbetreuungseinrichtungen sind die Kommunen (Bundesministerium für Familie, Senioren, Frauen und Jugend 2009: 44). Diese sind sowohl für die Bereitstellung der Betreuungsinfrastruktur als auch für die Festlegung der Betreuungsgebühren verantwortlich. In Deutschland spielen auch kirchliche Träger eine bedeutende Rolle bei der Führung von Kinderbetreuungseinrichtungen (Hemmerling 2007).

Die Initiative Neue Soziale Marktwirtschaft (2008) liefert einen deutschlandweiten Vergleich der Kindergartengebühren und ermittelt eine außerordentliche Variation sowohl zwischen den Bundesländern als auch einzelnen Gemeinden (siehe Tabelle 5.1). In den meisten Gemeinden sind die Gebühren progressiv nach dem Bruttogehalt der Eltern und der Anzahl der Kinder in der Familie gestaffelt. Ein Vergleich einzelner Städte in verschiedenen Bundesländern offenbart eklatante Unterschiede in den Gebührenprofilen. Die Unterschiede haben erhebliche Relevanz für das Ausmaß der Bildungsungleichheit.

Laut der hier vertretenen Hypothese zur frühkindlichen Bildung, hat diese nur dann einen mildernden Effekt auf die soziale Bildungsungleichheit, wenn auch Kinder unterer sozialer Schichten Zugang zu frühkindlichen Bildungseinrichtungen haben. Sind die Gebühren jedoch besonders hoch und gibt es keine Ermäßigungen für sozial schwache Familien, ist der Zugang für Kinder aus unteren sozialen Schichten demnach nur erschwert möglich. Henry-Huthmacher (2005) schreibt dazu, dass in Deutschland ein Drittel der Kinder aus niedrigen Einkommensschichten gar keine frühkindliche Betreuungsinstitution besucht. Aufgrund der starken Variation der Gebühren innerhalb der Bundesländer, kann der Einfluss der Gebührenprofile auf das Ausmaß der sozialen Bildungsungleichheit in den Bundesländern hier nicht weiter berücksichtigt werden.

Jährliches Bruttoeinkommen	Ingolstadt (Bayern)	München (Bayern)	Hamburg	Rostock (Mecklenburg-Vorpommern)	Schwerin (Mecklenburg-Vorpommern)
25.000 €	0,00 €	288,00 €	468,00 €	605,00 €	1.064,00 €
45.000 €	770,00 €	660,00 €	1.656,00 €	605,00 €	1.064,00 €
80.000 €	770,00 €	912,00 €	1.836,00 €	605,00 €	1.064,00 €

Tabelle 5.1: Profile der jährlichen Kindergartengebühren in fünf verschieden Städten in drei Bundesländern für Familien verschiedener Einkommensklassen mit einem Kind im Alter von vier Jahren (Initiative Neue Soziale Marktwirtschaft 2008)
Quelle: http://www.insm-kindergartenmonitor.de.

Die Aufgaben des frühkindlichen Bildungswesens definiert Hemmerling (2007: 25ff.) in einer Trias als Bildung, Erziehung und Betreuung. In den 1960er und 1970er Jahren gewannen sowohl der Betreuungs- als auch der Bildungsauftrag des frühkindlichen Bildungswesens an Bedeutung (Hemmerling 2007: 19ff.). Die gesteigerte wissenschaftliche Erkenntnis über die kindliche Entwicklung hob die Bedeutung früher Förderung für die Bildungserfolge in späteren Lebensphasen hervor. Gleichzeitig gewann auch die Aufgabe der Betreuung an Gewicht, um den Zugang der Frauen zum Arbeitsmarkt zu erleichtern. Der Erziehungsauftrag wird als familienergänzender Beitrag zur Sozialisierung der Kinder gesehen. Im Laufe der beiden letzten Jahrhunderte kristallisierten sich immer wieder verschiedene Konfliktlinien hinsichtlich der frühkindlichen Bildungspolitik heraus (Mörsberger 1978: 2ff): Erstens der Kindergarten als Betreuungsinstitution oder als Bildungseinrichtung. Zweitens die Zuordnung des Kindergartens zum System der Jugendhilfe – so wie es noch heute der Fall ist – oder zum System der Schule (des Bildungssystems). Drittens der freiwilligen Besuch eines Kindergartens gegenüber der Kindergartenbesuchspflicht. Viertens das Angebot öffentlicher Kindergärten gegenüber dem Angebot freier Trägerschaft. Die Forderung eines Pflichtbesuchs beruht hauptsächlich auf der Tatsache, dass gerade Kinder mit erhöhtem Förderungsbedarf und aus niedrigeren sozialen Schichten häufig keinen Kindergarten besuchen (Henry-Huthmacher 2005; Mörsberger 1978).

Messung des Ausbaus der Kinderkrippe und des Kindergartens in dieser Arbeit

Zur Messung des Ausbaus der Kinderkrippe werden die Angaben aus den Statistischen Jahrbüchern für die Bundesrepublik Deutschland herangezogen. Anhand derer werden Indikatoren berechnet, die die Anzahl der Krippenbesucher ins Verhältnis zur Gesamtzahl der Kinder im Alter von 0 bis 2 Jahren setzen (vgl. Tabelle 5.2). Die Werte sagen aus, wie viele Krippenplätze im Verhältnis zur Anzahl der Kinder im relevanten Alter existieren.

Für die hier untersuchten Populationen der Neuntklässler in den Jahren 2000 und 2003, sind unterschiedliche Zeitpunkte des Krippenbesuchs relevant. Die *Neuntklässler im Jahr 2000* sind zum größten Teil im Jahr 1984 geboren. Für diese Population ist das Krippenplatzangebot in den Jahren 1984, 1985 und 1986 relevant. Jedoch sind die Werte von 1984 und 1985 nicht erhältlich, so dass die Werte von 1986 als Näherungswerte für den gesamten relevanten Zeitraum verwendet werden. Ferner sind die Werte für die ostdeutschen Bundesländer erst ab 1991 erhältlich, so dass diese für die ostdeutschen Länder ebenso als Näherungswerte herangezogen werden. Für das Bundesland Berlin wird der Mittelwert von 1986 und 1991 verwendet, um sowohl den west- als auch den ostdeutschen Teil Berlins zu berücksichtigen. *Die Population der Neuntklässler im Jahr 2003* ist größtenteils im Jahr 1987 geboren. Für sie wären die Krippenbesuchsjahre von 1987 bis 1989 relevant. Allerdings wurden die Beteiligungsraten nicht jährlich publiziert, so dass hier auch auf die Werte von 1986 (in Ostdeutschland 1991) zurückgegriffen werden muss.

Bei Betrachtung der Beteiligungsraten in Krippeneinrichtungen zeigt sich in erster Linie ein deutlicher Ost-West-Unterschied. In den ostdeutschen Bundesländern besuchen durchschnittlich 48,95 Prozent der Kinder in der relevanten Altersgruppe eine Krippeneinrichtung, während es in den westdeutschen

Ländern im Durchschnitt nur 0,78 Prozent sind, mit der Ausnahme von Hamburg, wo immerhin 10,95 Prozent in Krippeneinrichtungen beteiligt sind. Berlin als Bundesland mit sowohl einem westdeutschen als auch einem ostdeutschen Teil bietet eine Beteiligungsquote in Krippeneinrichtungen von 44,95 Prozent. Betrachtet man Bremen mit einer geringen Abdeckung von nur 0,85 Prozent, gibt es in Westdeutschland auch kein Stadt-Land-Gefälle. Auf Grundlage dieser Daten kann geschlossen werden, dass das Krippenplatzangebot zum für die Neuntklässler in PISA 2000 und PISA 2003 relevanten Zeitpunkt, in Westdeutschland – mit der Ausnahme von Hamburg – kaum vorhanden war. In Ostdeutschland hingegen besuchte in den relevanten Altersgruppen beinahe jedes zweite Kind eine Krippeneinrichtung.

Bundesland	Krippenausbau für Neuntklässler PISA-E 2000 und 2003
Saarland	0,38%
Rheinland-Pfalz	0,38%
Nordrhein-Westfalen	0,37%
Niedersachsen	0,90%
Hansestadt Bremen	0,89%
Schleswig-Holstein	0,56%
Hansestadt Hamburg	10,95%
Mecklenburg-Vorpommern	49,96%
Brandenburg	64,56%
Berlin	44,95%
Sachsen	32,81%
Bayern	0,88%
Baden-Württemberg	1,18%
Hessen	1,46%
Thüringen	54,04%
Sachsen-Anhalt	43,37%

Tabelle 5.2: Das Krippenplatzangebot: Anteil der Kinder im Alter von 0 bis 2 Jahren, die eine Krippeneinrichtung besuchen in Prozent
Quelle: Eigene Berechnung nach Angaben aus den statistischen Jahrbüchern für die Bundesrepublik Deutschland.

Zur Messung des Ausbaus des Kindergartens werden die Angaben aus den Statistischen Jahrbüchern für die Bundesrepublik Deutschland herangezogen (vgl. Tabelle 5.3). Anhand derer werden Indikatoren berechnet, die die Anzahl der Kindergartenbesucher ins Verhältnis zur Gesamtzahl der Kinder im Alter von 3 bis 5 Jahren setzen. Wenn die Werte 100 Prozent übersteigen, kann das daran liegen, dass teilweise auch Kinder außerhalb dieser Altersgruppe (etwa Kinder im Schulalter, die noch nicht eingeschult wurden oder Kinder im Krippenalter) Plätze in Kindergärten erhalten.

Für die *Population der Neuntklässler im Jahr 2000* ist das Kindergartenplatzangebot in den Jahren 1987, 1988 und 1989 relevant. Es wird über diesen Zeitraum der Mittelwert berechnet. Ferner sind die Werte für die ostdeutschen Bundesländer erst ab 1991 erhältlich, so dass diese für die ostdeutschen Länder als Näherungswerte verwendet werden. Für das Bundesland Berlin wird der Mittelwert von 1987 bis 1989 (West-Berlin) und 1991 (Ost-Berlin) herangezogen, um sowohl den west- als auch den ostdeutschen Teil Berlins zu berücksichtigen. Für die *Population der Neuntklässler im Jahr 2003* ist das Kindergartenplatzangebot in den Jahren 1990, 1991 und 1992 relevant. Jedoch sind für die westdeutschen Bundesländer nur die Werte von 1990 und die Werte für die ostdeutschen Bundesländer erst ab 1991 erhältlich. Für das Bundesland Berlin wird der Mittelwert von 1990 (West-Berlin) und 1991 (Ost-Berlin) verwendet, um sowohl den west- als auch den ostdeutschen Teil Berlins zu berücksichtigen.

Bundesland	Kindergartenplatzangebot für Neuntklässler PISA-E-2000	Kindergartenplatzangebot für Neuntklässler PISA-E-2003
Saarland	108,24%	95,00%
Rheinland-Pfalz	105,21%	97,67%
Nordrhein-Westfalen	79,25%	74,61%
Niedersachsen	72,75%	66,37%
Hansestadt Bremen	77,03%	74,70%
Schleswig-Holstein	82,14%	63,83%
Hansestadt Hamburg	77,27%	52,43%
Mecklenburg-Vorpommern	175,05%	105,24%
Brandenburg	171,20%	124,39%
Berlin	124,21%	117,18%
Sachsen	168,18%	115,73%
Bayern	90,18%	72,28%
Baden-Württemberg	103,58%	104,03%
Hessen	92,80%	90,43%
Thüringen	160,39%	125,10%
Sachsen-Anhalt	152,90%	98,09%

Tabelle 5.3: Das Kindergartenplatzangebot: Anteil der Kinder im Alter von 3 bis 5 Jahren, die einen Kindergarten besuchen in Prozent
Quelle: Eigene Berechnung nach Angaben aus den statistischen Jahrbüchern für die Bundesrepublik Deutschland.

In Westdeutschland stehen in den beiden relevanten Zeiträumen im Durchschnitt für 88,85 Prozent bzw. 79,13 Prozent der Kinder in der relevanten Altersgruppe Kindergartenplätze zur Verfügung. Eine volle Abdeckung der relevanten Altersgruppe gibt es nur im Saarland, in Rheinland-Pfalz und in Baden-Württemberg. In Ostdeutschland liegt die Abdeckung im Durchschnitt bei

165,54 bzw. 113,71 Prozent. In allen ostdeutschen Bundesländern besteht daher volle Abdeckung der relevanten Altersgrupp mit Kindergartenplätzen. Sehr geringe Beteiligungsraten in Kindergärten weisen Schleswig-Holstein, Hamburg und Niedersachsen auf. Vergleicht man die Beteiligungswerte in Kindergärten für die Population der Neuntklässler PISA-E 2000 und PISA-E 2003 entsteht der Eindruck, dass die Beteiligungsraten im Zeitverlauf gesunken sind. Dies kann jedoch auch auf unterschiedliche Erhebungsmodi des Statistischen Bundesamtes zurückzuführen sein. Die Werte der beiden Erhebungszeitpunkte korrelieren stark miteinander (Pearson's r=0,85). Die Ränge der Länder hinsichtlich der Abdeckung mit Kindergartenplätzen haben sich also kaum verändert.

Rechtliche Rahmenbedingungen der Vorschulinstitution

Die Vorschule ist organisatorisch nicht dem System der Jugendhilfe, sondern dem Schulbildungssystem zugeordnet. Die legislative Gewalt hinsichtlich der Vorschulen- und Schulkindergärten liegt folglich auch in der Verantwortung der Bundesländer. Vorschulen bzw. Schulkindergärten umfassen das letzte Jahr vor der Einschulung und sollen auf den Schuleinstieg vorbereiten. Die rechtlichen Regelungen zur Existenz der Vorschulen, ihren Zielen, der Besuchspflicht, der Zielgruppe oder der Besuchsdauer unterscheiden sich jedoch erheblich zwischen den Bundesländern.

Tabelle 5.4 gibt Aufschluss über die *Zielgruppe der Vorschuleinrichtungen* in den einzelnen Ländern. Für die hier untersuchten Populationen der Neuntklässler 2000 und 2003 sind die Regelungen zu den Zeitpunkten 1990 und 1993 vorschulrelevant, da sie jeweils ein Jahr später in die Grundschule eingeschult wurden. In zwei Bundesländern, Bayern und Mecklenburg-Vorpommern, gibt es zu den Zeitpunkten 1990 und 1993 keine rechtliche Regelung zu vorschulischen Einrichtungen. Hier wird höchstens eine Zusammenarbeit zwischen Schulen und Kindergärten gefordert. Die restlichen Bundesländer weisen unterschiedliche Formulierungen der Zielgruppe für den Besuch einer vorschulischen Einrichtung auf. Neben der Zielgruppe ist auch die *Entscheidung über den individuellen Besuch* einer Vorschule unterschiedlich geregelt (vgl. Tabelle 5.5).

Land	Wenn zu Beginn der Schulpflicht noch keine Schulreife besteht	Bei Behinderung und starkem sonderpädagogischem Förderungsbedarf	Generell ab dem 5. Lebensjahr	Unklare Zielgruppe
Saarland	+			
Rheinland-Pfalz	+			
Nordrhein-Westfalen	+			
Niedersachsen	+			
Hansestadt Bremen	+			
Schleswig-Holstein			+	
Hansestadt Hamburg	+			
Mecklenburg-Vorpommern		Keine Vorschulregelung		
Brandenburg				+
Berlin				+
Sachsen	+			
Bayern		Keine Vorschulregelung		
Baden-Württemberg	+			
Hessen	+			
Thüringen		+		
Sachsen-Anhalt	+			

Tabelle 5.4: Gesetzliche Regelungen zur Zielgruppe von Vorschuleinrichtungen in den Bundesländern im relevanten Zeitraum 1990 bis 1993
Quelle: Schulgesetze der Länder, siehe Anhang 10.

Land	Pflicht für die Zielgruppe	Kann für die Zielgruppe angeordnet werden	Freiwillig	Unklare Regelung
Saarland				+
Rheinland-Pfalz		+		
Nordrhein-Westfalen		+		
Niedersachsen		+		
Hansestadt Bremen				+
Schleswig-Holstein				+
Hansestadt Hamburg	+			
Mecklenburg-Vorpommern		Keine Vorschulregelung		
Brandenburg				+
Berlin			+	
Sachsen				+
Bayern		Keine Vorschulregelung		
Baden-Württemberg				+
Hessen				+
Thüringen				+
Sachsen-Anhalt				+

Tabelle 5.5: Gesetzliche Regelung über die Entscheidung des individuellen Vorschulbesuchs im relevanten Zeitraum 1990 bis 1993
Quelle: Schulgesetze der Länder, siehe Anhang 10.

Messung des Ausbaus der Vorschule

Der Ausbau der Vorschule wird durch die Beteiligungsraten der Sechsjährigen in Vorschulen gemessen. Die Daten dazu stammen aus der Internetdatenbank des Statistischen Bundesamtes. Für die hier untersuchten Populationen der Neuntklässler 2000 und 2003 sind die Zeitpunkte 1990 und 1993 relevant, da sie jeweils ein Jahr später in die Grundschule eingeschult wurden. Für beide Erhebungszeitpunkte wird jeweils die Anzahl der Schüler in Vorschulen ins Verhältnis zur Anzahl aller Sechsjährigen im Land gesetzt. Vergleicht man die tatsächlichen Beteiligungsraten in Vorschulen zu den relevanten Zeitpunkten in Tabelle 5.6, wird ein deutlicher Ost-West-Unterschied deutlich. Während in Westdeutschland durchschnittlich 15,95 Prozent (1990) bzw. 15,44 Prozent (1993) der Sechsjährigen eine Vorschule besuchen, sind es im Osten nur 1,16 Prozent (1990) bzw. 2,17 Prozent (1993). In Berlin besuchen sogar 52,95 Prozent (1990) bzw. 32,15 Prozent (1992) der Sechsjährigen eine Vorschule. Auffällig ist, dass insbesondere die Stadtstaaten hohe Beteiligungsraten in Vorschulen aufweisen. In den Ländern Mecklenburg-Vorpommern, Brandenburg, Sachsen (1990) und Bayern existiert keine Vorschule. Der Ausbau der Vorschule im Jahr 1990 korreliert stark mit dem Ausbau im Jahr 1993 (Pearson's r=0,965).

Land	Vorschule 1990	Vorschule 1993
Saarland	4,50%	5,23%
Rheinland-Pfalz	4,04%	4,23%
Nordrhein-Westfalen	8,50%	8,20%
Niedersachsen	18,77%	19,37%
Hansestadt Bremen	22,90%	20,78%
Schleswig-Holstein	30,36%	28,73%
Hansestadt Hamburg	50,66%	47,91%
Mecklenburg-Vorpommern	0,00%	2,52%
Brandenburg	0,00%	0,00%
Berlin	52,93%	32,15%
Sachsen	0,00%	1,81%
Bayern	0,00%	0,00%
Baden-Württemberg	7,82%	7,78%
Hessen	11,86%	12,14%
Thüringen	2,98%	2,14%
Sachsen-Anhalt	2,82%	4,38%

Tabelle 5.6: Beteiligungsraten in Vorschulen in den deutschen Bundesländern in Prozent
Quelle: Eigene Berechnung nach Angaben aus der Internetdatenbank des Statistischen Bundesamtes.

5.2.2 Die Ganztagsschule in den Bundesländern

Die rechtlichen Regelungen zur Ganztagsschule und historische Entwicklung

Traditionell ist das deutsche Schulwesen ein Halbtagsschulwesen (Holtkemper 1967: 4). Die Gestaltung des Nachmittags durch sportliche, musikalische oder kulturelle Aktivitäten, aber auch durch private Nachhilfe liegt in der Verantwortung der Familien. Seit einigen Jahren gibt es jedoch Bestrebungen, das Ganztagsschulwesen in Deutschland auszubauen. Grund dafür ist vor allem die immer stärker werdende Forderung nach der Vereinbarkeit von Familie und Beruf durch ein umfassenderes ganztägiges Betreuungsangebot. Das Bundesministerium für Bildung und Forschung (2003) fördert seit 2003 den Ausbau der Ganztagsschulen in den Ländern mit einem Vier-Milliarden-Euro-Investitionsplan.

Innerhalb von fünf Jahren soll mit dem Programm „Zukunft Bildung und Betreuung" der flächendeckende Ausbau der Ganztagsschulen vorangetrieben werden. Ein offizielles Ziel des Programms ist auch die Verringerung sozialer Bildungsungleichheit im Bildungssystem durch eine ganztägige bildungsnahe Sozialisierung. Obwohl der Deutsche Bildungsrat bereits in den 1960er Jahren eine Empfehlung zu Schulversuchen mit Ganztagsschulen veröffentlicht hat (Holtappels et al. 2007), sind im Jahr 2003 nur 5 Prozent der allgemeinbildenden Schulen in Deutschland ganztägig organisiert (Bundesministerium für Bildung und Forschung 2003).

In Deutschland lassen sich zwei Modelle der Ganztagsschulen unterscheiden: die offenen und die gebundene Ganztagsschule (Bundesministerium für Bildung und Forschung 2003). In der offenen Ganztagsschule wird nach dem Mittagessen ein freiwilliges Nachmittagsprogramm angeboten. In gebunden Ganztagsschulen hingegen wird der klassische Lehrbetrieb auf den gesamten Tag verteilt, so dass der Ganztagsschulbesuch für alle Schüler der Schule verpflichtend ist.

Trotz des Investitionsprogramms zur Förderung der Ganztagsschule auf Bundesebene, liegt die Implementierung der Ganztagsschulen und die rechtliche Regelung in der Verantwortung der Bundesländer: Die frühesten Regelungen zur Ganztagsschule treten in den Schulgesetzen von Rheinland-Pfalz und Niedersachsen auf. Beide Länder verankerten das Konzept der Ganztagsschule bereits im Jahr 1974 in ihren Schulgesetzten. Für Rheinland-Pfalz steht im Landesgesetz für die Schulen in Rheinland-Pfalz (SchulG) vom 6.11.1974 in §14 Abs. 3, dass Schulversuche insbesondere der Entwicklung neuerer schulischer Strukturen, wie der Gesamtschule und der Ganztagsschule, dienen. Das Land Niedersachsen ging weiter und beschloss im Niedersächsischen Schulgesetzt (NSchG) vom 30.5.1974 in §15, dass Schulen aller Schulformen ab sofort nach Genehmigung als Ganztagsschulen geführt werden können. Weitere Länder folgten mit der Einführung des Konzepts der Ganztagschule in den 1980er Jahren: Nordrhein-Westfalen 1981 und das Saarland 1985. In Nordrhein-Westfalen wurde das Konzept der Ganztagsschulen zunächst ausschließlich auf die Gesamtschulen angewandt, die grundsätzlich als Ganztagsschulen geführt werden sollten. Im Saarland wurden die Ganztagsschulen wie in Rheinland-Pfalz als Versuchsschulen eingeführt. Eine dritte Welle der Ganztagsschulregelungen folgte in den 1990er Jahren in Hessen (1992), Berlin (1997) und Hamburg (1997). Die ostdeutschen Bundesländer implementierten die Ganztagsschule bzw. ganztägige Betreuung an Schulen in ihren ersten Schulgesetzen von 1991. In drei Ländern, Bayern, Baden-Württemberg und Schleswig-Holstein existierte bis 2006 gar keine gesetzliche Regelung zur Ganztagsschule.

Tabelle 5.7 bietet einen Überblick über die Art der gesetzlichen Regelung zum hier relevanten Zeitraum. Für die hier untersuchten Populationen der Neuntklässler 2000 und 2003 ist die Ganztagsschule für den gesamten Zeitraum ihrer Schulzeit – 1990 bis 2000/2003 – relevant. In diesem Zeitraum unterscheiden sich die Länder erstens hinsichtlich der Stärke der Forderung nach Ganztagsschulen von Kann- über Soll- bis zu Pflichteinführungen, zweitens hinsichtlich der Schularten, an denen Ganztagsschulen eingeführt werden, drittens hinsichtlich der Art der Ganztagsschule, offen oder gebunden, und viertens hinsichtlich des Ersatzes der Ganztagsschule durch Hortangebote. Die Hortangebote, mit einer freiwilligen Nachmittagsbetreuung, können als Entsprechung der offenen Ganztagsschulen gesehen werden.

Bundesland	Stärke der Forderung nach Ganztagsschulen	Schulformen, die in Ganztagsform geführt werden	Offene und/oder gebundene Ganztagsschulen	Horte
Saarland	kann	alle Schulformen	unklar	wird im Gesetz nicht erwähnt
Rheinland-Pfalz	kann	alle Schulformen	beide	wird im Gesetz nicht erwähnt
Nordrhein-Westfalen	generell	Gesamtschulen	unklar	wird im Gesetz nicht erwähnt
Niedersachsen	kann	alle Schulformen	beide	wird im Gesetz nicht erwähnt
Hansestadt Bremen			keine Ganztagsschulregelung	
Schleswig-Holstein			keine Ganztagsschulregelung	
Hansestadt Hamburg	kann	alle Schulformen	beide	wird im Gesetz nicht erwähnt
Mecklenburg-Vorpommern	kann/zu fördern	Sekundarstufe I und Förderschulen	unklar	an Grundschulen sind Horte zu führen
Brandenburg	soll	alle Schulformen	unklar	Horte sind an Grundschulen angegliedert

Berlin	kann	alle Schulformen	offene	ergänzende Betreuung an Halbtagsschulen
Sachsen	kann	Sekundarstufe I	unklar	an Grundschulen sollen Horte einrichten
Bayern				keine Ganztagsschulregelung
Baden-Württemberg				keine Ganztagsschulregelung
Hessen	zu fördern	Sekundarstufe I	offene	an Grundschulen kann ein Betreuungsangebot außerhalb der Unterrichtszeiten unterbreitet werden
Thüringen				Horte können an Grundschulen angegliedert werden. Allgemein soll ein Betreuungsangebot außerhalb der Unterrichtszeiten unterbreitet werden.
Sachsen-Anhalt	kann	Sonderschulen	unklar	der Hort ist Bestandteil der Grundschule. In den Schulen der Sekundarstufe I kann eine ganztägige Betreuung angeboten werden.

Tabelle 5.7: Gesetzliche Regelungen zur Ganztagsschule in den Bundesländern im relevanten Zeitraum 1990 bis 2002

Quelle: Schulgesetze der Länder siehe Anhang 11.

Vergleicht man den Ausbau der gebundenen und der offenen Ganztagsschulen, so zeigt Abbildung 5.2, dass sich die Mehrheit der Länder auf eines der beiden Ganztagsschulmodelle fokussiert. Nur in Niedersachsen, Hamburg, Bremen, dem Saarland und Bayern, wird der Ausbau beider Modelle gleichberechtigt vorangetrieben.

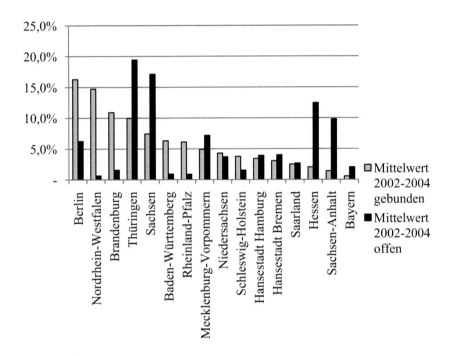

Abbildung 5.2: Der Anteil aller Schüler an gebundenen und offenen Ganztagsschulen in den Bundesländern in Prozent
Quelle: Eigene Berechnung nach Angaben von www.kmk.org.

In allen Bundesländern außer Hamburg, Sachsen und Thüringen, sind die größten Anteile der Ganztagsschüler auf integrierten Gesamtschulen zu finden (vgl. Tabelle 5.8). In Niedersachsen, Nordrhein-Westfalen und Baden-Württemberg werden sogar fast alle integrierten Gesamtschüler ganztags unterrichtet. In Nordrhein-Westfalen korrespondiert dies mit der gesetzlichen Regelung, wonach alle Gesamtschulen generell als Ganztagsschule zu führen sind. Die Hauptschule ist in acht Ländern die Schulart mit dem zweithöchsten Anteil an Ganztagsschülern (Rheinland-Pfalz, Nordrhein-Westfalen, Niedersachsen, Bremen, Schleswig-Holstein, Baden-Württemberg und Hessen). In diesen Ländern scheint die Ganztagsschule in der Tat ein Instrument zur Förderung leistungsschwacher Schülergruppen zu sein.

Bundesland	Grundschule	Hauptschule	Realschule	Gymnasium	Kooperative Gesamtschule	Integrierte Gesamtschule
Saarland	4,60%	0,00%	-	3,00%	2,40%	10,40%
Rheinland-Pfalz	3,60%	13,90%	2,20%	3,30%	8,40%	19,60%
Nordrhein-Westfalen	2,50%	20,40%	3,40%	3,30%	-	97,60%
Niedersachsen	1,20%	13,10%	7,80%	7,80%	14,90%	91,40%
Hansestadt Bremen	3,60%	8,60%	7,10%	3,40%	7,50%	31,80%
Schleswig-Holstein	1,70%	4,70%	2,20%	2,70%	-	72,60%
Hansestadt Hamburg	2,50%	7,90%	4,50%	7,20%	15,60%	10,80%
Mecklenburg-Brandenburg	2,60%	0,00%	0,90%	12,90%	30,00%	71,60%
Berlin	2,90%	-	4,40%	3,00%	-	28,90%
Sachsen	24,80%	1,00%	0,90%	2,30%	-	87,10%
Bayern	57,90%	-	-	7,60%	1,90%	-
Baden-Württemberg	1,00%	1,70%	2,70%	2,70%	-	31,70%
Hessen	0,80%	15,60%	3,10%	7,20%	-	96,70%
Thüringen	3,20%	21,30%	17,20%	10,30%	-	48,30%
Sachsen-Anhalt	56,30%	-	-	8,50%	9,00%	37,60%
	1,90%	-	-	5,00%	8,50%	68,80%

Tabelle 5.8: Anteile der Ganztagsschüler an allen Schülern, getrennt nach verschiedenen Schularten in Prozent (öffentliche und private Träger)
Quelle: www.kmk.org.

Ferner variiert das Ganztagsschulangebot im Vergleich öffentlicher und privater Schulen (vgl. Abbildung 5.3). In 9 von 16 Bundesländern – Thüringen, Mecklenburg-Vorpommern, Brandenburg, Sachsen-Anhalt, Schleswig-Holstein, Rheinland-Pfalz, Baden-Württemberg, Saarland und Bayern – ist der Anteil an Ganztagsschüler an Privatschulen deutlich höher als an öffentlichen Schulen. In Bayern ist die Ganztagsschule beinahe ausschließlich ein Angebot freier Schulträger.

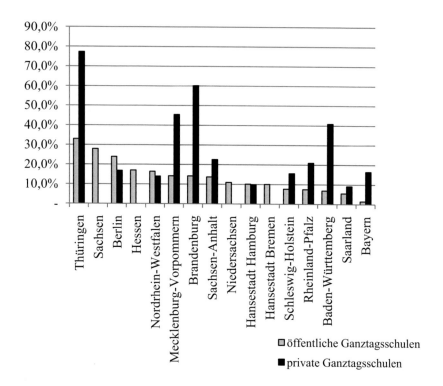

Abbildung 5.3: Anteil aller Ganztagsschüler an öffentlichen und privaten Schulen in den Bundesländern in Prozent
Quelle: www.kmk.org.

Messung des Ganztagsschulausbaus

Der Ausbau der Ganztagsschule wird anhand von Daten der Kultusministerkonferenz gemessen.[9] Die dargestellten Werte zeigen den Anteil der Schüler an allgemeinbildenden Schulen, die eine Ganztagsschule besuchen (vgl. Tabelle 5.9). Es wird dabei nicht zwischen offenen und gebundenen Ganztagsschulen unterschieden. Ebenfalls wird nicht unterschieden, ob es sich bei den Schulen in Ganztagsform um öffentliche oder private Träger handelt. Für die hier untersuchten Populationen der Neuntklässler im Jahr 2000 und 2003 ist der Ausbau der Ganztagsschule über den kompletten Zeitraum ihres Schulbesuchs 1990 bis 2000 bzw. 1993 bis 2003 relevant. Allerdings wurde die erste Statistik zu Ganztagsschulen im Vergleich der Bundesländer von der Kultusministerkonferenz für die Jahre 2002 bis 2004 veröffentlicht. Dieser Zeitraum ist für die Population der Neuntklässler im Jahr 2000 bereits nicht mehr relevant. Aus diesem Grund wird nur der erste Erhebungszeitpunkt 2002 als Näherungswert für den Ausbau der Ganztagsschule für den Zeitraum 1990 bis 2000 verwendet. Zwar kann erwartet werden, dass die Ganztagsschule gerade in diesem Zeitraum gewachsen ist, allerdings sollten die Relationen zwischen den Ländern eher stabil geblieben sein. So korrelieren etwa die Beteiligungswerte in Ganztagsschule von 2002 und 2004 zu r=0,94 (Pearson's r). Für die Population der Neuntklässler im Jahr 2003 ist ebenfalls nur der Erhebungszeitpunkt 2002 relevant.

---

9   Daten heruntergeladen von www.kmk.org.

Bundesland	Anteil der Ganztagsschüler 2002
Saarland	4,3%
Rheinland-Pfalz	5,7%
Nordrhein-Westfalen	14,6%
Niedersachsen	6,2%
Hansestadt Bremen	4,6%
Schleswig-Holstein	3,6%
Hansestadt Hamburg	5,7%
Mecklenburg-Vorpommern	8,1%
Brandenburg	10,7%
Berlin	21,9%
Sachsen	22,3%
Bayern	2,3%
Baden-Württemberg	5,8%
Hessen	13,7%
Thüringen	21,4%
Sachsen-Anhalt	9,6%

Tabelle 5.9:   Der Anteil der Ganztagsschüler in den Bundesländern in Prozent
Quelle: www.kmk.org.

Beobachtet man die Veränderung der Beteiligungsquoten in Ganztagsschulen an allen allgemeinbildenden Schulen in den Bundesländern von 2002 bis 2004, so zeigt sich, dass in diesem Zeitraum in allen Ländern die Beteiligung in Ganztagsschulen gestiegen ist. Am stärksten ist der Ganztagsschüleranteil in Thüringen von 21,4 Prozent auf 34,9 Prozent gestiegen.

5.2.3 Die durchschnittliche Klassengröße in den Bundesländern

Die durchschnittliche Klassengröße wird hier durch das Betreuungsverhältnis von Lehrern zu Schüler beschrieben (vgl. Tabelle 5.10). Die Werte repräsentieren daher nicht die tatsächliche Größe der einzelnen Klassenverbände, sondern reflektieren das Lehrpersonalangebot. Zum einen existieren keine ländervergleichchenden Daten zum Vergleich der tatsächlichen Größe der Klassenverbände. Zum anderen wird auch nicht davon ausgegangen, dass die absolute Größe der Klassenverbände den Lernerfolg sozialschwacher Schüler fördert. Vielmehr wird ein positiver Effekt auf den Lernerfolg von einem möglichst engen Betreuungsverhältnis von Lehrern und Schülern erwartet. Die Daten zur Anzahl der hauptamtlich beschäftigten Lehrkräfte und zur Anzahl aller Schüler an allgemeinbildenden Schulen stammen aus den Statistischen Jahrbüchern der Bundesrepublik Deutschland. Je mehr Lehrer im Verhältnis zur Anzahl der Schüler vorhanden sind, desto kleiner ist die durchschnittliche Klassengröße. Für die Population der Neuntklässler im Jahr 2000 ist die durchschnittliche Klassengröße über den Zeitraum von 1992 bis 2000 relevant, während für die Population der Neuntklässler im Jahr 2003 die durchschnittliche Klassengröße über den Zeitraum von 1993 bis 2003 relevant ist. Dies sind jeweils die Zeiträume der gesamten Schulzeit der beiden Populationen. Es werden jeweils die Durchschnittswerte über diese Zeiträume berichtet.

Bundesland	Mittelwert Klassengröße 1992-2000	Mittelwert Klassengröße 1993-2003
Saarland	16,0	16,2
Rheinland-Pfalz	15,4	15,4
Nordrhein-Westfalen	15,2	15,4
Niedersachsen	14,4	14,7
Hansestadt Bremen	12,5	12,8
Schleswig-Holstein	14,4	14,8
Hansestadt Hamburg	12,9	13,0
Mecklenburg-Vorpommern	15,7	15,2
Brandenburg	14,5	14,1
Berlin	13,4	13,3
Sachsen	15,2	14,4
Bayern	15,7	15,8
Baden-Württemberg	14,4	14,5
Hessen	15,5	15,6
Thüringen	13,5	12,8
Sachsen-Anhalt	14,0	13,4

Tabelle 5.10: Die durchschnittliche Klassengröße in Bundesländern
Quelle: Eigene Berechnung nach Angaben der Statistischen Jahrbücher für die Bundesrepublik Deutschland.

Das Land mit den größten Klassen ist das Saarland. Hier ist eine Lehrkraft für 16 (1992 bis 2000) bzw. 16,2 (1993 bis 2003) Schüler verantwortlich. In Bremen, dem Land mit den kleinsten Klassen, ist ein Lehrer nur für 12,5 (1992 bis 2000) bzw. 12,8 (1993 bis 2003) Kinder – also beinahe vier Kinder weniger – verantwortlich. Hinsichtlich der durchschnittlichen Klassengröße gibt es keinen

Unterschied zwischen den ost- und den westdeutschen Bundesländern. Insgesamt liegt der Durchschnitt zu beiden Zeiträumen bei ca. 14,5 Schülern pro Lehrkraft.

5.2.4 Die Schulbildungsausgaben in den Bundesländern

Die Bildungsausgaben werden durch die öffentlichen Ausgaben im Schulbildungsbereich pro Schüler im allgemeinbildenden Schulwesen in Euro gemessen. Die Werte zu den Schulbildungsausgaben und den Schülern in allgemeinbildenden Schularten stammen aus Angaben des Statistischen Bundesamtes. Die Werte umfassen alle Ausgaben in diesen Bereichen des jeweiligen Landes, der Kommunen und der Zweckverbände. Die Bildungsausgaben werden hier im Durchschnitt über einen Zeitraum von 1980 an betrachtet. Für die Population der Neuntklässler 2000 wird der Durchschnitt von 1980 bis 2000 und für die Population der Neuntklässler 2003 der Durchschnitt von 1980 bis 2003 berechnet. Dieser lange Zeitraum wird gewählt, weil davon ausgegangen werden muss, dass Bildungsausgaben langfristige Effekte aufweisen, die erst nach einigen Jahren ihre Wirkung zeigen. Ferner muss von jährlichen Schwankungen der Bildungsausgaben ausgegangen werden. Für die ostdeutschen Bundesländer wird jeweils ein Durchschnitt von 1992 bis 2003 berechnet (vgl. Tabelle 5.11).

Bundesland	Ausgaben 1980-2000 (in Ostdeutschland 1992-2000)	Ausgaben 1980-2003 (in Ostdeutschland 1992-2003)
Saarland	4032,05 Euro	4109,51 Euro
Rheinland-Pfalz	3940,20 Euro	4028,22 Euro
Nordrhein-Westfalen	3929,19 Euro	4044,93 Euro
Niedersachsen	4213,16 Euro	4281,62 Euro
Hansestadt Bremen	5110,60 Euro	5150,42 Euro
Schleswig-Holstein	4120,66 Euro	4186,30 Euro
Hansestadt Hamburg	5595,41 Euro	5744,96 Euro
Mecklenburg-Vorpommern	4135,03 Euro	4550,75 Euro
Brandenburg	3813,04 Euro	4068,64 Euro
Berlin	4753,85 Euro	4878,89 Euro
Sachsen	4482,78 Euro	4910,58 Euro
Bayern	4184,84 Euro	4304,44 Euro
Baden-Württemberg	4182,63 Euro	4297,20 Euro
Hessen	4019,44 Euro	4123,15 Euro
Thüringen	4844,32 Euro	5312,84 Euro
Sachsen-Anhalt	4574,66 Euro	4989,06 Euro

Tabelle 5.11: Die Bildungsausgaben im Durchschnitt pro Schüler und Jahr in Euro in den Bundesländern (1980 bis 2000 und 1980 bis 2003)
Quelle: Eigene Berechnung nach Angaben des Statistischen Bundesamtes.

In beiden Zeiträumen weisen die Stadtstaaten Hamburg und Bremen die höchsten Schulbildungsausgaben pro Schüler auf. Sie geben durchschnittlich pro Jahr mehr als 5000 Euro pro Schüler aus. Die geringsten durchschnittlichen jährlichen Schulbildungsausgaben pro Schüler zeigt Brandenburg. Im Durchschnitt geben alle Länder im Zeitraum 1980 bis 2000 ca. 4370 Euro pro Schüler und Jahr aus. Im Zeitraum 1980 bis 2003 ist dieser Betrag um etwa 200 Euro auf ca.

4561 Euro pro Schüler pro Jahr gestiegen. Unterschiede in den Bildungsausgaben zwischen den ost- und den westdeutschen Bundesländern im Zeitraum 1980 (bzw. 1992) bis 2003 können auf die unterschiedlichen Erhebungszeiträume zwischen West- und Ostdeutschland und einen generellen Anstieg der Bildungsausgaben seit 1992 zurückgeführt werden. Die Ausgabenverhältnisse der Länder verändern sich zwischen den beiden Erhebungszeiträumen nicht, da die Werte beider Zeiträume stark korrelieren (Pearson's r=0,959).

5.2.5 Die Gliederung der Sekundarstufe I in den Bundesländern

Im Hinblick auf die Gliederung in der Sekundarstufe I sind drei Aspekte relevant: der Zeitpunkt der Selektion, die Eigenständigkeit der Hauptschule und die Einführung von integrierten und kooperativen Gesamtschulen.

Rechtliche Regelungen zum Zeitpunkt der Gliederung

Für die beiden hier untersuchten Populationen der Neuntklässler im Jahr 2000 und im Jahr 2003 sind zwei Zeitpunkte der Gliederung von Bedeutung. In den meisten Bundesländern endet die Grundschule nach der vierten Klasse. Für die Neuntklässler im Jahr 2000 fand dies 1995 und für die Neuntklässler im Jahr 2003 im Jahr 1998 statt. Betrachtet man die gesetzlichen Regelungen zum Zeitpunkt der Gliederung beginnt in 7 der 16 Bundesländer – Saarland, Rheinland-Pfalz, Nordrhein-Westfalen, Hamburg, Sachsen, Baden-Württemberg, Thüringen – die Selektion in verschiedenen Schularten generell nach der vierten Klasse, dem Ende der Grundschule (vgl. Tabelle 5.12). In Rheinland-Pfalz, Hamburg und Sachsen gelten die fünfte und sechste Klasse jedoch laut Gesetz als schulartbezogene Erprobungsstufe (auch Orientierungsstufe oder Beobachtungsstufe genannt). In diesen Fällen werden die Schüler zwar nach der vierten Klasse in verschiedene Schularten eingeteilt. Allerdings soll die Richtigkeit der Bildungsentscheidung in den folgenden beiden Schuljahren noch überprüft und gegebenenfalls revidiert werden. In vier weiteren Ländern wird ebenfalls nach der vierten Klasse gegliedert, jedoch gibt es die Möglichkeit, in den Klassen fünf und sechs eine schulartübergreifende Orientierungsstufe (bzw. Förderstufe) zu besuchen. In fünf Ländern hingegen wird generell erst nach der sechsten Klasse in verschiedene Schularten eingeteilt. In Niedersachsen und Bremen existiert zum Erhebungszeitpunkt jeweils eine verbindliche schulartübergreifende Orientierungsstufe in der fünften und sechsten Klasse. In Brandenburg und Berlin dauert die Grundschule generell sechs Jahre an. Zwischen den beiden relevanten Zeitpunkten 1995 und 1998 fand nur in Sachsen-Anhalt eine gesetzliche Änderung hinsichtlich des Zeitpunkts der Selektion statt (vgl. Tabelle 5.12). Bis 1997 wurde generell nach der vierten Klasse selektiert. Die Klassenstufen fünf und sechs galten nur als schulartbezogene Orientierungsstufe. Von 1997 bestand bis zu ihrer Abschaffung im Jahr 2002 die verbindliche schulartübergreifende Förderstufe in den Klassen fünf und sechs. Die Orientierungsstufe wurde in Niedersachsen im Jahr 2002 und in Bremen 2004 zugunsten einer Selektion nach der vierten Klasse abgeschafft. Für die hier untersuchten Populationen war dies nicht mehr relevant.

Bundesland	Rechtliche Regelung 1995 und 1998
Saarland	Generell nach der 4. Klasse.
Rheinland-Pfalz	Generell nach der 4. Klasse, schulartübergreifende Orientierungsstufe ist aber möglich. Die 5. und 6. Klasse gelten als Erprobungsstufe.
Nordrhein-Westfalen	Generell nach der 4. Klasse.
Niedersachsen	Generell nach der 6. Klasse. Verbindliche Orientierungsstufe in Klasse 5 und 6.
Hansestadt Bremen	Generell nach der 6. Klasse. Verbindliche Orientierungsstufe in Klasse 5 und 6.
Schleswig-Holstein	Generell nach der 4. Klasse, schulartübergreifende Orientierungsstufe ist aber an kooperativen Gesamtschulen möglich. Die 5. und 6. Klasse gelten als Erprobungsstufe.
Hansestadt Hamburg	Generell nach der 4 Klasse. Die 5. und 6. Klasse sind schulartbezogene Beobachtungsstufen.
Mecklenburg-Vorpommern	Generell nach der 4. Klasse. Die 5. und 6. Klasse gelten als schulartbezogene Orientierungsstufe. In Ausnahmefällen kann die Orientierungsstufe mit der Grundschule
Brandenburg	Generell nach der 6. Klasse. Die Grundschule dauert 6 Jahre an.
Berlin	Generell nach der 6. Klasse. Die Grundschule dauert 6 Jahre an.
Sachsen	Generell nach der 4. Klasse. Die 5. und 6. Klasse gelten als schulartbezogene Orientierungsstufe.
Bayern	Generell nach der 4. Klasse. Die 5. und 6. Klasse gelten als schulartbezogene Orientierungsstufe. Eine schulartübergreifende Orientierungsstufe ist aber möglich.

Baden-Württemberg	Generell nach der 4. Klasse.
Hessen	Generell nach der 4. Klasse. Die schulartübergreifende Förderstufe in Klasse 5 und 6 ist aber möglich. 5. und 6. Klasse gelten als pädagogische Einheit.
Thüringen	Generell nach der 4. Klasse.
Sachsen-Anhalt	1995: Generell nach der 4. Klasse. Die 5. und 6. Klasse gelten als schulartbezogene Orientierungsstufe. Ab 1997/1998 verbindliche Förderstufe in Klasse 5 und 6.

Tabelle 5.12: Rechtliche Regelungen zum Zeitpunkt der Gliederung zu den relevanten Zeitpunkt 1995 und 1998

Quelle: Schulgesetze der Länder siehe Anhang 12.

Messung des Zeitpunkts der Gliederung

Über die gesetzlichen Regelungen hinaus können die Beteiligungsquoten auf schulartunabhängigen Orientierungsstufen bzw. sechsjährigen Grundschulen Aufschluss über den Zeitpunkt der Gliederung geben. Die Beteiligungsquoten beschreiben die Möglichkeit der Schüler, den Zeitpunkt der Gliederung auf einen späteren Zeitpunkt nach der vierten Klasse zu verschieben. Um den Anteil der Schüler darzustellen, der in den Bundesländern in der fünften und sechsten Klasse eine schulartübergreifende Orientierungsstufe oder eine Grundschule besucht, werden in Tabelle 5.13 für die Population der Neuntklässler im Jahr 2000 die Werte von 1996 als Näherungswerte für 1995 verwendet, da für das Jahr 1995 keine Werte existieren. Für die Population der Neuntklässler im Jahr 2003 wiederum werden die Anteile im Jahr 1998, dem Ende der vierjährigen Grundschulzeit, verwendet. Sowohl die Anzahl der Schüler auf Orientierungsstufen, als auch die Anzahl der elf- und zwölfjährigen in den Ländern stammen aus den Internetdatenbanken des Statistischen Bundesamtes.

Bundesland	Anteil der Schüler auf schulartunabhängigen Orientierungsstufen im Jahr 1995	Anteil der Schüler auf schulartunabhängigen Orientierungsstufen im Jahr 1998
Saarland	0,0%	0,0%
Rheinland-Pfalz	0,0%	0,0%
Nordrhein-Westfalen	0,0%	0,0%
Niedersachsen	89,3%	89,8%
Hansestadt Bremen	100,2%	96,2%
Schleswig-Holstein	0,0%	0,0%
Hansestadt Hamburg	1,2%	1,4%
Mecklenburg-Vorpommern	0,0%	0,0%
Brandenburg	83,8%	82,6%
Berlin	93,5%	92,1%
Sachsen	0,0%	0,0%
Bayern	0,3%	0,3%
Baden-Württemberg	0,3%	0,2%
Hessen	35,9%	35,1%
Thüringen	0,0%	0,0%
Sachsen-Anhalt	63,9%	90,2%

Tabelle 5.13: Anteil der Schüler im Alter von 11 und 12 Jahren auf schulartunabhängigen Orientierungsstufen in Prozent
Quelle: Eigene Berechnung nach Angaben aus der Internetdatenbank des Statistischen Bundesamtes.

Zu beiden Untersuchungszeitpunkten grenzen sich zwei bis drei Ländergruppen voneinander ab. Eine große Gruppe von Ländern weist kaum bis gar keine Beteiligung auf Orientierungsstufen auf. Diese geringen Anteile sind alle auf die rechtlichen Regelungen der Länder zum Zeitpunkt der Differenzierung zurückzuführen. Alle diese Länder gliedern laut Gesetz generell nach der 4. Klasse. In

Ländern, in welchen der Besuch einer schulartübergreifenden Orientierungsstufe möglich, aber nicht obligatorisch ist, ist auch der Anteil der Schüler auf Orientierungsstufen sehr unterschiedlich: 0,3 Prozent in Bayern und 35,9 Prozent in Hessen. In allen sechs Ländern mit einer obligatorischen schulartübergreifenden Orientierungsstufe bzw. einer sechsjährigen Grundschule ist dementsprechend auch der Anteil der Schüler, die in der fünften und sechsten Klasse auf schulartübergreifenden Schulformen sind, sehr hoch. In Sachsen-Anhalt schlägt sich die Gesetzesänderung von 1996 (welche 1997 greift) auch in den Beteiligungswerten auf der Orientierungsstufe nieder. Obwohl die gesetzliche Regelung bis 1997 keine Förderstufe vorsieht, liegt der Anteil der Schüler auf Orientierungsstufen bei 63,9 Prozent. Dies kann darauf zurückzuführen sein, dass das Gesetz in Ausnahmefällen die Führung der Klassenstufen fünf und sechs an Grundschulen erlaubt. Im Jahr 1998 liegt der Beteiligungswert bei 90,2 Prozent, was auf die Einführung der verbindlichen Förderstufe im Jahr 1997 zurückzuführen ist. Die Werte zu den beiden Zeitpunkten korrelieren wiederum sehr hoch zu 0,987 (Pearson's r). Die Beteiligungsverhältnisse zwischen den Ländern auf Orientierungsstufen verändern sich daher zwischen den beiden Erhebungszeitpunkten kaum.

Rechtliche Regelungen und Messung der Eigenständigkeit der Hauptschule

Ein weiterer Aspekt der Gliederung in der Sekundarstufe ist die Eigenständigkeit der Hauptschule. Die Hauptschule ist die Schulform mit der niedrigsten akademischen Reputation. Der Hauptschulabschluss bietet Zugang zu geringqualifizierten Berufen und handwerklichen Ausbildungen. In den letzten Jahrzehnten sind im Rahmen der Bildungsexpansion die Schulabschlussanforderungen verschiedener Ausbildungsgänge rapide gestiegen. Infolge dieser Entwicklungen hat der Hauptschulbildungsgang einen Ruf des Bildungsgangs ohne berufliche und soziale Aufstiegsmöglichkeit und eines Sammelbeckens sozial schwacher Schüler erhalten (Solga und Wagner 2001). Während im Jahr 1950 rund 80 Prozent der 14-18-jährigen höchstens einen Hauptschulabschluss hatten, waren es im Jahr 1989 nur noch ca. 30 Prozent (Schimpl-Neimanns 2000b). Die Abschaffung der Hauptschule wurde daher in der Vergangenheit immer wieder Gegenstand politischer Auseinandersetzungen.[10] Im Folgenden soll daher anhand der Schulgesetze der Bundesländer verglichen werden, inwiefern die Bundesländer eine eigenständige Schulform der Haupt-

---

10   Zum Beispiel in Bayern siehe http://www.spiegel.de (6.7.2009), Titel: Bayern lässt die Hauptschule qualvoll sterben.

schule beibehalten haben oder ihre Eigenständigkeit durch Angliederung an die Realschule oder komplette Abschaffung reduziert haben. Kurz nach der Gründung der Bundesrepublik Deutschland im Jahr 1949 war die Hauptschule meist gemeinsam mit der Grundschule Bestandteil der Volksschule. Falls nicht nach der Grundschule eine höhere Schulart (Realschule oder Gymnasium) gewählt wurde, wurden die Schüler bis zum Ende der Schulpflicht (acht oder neun Jahre) in der organisatorischen Einheit der Volksschule unterrichtet. Im Rahmen der Forderungen nach einer Bildungsexpansion in den 1960er und 1970er Jahren wurde diese enge Kopplung zwischen Grundschule und Hauptschule in der Volksschule jedoch weitgehend aufgehoben. Grund dieser Entkopplung war das Drängen breiterer Bevölkerungsschichten auf höhere Schularten. Auch der Deutsche Ausschuss für das Erziehungs- und Bildungssystem (1953 bis 1965) schlug die Umwandlung der Volksschuloberstufe in die Hauptschule vor.

Tabelle 5.14 beschreibt die Eigenständigkeit der Hauptschule in den Ländern zu den beiden relevanten Zeitpunkten: 1995 und 1998. Die Regelungen werden zugleich als Messung der Eigenständigkeit der Hauptschule verwendet. In Ländern, die eine komplett eigenständige Hauptschule aufweisen, wird die Variable „Eigenständigkeit der Hauptschule" mit 0 kodiert. In Ländern, in welchen die Hauptschule entweder organisatorisch mit einer anderen Schulart verbunden ist oder komplett abgeschafft wurde, wird die Variable mit 1 kodiert. In sechs Bundesländern – Rheinland-Pfalz, Nordrhein-Westfalen, Niedersachsen, Bremen, Berlin, Bayern und Baden-Württemberg (bis 1996 auch das Saarland) – war die Hauptschule zu beiden relevanten Zeitpunkten eine komplett eigenständige Schulform. In Rheinland-Pfalz legt das Gesetz zudem fest, dass die Hauptschule teilweise oder gar in der Regel eine organisatorische Einheit mit der Grundschule bildet. Hinsichtlich des Einflusses auf die soziale Bildungsungleichheit wird diese Konstellation als eher ungleichheitsfördernd angenommen (mit 0 kodiert), da dadurch die Entscheidung, eine andere Schulart als die Hauptschule nach der Grundschule zu wählen, gerade für Familien aus unteren sozialen Schichten, noch stärker erschwert werden dürfte. Die Länder Hamburg, Schleswig-Holstein und Hessen bilden eine zweite Ländergruppe, da hier die Hauptschule teilweise oder generell organisatorisch mit der Realschule verbunden ist.[11] Im Jahr 1996 tritt dieser Regelung auch das Saarland bei. Brandenburg ist bisher das einzige Land, in dem keine Hauptschule und somit auch kein Hauptschulbildungsgang bzw. Hauptschulabschluss existiert. Zwischen 1995 und 1998 haben sich die Regelungen zur Eigenständigkeit der Hauptschule nur in zwei Ländern verändert. Im Saarland wird die Hauptschule 1996 abgeschafft

---

11 In Berlin bildet die Hauptschule erst ab dem Jahr 2004 eine organisatorische Einheit mit der Realschule. In Niedersachsen wurde erst im Jahr 2002 die kooperative Haupt- und Realschule eingeführt.

und in der erweiterten Realschule integriert. In Hamburg werden 1997 die organisatorisch bereits verbundenen Hauptschulen und Realschulen zu einer integrierten Schulart vereinigt.

Bundesland	Regelung 1995 und 1998
Saarland	Hauptschule ist eigenständig (0). Die Hauptschule wird 1996 abgeschafft und wird in der erweiterten Realschule integriert (1).
Rheinland-Pfalz	Hauptschule ist eigenständig. Sie kann mit der Grundschule verbunden sein (0).
Nordrhein-Westfalen	Hauptschule ist eigenständig (0).
Niedersachsen	Hauptschule ist eigenständig (0).
Hansestadt Bremen	Hauptschule ist eigenständig (0).
Schleswig-Holstein	Hauptschule ist eigenständig. Sie kann mit der Realschule organisatorisch verbunden werden (0).
Hansestadt Hamburg	Hauptschule ist in der Regel mit der Realschule organisatorisch verbunden (1). Ab 1997 existiert die Haupt- und Realschule als integrierte Schulart (1).
Mecklenburg-Vorpommern	Hauptschule ist eigenständig (0).
Brandenburg	Es existiert keine Hauptschule (1).
Berlin	Hauptschule ist eigenständig (0).
Sachsen	Hauptschulbildungsgang ist in Mittelschule zusammen mit dem Realschulbildungsgang integrierte (1).
Bayern	Hauptschule ist eigenständig. Bildet innere Einheit mit der Grundschule (0).

Baden-Württemberg	Hauptschule ist eigenständig. Bildet in der Regel eine organisatorische Einheit mit der Grundschule (0).
Hessen	Hauptschulen und Realschulen sollen organisatorische Verbunden werden (1).
Thüringen	Hauptschulbildungsgang ist in der Regelschule zusammen mit dem Realschulbildungsgang integriert (1).
Sachsen-Anhalt	Hauptschulbildungsgang ist in der Sekundarschule zusammen mit dem Realschulbildungsgang integriert (1).

Tabelle 5.14: Gesetzliche Regelungen zur Eigenständigkeit der Hauptschule und Kodierung der Variable zu den relevanten Zeitpunkten

Anmerkung: Kodierungen in Klammern.
Quelle: Schulgesetze der Länder siehe Anhang 13.

Rechtliche Regelungen zur Einführung der kooperativen und integrierten Gesamtschule

Ein dritter Aspekt der Gliederung in der Sekundarstufe I ist die Abmilderung der Gliederung durch die Einführung von Gesamtschulen. Traditionell ist das deutsche Schulsystem in der Sekundarstufe in die drei hierarchisch geordneten Schulformen Hauptschule, Realschule und Gymnasium gegliedert (vgl. Lehmann 1995). Die Gesamtschule bietet eine Alternative zum gegliederten Schulwesen, da auf eine Selektion in verschiedenen Schularten verzichtet wird. In Deutschland muss zwischen der intergierten Gesamtschule einerseits und der kooperativen Gesamtschule andererseits unterschieden werden.

Die *intergierte Gesamtschule* verzichtet komplett auf eine Gliederung der Schüler in verschiedene Schularten. Alle Schüler werden in gemeinsamen Klassen und teilweise in leistungsgeschichteten Kursen unterrichtet. Nach dem Abschluss der neunten Klasse erhalten sie den Hauptschulabschluss, nach der zehnten Klasse den Realschulabschluss und falls eine gymnasiale Oberstufe besteht, können sie nach der zwölften bzw. der dreizehnten Klasse das Abitur erwerben. Ungleichheit im Zugang zum Gymnasium ist somit komplett aufgelöst, da es das Gymnasium nicht mehr gibt. Es existiert nur noch eine Schulform, die nach verschiedenen Klassenstufen zu verschiedenen hierarchisch geordneten Abschlüssen führt. Im Folgenden kann der Effekt der intergierten Gesamtschule daher auch nur auf die soziale Ungleichheit im Kompetenzerwerb, jedoch nicht auf die soziale Ungleichheit im Zugang zum Gymnasium untersucht werden.

Die *kooperative Gesamtschule* hingegen hebt nur die Gliederung in strikt getrennte Schularten auf. Alle Schüler, unabhängig von ihren Leistungen, werden innerhalb einer Schule unterrichtet. Allerdings werden innerhalb der Schulform der kooperativen Gesamtschule verschieden Bildungsgänge – ein Hauptschulbildungsgang, ein Realschulbildungsgang und ein gymnasialer Bildungsgang – angeboten. Die strikte Gliederung wird somit aufgehoben, in dem die Bildungsgänge alle in einer gemeinsamen organisatorischen Einheit angeboten werden und somit die Durchlässigkeit zwischen den Bildungsgängen erhöht wird. Die Gliederung nach Leistung in verschiedene Bildungsgänge bleibt jedoch weiterhin bestehen.

Tabelle 5.15 zeigt, ob und wann in den einzelnen Bundesländern die Einführung der kooperativen bzw. intergierten Gesamtschule gesetzlich geregelt wurde. Die früheste Einführung kooperativer Gesamtschulen fand in Hamburg und Bremen statt, wo die kooperative Gesamtschulform bereits seit Bestehen der Bundesrepublik Deutschland existiert. Die früheste Einführung der integrierten Gesamtschulform fand in Berlin im Jahr 1970 statt. Insgesamt zeigt sich dabei eine Vorreiterschaft der Stadtstaaten hinsichtlich der Einführung von Gesamtschulen. Es gibt zudem heute kein Bundesland mehr, welches nicht mindestens eine Form der Gesamtschule gesetzlich vorsieht. Niedersachsen jedoch hat 2003 beschlossen, keine weiteren Gesamtschulen mehr einzuführen.

Bundesland	Kooperative Gesamtschule	Integrierte Gesamtschule
Saarland	-	1985
Rheinland-Pfalz	1985	1985 (1974 bereits Schulversuche)
Nordrhein-Westfalen	1977 (1978 wieder aufgehoben)	1981
Niedersachsen	1974 (seit 2003 dürfen keine neuen Gesamtschulen mehr eingerichtet werden)	1974
Hansestadt Bremen	1975 (seit 1949 sollen bereits die verschieden Schulzweige falls möglich im gleichen Gebäude unterrichtet werden)	1975 (das gesamte Schulsystem ist zu einem integrierten Gesamtsystem zu entwickeln)
Schleswig-Holstein	-	1990
Hansestadt Hamburg	1977 (seit 1949/1957 sind Schulversuche möglich)	1977
Mecklenburg-Vorpommern	1996	1991
Brandenburg	2004	1991
Berlin	-	1970 (1948 wurde die zwölfjährige Einheitsschule eingeführt)
Sachsen	-	-
Bayern	1973/1974	1974 (bereits 1973 Schulversuche)
Baden-Württemberg	1976	1988 als Schulen besonderer Art
Hessen	1969	1978
Thüringen	-	1994
Sachsen-Anhalt	1996	1996

Tabelle 5.15: Zeitpunkt der ersten rechtliche Regelungen der Bundesländern zur Einführung der kooperativen bzw. intergierten Gesamtschule
Quelle: Schulgesetze der Länder siehe Anhang 14.

Messung des Ausbaus integrierter und kooperativer Gesamtschulen

Tabelle 5.16 können die Anteile der Schüler auf *integrierten Gesamtschulen* entnommen werden. Für die Population der Neuntklässler im Jahr 2000 wird ein Mittelwert über den Zeitraum 1995 bis 1999 berechnet, da diese Spanne, vom Beginn der fünften Klasse bis zum Eintritt in die neunte Klasse, den Zeitraum der Sekundarstufe I abdeckt. Für die Population der Neuntklässler im Jahr 2003 hingegen ist der Zeitraum 1998 bis 2002 relevant. Die Daten stammen aus der Internetdatenbank des Statistischen Bundesamtes. Die Beteiligungsquoten auf integrierten Gesamtschulen variieren in allen Bundesländern weit unter 50 Prozent, jedoch bietet nur ein Land (Sachsen) überhaupt keine integrierte Gesamtschule an. Das Land mit der höchsten Beteiligung ist ebenfalls ein ostdeutsches Bundesland: Brandenburg mit 40,8 Prozent (1995 bis 1999) bzw. 40,1 Prozent (1998 bis 2002). Brandenburg ist damit im Vergleich der ostdeutschen Bundesländer ein extremer Ausreißer, da das Land mit der zweithöchsten Beteiligung in Ostdeutschland, Mecklenburg-Vorpommern mit einer Beteiligung an integrierten Gesamtschulen von nur 4,8 Prozent in beiden Erhebungszeiträumen ist. Dieses niedrige Niveau der Beteiligung an integrierten Gesamtschulen erstaunt vor dem Hintergrund, dass das Schulsystem der Deutschen Demokratischen Republik (DDR) ausschließlich ein Gesamtschulsystem war (Drewek 1997). Außer Brandenburg scheinen sich alle anderen ostdeutschen Bundesländer von dem Gesamtschulsystem verabschiedet und das westdeutsche System der Gliederung in verschiedene Bildungsgänge übernommen zu haben (vgl. auch Ertl und Phillips 2000). Im Westen variieren die Beteiligungsquoten zwischen 0,3 Prozent in Bayern (1995 bis 1999) und 28,1 Prozent in Hamburg (1995 bis 1999). Zwischen den beiden Erhebungszeiträumen haben sich die Ränge der Länder hinsichtlich der Beteiligungsquoten in integrierten Gesamtschulen kaum verändert. Die Werte auf integrierten Gesamtschulen beider Zeiträume korrelieren zu 0,999 (Pearson's r).

Bundesland	Anteil der Schüler auf integrierten Gesamtschulen Mittelwert 1995-1999	Anteil der Schüler auf integrierten Gesamtschulen Mittelwert 1998-2002
Saarland	16,4%	16,0%
Rheinland-Pfalz	3,9%	4,6%
Nordrhein-Westfalen	15,3%	15,6%
Niedersachsen	3,9%	4,1%
Hansestadt Bremen	10,9%	13,0%
Schleswig-Holstein	6,7%	6,6%
Hansestadt Hamburg	28,1%	27,7%
Mecklenburg-Vorpommern	4,8%	4,8%
Brandenburg	40,8%	40,1%
Berlin	20,7%	20,6%
Sachsen	0,0%	0,0%
Bayern	0,4%	0,3%
Baden-Württemberg	0,5%	0,5%
Hessen	17,5%	17,3%
Thüringen	1,0%	1,2%
Sachsen-Anhalt	0,7%	0,8%

Tabelle 5.16: Anteil der Schüler auf integrierten Gesamtschulen an allen Schüler der Sekundarstufe I
Quelle: Eigene Berechnung nach Angaben aus der Internetdatenbank des Statistischen Bundesamtes.

Tabelle 5.17 kann entnommen werden, wie hoch die Beteiligungsquoten in *kooperativen Gesamtschulen* in den Bundesländern zu den hier relevanten Zeitpunkten sind. Die Werte aus der Internetdatenbank des Statistischen Bundesamtes beschreiben die Beteiligung an Schulen mit mehreren Bildungsgängen. Die Untersuchungszeiträume entsprechen denen der integrierten Gesamtschule.

Bundesland	Anteil der Schüler auf kooperativen Gesamtschulen Mittelwert 1995-1999	Anteil der Schüler auf kooperativen Gesamtschulen Mittelwert 1998-2002
Saarland	26,0%	38,2%
Rheinland-Pfalz	5,7%	10,4%
Nordrhein-Westfalen	0,0%	0,0%
Niedersachsen	0,3%	0,4%
Hansestadt Bremen	0,0%	0,0%
Schleswig-Holstein	0,0%	0,0%
Hansestadt Hamburg	3,6%	3,5%
Mecklenburg-Vorpommern	5,8%	9,3%
Brandenburg	0,0%	0,0%
Berlin	0,0%	0,0%
Sachsen	66,3%	53,0%
Bayern	0,0%	0,0%
Baden-Württemberg	0,0%	0,0%
Hessen	0,0%	0,0%
Thüringen	63,9%	62,8%
Sachsen-Anhalt	3,2%	22,8%

Tabelle 5.17: Anteil der Schüler auf kooperativen Gesamtschulen an allen Schüler der Sekundarstufe I
Quelle: Eigene Berechnung nach Angaben aus der Internetdatenbank des Statistischen Bundesamtes.

Die kooperative Gesamtschule erreicht nur in wenigen Ländern ein beachtliches Maß an Beteiligung. Insgesamt haben sich die integrierten Gesamtschulen über alle Länder hinweg stärker durchgesetzt als die kooperativen Gesamtschulen. In acht Bundesländern – Nordrhein-Westfalen, Bremen, Schleswig-Holstein, Brandenburg, Berlin, Bayern, Baden-Württemberg und Hessen – liegt die Beteiligung bei 0,0 Prozent. In Niedersachsen, Hamburg und Sachsen-Anhalt (1995 bis 1999) liegt die Beteiligung weit unter 5 Prozent. In sechs Ländern – Saarland, Rheinland-Pfalz, Mecklenburg-Vorpommern, Sachsen, Thüringen und Sachsen-Anhalt (1998 bis 2002) – hingegen liegt die Beteiligungsquote deutlich höher. Drei Länder bilden dabei erhebliche Ausreißer: Das Saarland als einziges westdeutschen Bundesland mit 26,0 Prozent bzw. 38,2 Prozent, Sachsen mit 66,3 bzw. 53,0 Prozent und Thüringen mit 63,9 Prozent bzw. 62,8 Prozent. In einigen Ländern ist die Besuchsquote auf kooperativen Gesamtschulen zwischen den beiden untersuchten Zeiträumen deutlich gestiegen: im Saarland, in Rheinland-Pfalz, Mecklenburg-Vorpommern und am stärksten in Sachsen-Anhalt. Sehr deutlich gesunken ist die Quote nur in Sachsen. Die Ränge der Länder hinsichtlich der Beteiligungsquoten in kooperativen Gesamtschulen haben sich zwischen den beiden Erhebungszeiträumen kaum verändert. Die Werte der Schüler auf kooperativen Gesamtschulen beider Zeiträume korrelieren zu 0,951 (Pearson's r).

Gibt es einen Zusammenhang zwischen dem Ausbau der kooperativen Gesamtschule und dem Ausbau der integrierten Gesamtschule? Korrelationen zwischen den Beteiligungswerten in kooperativen und integrierten Gesamtschulen für die einzelnen Erhebungszeiträume ergeben keinen Zusammenhang. Ein Ausbau der kooperativen Gesamtschulen impliziert daher keineswegs auch den Ausbau der integrierten Gesamtschule und umgekehrt. Hingegen scheint es einen negativen Zusammenhang zwischen dem Ausbau der Orientierungsstufe und dem Ausbau der kooperativen Gesamtschule zu geben. Die Beteiligung an Orientierungsstufen zum Zeitpunkt 1995 korrelierte negativ zu -0,525 (Pearson's r) mit dem Ausbau der kooperativen Gesamtschule zum Zeitraum 1995 bis 1999.

5.2.6 Der Privatschulsektor in den Bundesländern

Rechtliche und historische Grundlagen des Privatschulwesens

Das Grundgesetz der Bundesrepublik Deutschland garantiert in Artikel 7 Absatz 4 das Recht auf Privatschulen. Das Recht beruht auf dem Bekenntnis zur Marktwirtschaft als grundlegendes System der Verteilung von Gütern. Die Forderung nach Privatschulbildung wurzelt somit in liberalen Weltanschauungen, welche die Mechanismen des Marktes dem Primat der Politik vorziehen (Chubb und Moe 1988: 1067). Die Gegenüberstellung privater und öffentlicher Schulen ist ganz eindeutig eine Kontroverse über Herrschaft der Politik gegenüber der Herrschaft des Marktes (Knill und Dobbins 2009). Während die Gesellschaft im öffentlichen Schulwesen Kontrolle über das politische System ausübt, übt sie im privaten System Kontrolle über den Markt aus. Das Gut der Bildung wird in Privatschulen nicht durch den Verteilungsmechanismus des Wohlfahrtsstaates vergeben, sondern durch die Gesetze von Angebot (der Agenten=Schulen) und Nachfrage (der Prinzipale=Eltern und Schüler). Auch im Hinblick auf die wohlfahrtsstaatliche Ausrichtung in Deutschland muss eine starke Bedeutung des Privatschulsektors erwartet werden. Konservative Wohlfahrtsstaaten sehen die Bildungsverantwortung in erster Linie bei den Familien als Keimzellen der Gesellschaft (Schlicht 2009).

Nichtsdestotrotz bleibt der Ausbau des Privatschulwesens in Deutschland im internationalen Vergleich gering (Korte 1974: 1). Nach Weiß (1986: 149) besuchten 1984 gerade 5,5 Prozent der Schüler auf allgemeinbildenden Schulen eine Privatschule. Von internationalen Debatten zur Einführung von Schulgutscheinen (School Vouchers) und der damit einhergehenden Schulwahlfreiheit der Eltern (vgl. Andersen 2008; Friedman 1997; Witte und Rigdon 1993) bleibt das deutsche Schulwesen weitgehend unberührt (Klitgaard 2007, 2008).

Mitverantwortlich für das geringe Niveau an Privatschulen in Deutschland sind sicherlich die beiden Diktaturen des 20. Jahrhunderts. Sowohl während der nationalsozialistischen Diktatur von 1933 bis 1945 als auch während der Zeit des sozialistischen Regimes der DDR von 1949 bis 1990 wurde das Bildungssystem komplett verstaatlicht und die Existenz privater Bildungsinstitutionen minimiert oder verboten. Das jeweilige Regime nutzte das staatliche Bildungssystem, um die Gesellschaft ideologisch zu indoktrinieren und gleichzuschalten (vgl. Holtkemper 1967: 5). Nach beiden Diktaturen musste das Privatschulsystem zunächst von einem Tiefpunkt (wieder) aufgebaut werden. Ein Anstieg des Privatschulsektors ist nach dem zweiten Weltkrieg erst seit den 1970er Jahren erkennbar (vgl. Schlicht 2009; Weiss 1986: 149). Von 1960 bis 1984 ist der Anteil der Privatschüler auf allgemeinbildenden Schulen von 2,8 Prozent auf 5,5 Prozent angestiegen (vgl. Schlicht 2009; Weiss 1986: 149). In den 1950er und 1960er Jahren, nach dem zweiten Weltkrieg, fielen die Auflösung des staatlichen Bildungssystems und das Wachstum des privaten Bildungssektors zunächst schwach aus. Chubb und Moe (1988: 1070) sehen die Abkehr von einem etablierten staatlichen Bildungsmonopol dadurch erschwert, dass die Politik, die staatliche Bürokratie und verschiedene Interessengruppen die private Schulautonomie als Bedrohung ihrer Macht sehen. Insbesondere in Deutschland, wo das Bildungssystem das einzige Politikfeld ist, in dem die Länder eine exklusive Legislativmacht besitzen, würde ein starker Privatschulsektor den Einfluss subnationaler Gesetzgeber erheblich beeinträchtigen. Renzulli und Roscigno (2005) zeigen, dass die Ausgestaltung des Privatschulwesens von sozioökonomischen und politischen Rahmenbedingungen wie der Stärke der Lehrergewerkschaften, ethnischen Konflikten, Urbanisierung eines Landes und der Parteipolitik abhängen. Das Wachstum des Privatschulsektors sowohl nach dem Zweiten Weltkrieg als auch sehr deutlich in Ostdeutschland nach der Wiedervereinigung weist darauf hin, dass die Privatsierung im Bildungssystem ein Bestandteil des Demokratisierungsprozesses ist (Schlicht 2009). Durchschnittlich sind die Beteiligungsquoten in Privatschulen in den ostdeutschen Bundesländern von 1992 bis 2005 um 4,37 Prozent gestiegen. Im Vergleich dazu blieb der Privatschulsektor im Westen im gleichen Zeitraum bei einer Wachstumsrate von nur 0,66 Prozent stabil.

Eine rechtliche Einschränkung des deutschen Privatschulwesens ist, dass Privatschulen nicht unabhängig vom Staat operieren können (vgl. Weiss 1986: 151ff.): Vielmehr unterliegen sie der Beaufsichtigung des Staates und bedürfen auch einer Genehmigung durch diesen. So benötigen Lehrer an Privatschulen eine den Lehrkräften an staatlichen Schulen äquivalente Qualifikation. Die Bildungsziele an Privatschulen müssen mit denen der staatlichen Schulen übereinstimmen. Ferner besteht die Auflage, dass das Privatschulwesen nicht zur Segregation der sozialen Schichten beitragen darf. Erst bei der Erfüllung dieser Kriterien erhält eine Schule den Status der Ersatzschule. Dieser Status hat wiederum weitreichende Konsequenzen für die Finanzierung der Privatschulen. Nur Ersatzschulen haben laut der Entscheidung der Kultusministerkonferenz von 1966 einen Anspruch auf finanzielle Unterstützung durch den Staat. Die Finanzierung der Privatschulen findet einerseits durch Schulgebühren andererseits durch öffentliche Zuschüsse, Beihilfen unterstützender Organisationen sowie Spenden und Anleihen statt.

Messung der Stärke des Privatschulsektors

Für die Analysen in dieser Arbeit ist der Ausbau des Privatschulsektors für die gesamte Schulzeit der beiden untersuchten Populationen bedeutsam. Für die Population der Neuntklässler im Jahr 2000 ist der Zeitraum 1991 bis 2000 und für die Population der Neuntklässler im Jahr 2003 der Zeitraum 1994 bis 2002 relevant. Für beide Zeiträume werden daher jeweils die durchschnittlichen Privatschüleranteile berichtet (vgl. Tabelle 5.18). Die Werte für die Zeitspanne 1991 bis 1999 enthalten nicht die Werte von 1991 (da sie noch nicht für die ostdeutschen Länder erhältlich sind) und nicht die Werte für 1993 und 1994, da diese nicht vorhanden sind. Die Werte für die Zeitspanne 1994 bis 2002 enthalten nur die Werte von 1995 bis 2002, weil diejenigen von 1994 nicht erhältlich sind. Die Daten stammen aus Angaben des Statistischen Bundesamtes. Die

Stärke des Privatschulsektors variiert in den Ländern auf einem geringen Niveau. Die stärksten Privatschulsektoren weisen die Länder Hamburg und Bayern mit über 8 Prozent Beteiligung an Privatschulen in beiden Erhebungszeiträumen auf. Hinsichtlich der Stärke des Privatschulsektors wird zudem ein Ost-West-Unterschied deutlich. Während im Westen im Durchschnitt 6,2 Prozent (1991 bis 1999) und 6,4 Prozent (1994 bis 2002) der Schüler Privatschulen besuchen, liegen die Beteiligungsquoten im Osten nur bei 1 Prozent (1991 bis 1999) bzw. 1,6 Prozent (1994 bis 2002). Das komplett verstaatlichte Schulwesen im Osten konnte demnach in diesen Zeiträumen noch kaum mit privaten Bildungsangeboten ergänzt werden. Allerdings wird auch deutlich, dass der Privatschulsektor in Ostdeutschland deutlich stärker wächst als in Westdeutschland. Die relative Stärke der Privatschulsektoren im Vergleich der Bundesländer verändert sich kaum, da die Werte der beiden Untersuchungszeiträume zu 0,9973 (Pearson's r) korrelieren.

Bundesland	Anteil der Schüler, die auf Privatschulen unterrichtet werden an allen Schülern 1991-1999	Anteil der Schüler, die auf Privatschulen unterrichtet werden an allen Schülern 1994-2002
Saarland	6,9%	7,0%
Rheinland-Pfalz	6,1%	6,1%
Nordrhein-Westfalen	6,3%	6,4%
Niedersachsen	4,4%	4,5%
Hansestadt Bremen	7,5%	7,7%
Schleswig-Holstein	3,7%	3,7%
Hansestadt Hamburg	8,2%	8,3%
Mecklenburg-Vorpommern	0,8%	1,4%
Brandenburg	0,9%	1,3%
Berlin	3,9%	4,0%
Sachsen	0,9%	1,5%
Bayern	8,2%	8,6%
Baden-Württemberg	6,1%	6,3%
Hessen	4,9%	4,9%
Thüringen	1,3%	2,1%
Sachsen-Anhalt	1,1%	1,5%

Tabelle 5.18: Stärke des Privatschulsektors in den Bundesländern
Quelle: Eigene Berechnung nach Angaben des Statistischen Bundesamtes.

6 Methodisches Vorgehen

In diesem Kapitel wird das methodische Vorgehen in dieser Arbeit erläutert. Die zentrale These wird anhand einer zweistufigen Mehrebenenanalyse überprüft. *Abschnitt 6.1* dieses Kapitels ist der Erklärung und Begründung dieser Analysemethode gewidmet. In *Abschnitt 6.2* werden die Kontrollvariablen begründet und gemessen. *Abschnitt 6.3* erörtert den Aufbau der Modelle zur Berechnung des Einflusses der Bildungspolitik auf die soziale Bildungsungleichheit. In *Abschnitt 6.4* wird die Anwendung von Robustheitsanalysen beschrieben.

6.1 Die Zweistufige Mehrebenenanalyse

Sowohl die abhängige Variable dieser Arbeit – soziale Bildungsungleichheit in den Ländern – als auch die unabhängigen Variablen – die Bildungspolitik der Länder – sind makro-gesellschaftliche Phänomene. Jedoch beschreiben die in Kapitel 3 aufgestellten Hypothesen einen Mikro-Makro-Dualismus (Coleman 1990). Es wird untersucht, inwiefern länderspezifische Kontextfaktoren (Makroebene) den Zusammenhang zwischen der individuellen sozialen Herkunft (Individualebene) und dem individuellen Bildungserfolg (Individualebene) moderieren (vgl. Abbildung 3.1). Die abhängige Variable – soziale Bildungsungleichheit – setzt sich aus dem Zusammenhang der individuellen sozialen Herkunft und dem individuellen Bildungserfolg zusammen. Den aufgestellten Hypothesen liegen Kausalmechanismen zugrunde, die das Ausmaß der Bildungsungleichheit in den Bundesländern durch das individuelle Bildungsverhalten unter gegebenen bildungspolitischen Rahmenbedingungen erklären. Demzufolge ist die der Fragestellung zugrunde liegende Datenstruktur hierarchisch. Die Mehrebenenanalyse wird als probates Mittel zur Überwindung des Mikro-Makro-Dualismus in den Sozialwissenschaften anerkannt (Snijders und Bosker 2004). Mit Hilfe der Mehrebenenanalyse werden sowohl der Einfluss von kontextuellen wie auch von individuellen Einflussgrößen simultan und statistisch treffend geschätzt. Erst durch Modellierung der hierarchischen Struktur der Daten (jede Messung auf der Individualebene kann eindeutig einer Messung auf der Kontextebene zugeordnet werden) lässt sich die Wirkung individueller und kontextueller Merkmale passgenau bestimmen (Hank 2003). Anstatt eines „pooled-sample" Modells, eines einstufigen hierarchischen Ansatzes, wird ein „separate-subsample" Modell, ein zweistufiger hierarchischer Ansatz, zur Beantwortung der Fragestellung angewandt (vgl. Franzese 2004). Zweistufige hierarchische Ansätze schätzen effizienter, wenn die Anzahl der Beobachtungen auf der unteren Untersuchungsebene (31.748 Schüler in PISA-E-2000 und 26.628 Schüler in PISA-E-2003, Anzahl der Beobachtungen pro Bundesland entnehme Anhang 1) im Vergleich zur Anzahl der Beobachtungen auf der höheren Ebene (16 Bundesländer) sehr groß ist.

Ferner eignet sich der zweistufige Ansatz auch für Forschungsfragen, welche die Effekte der Makroebene (Bildungspolitik der Länder) in den Mittelpunkt des Interesses stellen (Franzese 2004: 431 und 443). Im Falle dieser Studie gilt das Interesse dem Einfluss der bildungspolitischen Strukturen auf die soziale Bildungsungleichheit. In einem *einstufigen Modell* würden Interaktionen der Individualebene (soziale Herkunft) und der Makroebne (Bildungspolitik) auf den Bildungserfolg (Wahrscheinlichkeit des Gymnasialbesuchs oder Kompetenzerwerb) geschätzt werden. Die Effekte würden dann zeigen, inwiefern die Bildungspolitik den Effekt der sozialen Herkunft auf den Bildungserfolg verändern kann. Ein Nachteil dieses Verfahrens ist, dass der Bildungserfolg zur abhängigen Variable wird, obwohl im Grunde der Zusammenhang zwischen sozialer Herkunft und dem Bildungserfolg erklärt werden soll. Eine weitere Schwachstelle ist, dass neben den Cross-level-Interaktionseffekten auch die Haupteffekte der Individualebene und der Makroebene geschätzt werden müssen, was zu wenig sparsamen Modellen führt.

Bei dem hier verwendeten *zweistufigen Modell* wird hingegen auf der *ersten Stufe* zunächst für jedes der 16 Bundesländer das Ausmaß der sozialen Bildungsungleichheit durch den Effekt der individuellen sozialen Herkunft auf den individuellen Bildungserfolg geschätzt. Diese Analysen wurden bereits in Kapitel 4 vorgenommen, um das Ausmaß an sozialer Bildungsungleichheit in den deutschen Bundesländern zu beschreiben.

Auf der ersten Stufe des Mehrebenenmodells wird somit der Effekt (β) der individuellen sozialen Herkunft (x_i) auf den individuellen Bildungserfolg (y_i) für jedes der 16 deutschen Bundesländer (j) ermittelt. Je nachdem, ob soziale Ungleichheit im Bildungszugang oder im Bildungsprozess untersucht wird, werden Logit- oder lineare Regressionskoeffizienten (β_{xj}) aus den Analysen generiert (vgl. Kapitel 4). Diese beschreiben den Effekt der sozialen Herkunft (x_i) auf den Bildungserfolg der Schüler (y_i) in einem Bundesland (j). Das Ausmaß der sozialen Bildungsungleichheit wird durch den Effekt (β_{xj}) der sozialen

Herkunft auf den Bildungserfolg der Schüler beschrieben (Kompetenzerwerb oder Wahrscheinlichkeit des Gymnasialbesuchs). Die ermittelten Koeffizienten sind, im Gegensatz zum einstufigen Modell, robust gegenüber Missspezifikationen der Makroeffekte (Bildungspolitik der Länder), welche erst auf Stufe zwei des Mehrebenenmodells geschätzt werden (vgl. Franzese 2004: 444). Die Datengrundlage und das detaillierte methodische Vorgehen auf der ersten Stufe der Mehrebenenanalyse werden in Kapitel 4 beschrieben. Die Effekte der sozialen Herkunft auf verschiedene Indikatoren des Bildungserfolgs zu unterschiedlichen Erhebungszeitpunkten mit ihren Standardfehlern können den Anhängen 5 bis 9 entnommen werden. Anhand der PISA-E Erhebungen 2000 und 2003 können zwei Indikatoren für das Ausmaß der sozialen Ungleichheit im Bildungszugang und drei Indikatoren der sozialen Ungleichheit im Bildungsprozess ermittelt werden:

Indikatoren der sozialen Ungleichheit im Bildungszugang:

I. Effekt der sozialen Herkunft auf die Wahrscheinlichkeit des Gymnasialbesuchs der Neuntklässler in PISA-E-2000 (BU_{G2000})
II. Effekt der sozialen Herkunft auf die Wahrscheinlichkeit des Gymnasialbesuchs der Neuntklässler in PISA-E-2003 (BU_{G2003})

Indikatoren der sozialen Ungleichheit im Bildungsprozess:

III. Effekt der sozialen Herkunft auf die Lesekompetenz der Neuntklässler in PISA-E-2003 (BU_{L2003})
IV. Effekt der sozialen Herkunft auf die Mathematikkompetenz der Neuntklässler in PISA-E-2003 (BU_{M2003})
V. Effekt der sozialen Herkunft auf die naturwissenschaftliche Kompetenz der Neuntklässler in PISA-E-2003 (BU_{N2003})

Auf der *zweiten Stufe* des hierarchischen Modells wird der Effekt der bildungspolitischen Ausgestaltung auf das Ausmaß der sozialen Bildungsungleichheit in den Bundesländern (n= 16) ermittelt. Die geschätzten Parameter (Logit- oder linearen Regressionskoeffizienten β_j) der ersten Stufe werden zur abhängigen Variable. Der auf der ersten Stufe des hierarchischen Modells geschätzte Effekt der individuellen sozialen Herkunft auf den Bildungserfolg im Bundesland j (=geschätztes Ausmaß Bildungsungleichheit=BU_j) wird nun durch makro-politischere Faktoren (länderspezifische Eigenschaften der Bildungspolitik und der Bildungssysteme P_j) erklärt:

$$BU_j = \alpha + \beta_p P_j + \varepsilon \quad \text{(vgl. Duch und Stevenson 2004: 394)}.$$

Um reliable Effekte der Bildungspolitik auf das Ausmaß der sozialen Ungleichheit im Bildungszugang und im Bildungsprozess ermitteln zu können, werden die Modelle für alle fünf in Kapitel 4 ermittelten abhängigen Variablen berechnet. Die Modelle (1) und (2) beschreiben die Berechnung der bildungspolitischen Effekte auf das Ausmaß der sozialen Ungleichheit im Zugang zum gymnasialen Bildungsgang, während die Modelle (3) bis (5) die Berechnung der bildungspolitischen Effekte auf das Ausmaß der sozialen Ungleichheit im Kompetenzerwerb beschreiben:

Modell (1.1): $\quad BU_{G2000j} = \alpha + \beta_p P_j + \varepsilon$

Modell (2.1): $\quad BU_{G2003j} = \alpha + \beta_p P_j + \varepsilon$

Modell (3.1): $\quad BU_{L2003j} = \alpha + \beta_p P_j + \varepsilon$

Modell (4.1): $\quad BU_{M2003j} = \alpha + \beta_p P_j + \varepsilon$

Modell (5.1): $\quad BU_{N2003j} = \alpha + \beta_p P_j + \varepsilon$

In den Modellen (1.1) bis (5.1) wird jeweils einer der Indikatoren für soziale Bildungsungleichheit zur abhängigen Variable. Die abhängigen Variablen BU_j sind jedoch nicht beobachtbar, sondern geschätzte Parameter β_j aus der ersten Analysestufe (Kapitel 4). Aus diesem Grund sind die gebräuchlichen Ordinary Least Square (OLS) Schätzer in diesem Fall ungeeignet (Hanushek 1974: 66). Da die Messung der abhängigen Variable auf der zweiten Stufe auf Schätzungen beruht, haben die Regressionsresiduen auf der zweiten Stufe zwei Komponenten: Eine Komponente beschreibt den Stichprobenfehler, der durch die Schätzung auf der ersten Stufe zustande kommt. Die zweite Komponente des Fehlerterms beschreibt die unerklärte Varianz (stochastischer Fehler) auf der zweiten Stufe. OLS Schätzungen auf der zweiten Stufe des Mehrebenenmodells unterschätzen die Standardfehler der geschätzten Parameter auf der ersten Stufe des Mehrebenenmodells (den Stichprobenfehler).

Eine Alternative sind sogenannte Weighted Least Square (WLS) Schätzer, die jedoch die Fehler komplett auf die Standardfehler der ersten Stufe zurückführen und somit auf der zweiten Stufe ein $R^2=1$ annehmen (Lewis und Linzer 2005). Wenn jedoch der Fehler der zweiten Komponente überwiegt, wird die WLS Schätzung somit ineffizient und schätzt falsche Standardfehler. Im

Folgenden werden daher für die Regressionen der zweiten Stufe des hierarchischen Modells Feasible Generalized Least Square (FGLS) Schätzer verwendet (Hanushek 1974; Lewis und Linzer 2005). Dabei werden die Koeffizienten der ersten Stufe, die als abhängige Variable auf der zweiten Stufe dienen, nach ihrer Präzision (dem Standardfehler) gewichtet. Die Gewichte berücksichtigen beide Fehlerkomponenten, sowohl die Komponente des Fehlers, die auf Stichprobenfehler der ersten Stufe zurückzuführen ist, als auch den stochastischen Fehler der Regression auf der zweiten Stufe.

Die unabhängigen Variablen in den Modellen (1.1) bis (5.1) sind die bildungspolitischen Aspekte: das frühkindliche Bildungswesen, der Ausbau der Ganztagsschule, die durchschnittliche Klassengröße, die Schulbildungsausgaben, die Gliederung in der Sekundarstufe I (Zeitpunkt der Gliederung, Eigenständigkeit der Hauptschule und Einführung der Gesamtschule) und die Stärke des Privatschulsektors in den Ländern. In den Modellen wir der Effekt der einzelnen bildungspolitischen Variablen auf alle fünf Indikatoren der sozialen Bildungsungleichheit geschätzt. Die Effekte evaluieren die zentrale Frage dieser Arbeit: Kann die Bildungspolitik das Ausmaß an sozialer Bildungsungleichheit, unabhängig von dessen Messung, beeinflussen?

6.2 Notwendigkeit der Kontrollvariablen und deren Messung

6.2.1 Notwendigkeit der Kontrollvariablen zur Ermittlung kausaler Zusammenhänge

Durch die im vorherigen Abschnitt erläuterten Analysen wird der Effekt der Bildungspolitik auf das Ausmaß der sozialen Bildungsungleichheit eruiert. Allerdings bedeutet der Zusammenhang zwischen einer bildungspolitischen Variable (BP) und der Bildungsungleichheit (BU) noch nicht, dass dieser Zusammenhang auf Kausalität beruht. Es muss weiterhin berücksichtigt werden, dass das Ausmaß sozialer Bildungsungleichheit (BU) auch durch andere, nicht bildungspolitische Faktoren (K) determiniert werden kann, die zudem durch den Effekt der Bildungspolitik (BP) verdeckt werden können. So ist es möglich, dass Zusammenhänge zwischen der Bildungspolitik und dem Ausmaß an sozialer Ungleichheit im Bildungswesen auf kausale Zusammenhänge zwischen sozioökonomischen, soziokulturellen und parteipolitischen Rahmenbedingungen (K) einerseits und der Bildungsungleichheit (BU) andererseits zurückzuführen sind (vgl. Bortz 1999: 8) (siehe Abbildung 6.1). Es ist dann nicht möglich abschließend zu klären, ob der Effekt auf die Bildungspolitik oder die sozioökonomischen, soziokulturellen und parteipolitischen Kontrollvariablen zurückzuführen ist. Diese Integration außerschulrechtlicher Faktoren folgt generell Olsons (1982: 4) Forderung nach einer Erweiterung des sozioökonomischen Analyserasters, da sich wirtschaftliche wie gesellschaftliche Entwicklungen immer von ihren politischen, sozioökonomischen und kulturellen Fundamenten abhängig zeigen (Olson 1982: 4).

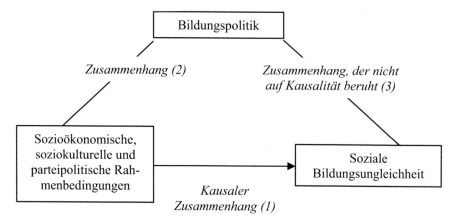

Abbildung 6.1: Kausale Fehlschlüsse aufgrund sozioökonomischer, soziokultureller und parteipolitischer Rahmenbedingungen
Anmerkung: Eigene Darstellung.

Ein kausaler Fehlschluss auf bildungspolitische Effekte könnte zum Beispiel entstehen, wenn der Urbanisierungsgrad als nicht bildungspolitische Variable (K) einen *direkten* kausalen Effekt auf die Bildungsungleichheit (BU) hätte (Pfeil 1 in Abbildung 6.1). In städtisch geprägten Ländern wäre die Bildungsungleichheit geringer als auf dem Land, da etwa die Infrastruktur den Zugang zum Gymnasium für alle Schüler erleichtert. Weiterhin würde zum Beispiel die Analyse des Effekts des Privatschulsektors auf die Bildungsungleichheit einen positiven Zusammenhang ergeben: Je größer der Privatschulsektor, desto höher die Bildungsungleichheit (Pfeil 3 in Abbidung 6.1). Wenn in der Stichprobe überdurchschnittlich viele Privatschulen in ländlichen Bundesländern und in Stadtstaaten nur wenige Privatschulen lägen (Pfeil 2 in Abbildung 6.1), wäre kaum zu beurteilen, ob der positive Effekt der Privatschulen auf die Bildungsungleichheit tatsächlich auf die Stärke des Privatschulsektors oder aber auf den Urbanisierungsgrad zurückzuführen ist (vgl. Schnell et al. 1999: 222). Wenn nicht für den Urbanisierungsgrad kontrolliert würde, könnte der Effekt des Privatschulsektors überschätzt werden.

Kontrollvariablen dienen daher dazu, Effekte verschiedener unabhängiger Variablen auseinanderhalten zu können. Soll also im genannten Beispiel der tatsächliche, kausale Effekt des Privatschulsektors ermittelt werden, muss für den Effekt des Urbanisierungsgrads kontrolliert werden. Dies geschieht, indem man die Kontrollvariablen konstant hält. Bleibt der Effekt der Privatschule auch bei gleichbleibendem Urbanisierungsgrad bestehen, kann von einem kausalen Zusammenhang zwischen der Stärke des Privatschulsektors und der sozialen Bildungsungleichheit ausgegangen werden. Im Folgenden werden die bildungspolitischen Effekte in den Modellen (1.2) bis (5.2) jeweils durch relevante sozioökonomische, soziokulturelle und politische Rahmenbedingungen kontrolliert.

Die Modelle (1.1) bis (5.1) werden daher jeweils um relevante Kontrollvariablen (K) erweitert:

Modell (1.2): $BU_{G2000j} = \alpha + \beta_p P_j + \beta_k K_j + \varepsilon$

Modell (2.2): $BU_{G2003j} = \alpha + \beta_p P_j + \beta_k K_j + \varepsilon$

Modell (3.2): $BU_{L2003j} = \alpha + \beta_p P_j + \beta_k K_j + \varepsilon$

Modell (4.2): $BU_{M2003j} = \alpha + \beta_p P_j + \beta_k K_j + \varepsilon$

Modell (5.2): $BU_{N2003j} = \alpha + \beta_p P_j + \beta_k K_j + \varepsilon$

Die Kontrolle der bildungspolitischen Effekte durch soziokulturelle, sozioökonomische und politische Rahmenbedingungen ist jedoch aus theoretischer Warte auch in einigen Fällen unangebracht. Zum Beispiel ist davon auszugehen, dass der Ost-West-Unterschied und die parteipolitische Kultur das Ausmaß der sozialen Bildungsungleichheit sowohl *indirekt* über unterschiedliche bildungspolitische Institutionen als auch *direkt* durch die geprägte politische Kultur beeinflusst (vgl. Abbildung 6.2).

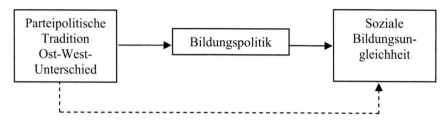

Abbildung 6.2: Ungeeignete Kontrollvariablen

Anmerkung: Eigene Darstellung. Durchgezogene Pfeile bedeuten einen indirekten kausalen Effekt der Kontrollvariable, gestrichelte Pfeile bedeuten einen direkten kausalen Effekt der Kontrollvariable.

Falls ein *indirekter* Effekt (durchgezogenen Pfeile in Abbildung 6.2) der soziokulturellen Variablen über eine bildungspolitische Institution besteht, sind sie als Kontrollvariable nicht geeignet. Die Effekte des Ost-West-Unterschied und der parteipolitischen Kultur sind dann nur vorgelagerte Kausalmechanismen, die zu einer bestimmten Ausprägung der bildungspolitischen Institution führen, die dann wiederum ein bestimmtes Maß an sozialer Bildungsungleichheit impliziert. In diesem Fall beeinträchtigen der Ost-West-Unterschied und die parteipolitische Kultur nicht den kausalen Zusammenhang zwischen der bildungspolitischen Institution und sozialer Bildungsungleichheit. Die Kontrolle des bildungspolitischen Effekts durch den Ost-West-Unterschied oder die parteipolitische Kultur würde in diesem Fall den tatsächlichen kausalen Zusammenhängen nicht gerecht werden. Bei Kontrolle, also Konstanthaltung, der parteipolitischen Tradition bzw. des Ost-West-Unterschieds, würde der Effekt der Bildungspolitik nicht aufgedeckt werden, da auch die Bildungspolitik keine Varianz mehr aufweisen würde, wenn sie durch die parteipolitische Tradition und den Ost-West-Unterschied bestimmt wird. Wenn daher die Zusammenhänge zwischen den soziokulturellen, sozioökonomischen und politischen Rahmenbedingungen und einer bestimmten bildungspolitischen Variable hoch sind (Pearson's r>0,5), dann wird im Folgenden davon ausgegangen, dass die Rahmenbedingungen nur einen *indirekten* Einfluss auf die Bildungsungleichheit hat, der über die jeweilige bildungspolitische Variable verläuft. Die bildungspolitische Variable kann dann nicht durch die jeweiligen Rahmenbedingungen kontrolliert werden.

6.2.2 Begründung und Messung der Kontrollvariablen

Im Folgenden werden verschiedene nichtbildungspolitische Rahmenbedingungen diskutiert, die das Ausmaß der sozialen Bildungsungleichheit in den Bundesländern ebenfalls beeinflussen könnten. Hierbei sollen die Erkenntnisse der vergleichenden Policy-Forschung zum Einfluss sozioökonomischen, soziokulturellen und parteipolitischen Rahmenbedingungen auf das Forschungsfeld der Bildungsungleichheit transferiert werden.

Der Ost-West-Unterschied in den Bundesländern

In Deutschland ist der Unterschied zwischen *ostdeutschen und westdeutschen* Ländern relevant für das Ausmaß an sozialer Bildungsungleichheit. Es wird davon ausgegangen, dass das Ausmaß an sozialer Bildungsungleichheit in Ostdeutschland geringer ausgeprägt ist als in Westdeutschland. Diese Erwartung ist auf die gleichheitsbetonende Kultur in postsozialistischen Ländern zurückzuführen. Die Gleichschaltung der sozialen Schichten hinsichtlich der Bildungschancen war gerade im Bildungssystem der DDR ein zentrales Staatsziel (Arps 2005; Drewek 1997; Geißler 1983; Schlicht 2009). Es wird davon ausgegangen, dass die Kultur der Bildungschancengleichheit auch nach der Wiedervereinigung in den ostdeutschen Ländern fortbesteht. Daher ist anzunehmen, dass der Ost-West-Unterschied das Ausmaß der sozialen Bildungsungleichheit sowohl *indirekt* über unterschiedliche bildungspolitische Institutionen als auch *direkt* durch die geprägte politische Kultur beeinflusst. Allerdings gibt es im internationalen Vergleich auch gegensätzliche Ergebnisse zum Ausmaß sozialer Bildungsungleichheit in postkommunistischen Ländern. Lynch (1990) sowie Schlicht et al. (2010) ermitteln, dass soziale Bildungsungleichheit in Transformationsländern und in den postkommunistischen EU-Mitgliedsstaaten stärker sei als in Industriestaaten, da das kulturelle Kapital der Familie eine größere Rolle für den Bildungserfolg spiele.

Die Einordnung der Länder in Tabelle 6.1 erfolgt anhand eines einfachen Musters: Diejenigen Länder, die bis 1990 dem System der ehemaligen DDR angehörten, werden als ostdeutsche Bundesländer gewertet und mit 1 kodiert. Dahingegen werden diejenigen Länder, die seit 1949 (das Saarland seit 1957) der Bundesrepublik Deutschland angehören, als westdeutsche Länder gewertet und mit 0 kodiert. Der einzige unklare Fall bei dieser Kodierung ist das Land Berlin, welches sowohl einen westdeutschen als auch einen ostdeutschen Teil umfasst. Aus zwei Gründen wird dieses Land jedoch als westdeutsches Land gewertet und daher ebenfalls mit 0 kodiert: Zum einen war der größere Teil Berlins bis 1990 dem westdeutschen System zugeordnet und zum anderen wurde nach der Wiedervereinigung in den Grundzügen das Schulsystem West-Berlins übernommen.

Bundesland	Ost-West Zuordnung
Saarland	0
Rheinland-Pfalz	0
Nordrhein-Westfalen	0
Niedersachsen	0
Hansestadt Bremen	0
Schleswig-Holstein	0
Hansestadt Hamburg	0
Mecklenburg-Vorpommern	1
Brandenburg	1
Berlin	0
Sachsen	1
Bayern	0
Baden-Württemberg	0
Hessen	0
Thüringen	1
Sachsen-Anhalt	1

Tabelle 6.1: Der Ost-West-Unterschied der Bundesländer
Anmerkung: 1= ostdeutsche Bundesländer; 0= westdeutsche Bundesländer.

Die Wirtschaftskraft in den Bundesländern

Eine weitere bedeutende Kontrollvariable im Vergleich der deutschen Bundesländer ist die *Wirtschaftskraft* der einzelnen Länder. Nach Kuznets (1955) kann davon ausgegangen werden, dass im Vergleich der deutschen Bundesländer ein negativer Zusammenhang zwischen der Wirtschaftskraft und der sozialen Bildungsungleichheit besteht. Nach der Kuznets-Kurve steigt zunächst die Einkommensungleichheit mit dem Wirtschaftswachstum, da zunächst nur höhere soziale Schichten von den Zuwächsen profitieren. Ab einem gewissen Niveau der Wirtschaftskraft sinkt die Einkommensungleichheit jedoch wieder, da dann alle Schichten an den Zuwächsen teilhaben können. In den hoch entwickelten Bundesländern ist somit ein negativer Zusammenhang zwischen Wirtschaftswachstum und Einkommensungleichheit zu erwarten. Empirische Unterstützung dafür liefern auch Rupasingha et al. (2002) oder Alesina und Rodrik (1994). Dieser Zusammenhang ist auch auf die Bildungsungleichheit übertragbar (Vinod et al. 2001). Je höher die Wirtschaftskraft, desto geringer ist die Einkommensungleichheit innerhalb der Gesellschaft. Demzufolge sind auch die Kapitalressourcen der Familien weniger ungleich verteilt und die Möglichkeiten der familiären Unterstützung der Kinder im Bildungsprozess weniger heterogen. Die Familien unterscheiden sich dann weniger in ihren ökonomischen, kulturellen und sozialen Ressourcen, um ihren Kindern eine erfolgreiche Teilnahme am Bildungsprozess zu ermöglichen.

Die Wirtschaftskraft der Bundesländer wird im Folgenden anhand des Bruttoinlandsprodukts (BIP) pro Kopf gemessen. Das BIP ist ein gängiger Indikator für den wirtschaftlichen Reichtum bzw. den Wohlstand einer Gesellschaft (Mankiw 2004). Die Bundesländer unterscheiden sich deutlich hinsichtlich ihrer industriellen und wirtschaftlichen Strukturen. Das BIP ist definiert als der „Marktwert aller für den Endverbrauch bestimmten Waren und Dienstleistungen, die in einem Land in einem bestimmten Zeitabschnitt (meist ein Jahr) hergestellt werden" (Mankiw 2004: 542). Das BIP ist somit ein Maß für die wirtschaftliche Leistung und den Wohlstand eines Landes und auch ein Abbild dafür, wie die Volkswirtschaft in einem Land die Bedürfnisse und Wünsche der Bürger befriedigen kann (Mankiw 2004: 540ff.). Da kleinere Länder immer eine geringere Erwirtschaftung von Waren und Dienstleistungen aufbringen werden als große Länder, wird auch ihr Bruttoinlandsprodukt immer kleiner sein. Wenn jedoch gezeigt werden soll, wie sich der wirtschaftliche Reichtum eines Landes auf die einzelnen Bürger verteilt, so muss das BIP stets im Verhältnis zur Größe der Bevölkerung betrachtet werden. Aus diesem Grund dient hier das BIP pro Kopf der Bevölkerung als Indikator für den wirtschaftlichen Reichtum, der im Durchschnitt den einzelnen Bürgern des Landes zugeschrieben werden kann (vgl. Mankiw 2004: 552 ff.). Da das BIP in den Ländern von Jahr zu Jahr schwankt und insbesondere in den ostdeutschen Ländern starke Veränderungen in den letzten 19 Jahren zu erwarten sind, muss ein Mittelwert über einen längeren Zeitraum ermittelt werden, um die langfristige Wirtschaftskraft zu beschreiben. Für die hier untersuchten Populationen der Neuntklässler 2000 und 2003 dürfte die Wirtschaftskraft des Landes zumindest über die Zeiträume ihrer

Schulzeit von 1991 bis 1999 bzw. 1994 bis 2002 von Bedeutung sein. Die Daten zum nominalen BIP stammen aus den Angaben des Statistischen Bundesamts.

In Tabelle 6.2 wird deutlich, dass Hamburg in beiden Zeiträumen mit Abstand das höchste BIP pro Kopf und Jahr aufweist. Die ostdeutschen Bundesländer sind allesamt mit einer Variation zwischen 12878,99 Euro in Thüringen (1991 bis 1999) und 16478,86 Euro in Sachsen (1994 bis 2002) weit weniger wohlhabend als die westdeutschen Bundesländer, deren BIP pro Kopf und Jahr zwischen 20560,91 Euro im Saarland und 37846,19 Euro in Hamburg variiert.

Bundesland	Jährliches BIP pro Kopf 1991-1999	Jährliches BIP pro Kopf 1994-2002
Saarland	20850,07 Euro	22165,03 Euro
Rheinland-Pfalz	20560,91 Euro	21648,53 Euro
Nordrhein-Westfalen	23076,00 Euro	24376,87 Euro
Niedersachsen	20630,45 Euro	21743,67 Euro
Hansestadt Bremen	29634,09 Euro	31930,37 Euro
Schleswig-Holstein	21339,79 Euro	22513,01 Euro
Hansestadt Hamburg	37846,19 Euro	40868,45 Euro
Mecklenburg-Vorpommern	13523,08 Euro	16119,99 Euro
Brandenburg	13603,56 Euro	16258,38 Euro
Berlin	21845,62 Euro	22908,69 Euro
Sachsen	13761,26 Euro	16478,86 Euro
Bayern	25407,85 Euro	27595,50 Euro
Baden-Württemberg	25232,79 Euro	26988,05 Euro
Hessen	26967,35 Euro	28913,76 Euro
Thüringen	12878,99 Euro	15623,53 Euro
Sachsen-Anhalt	12994,15 Euro	15639,63 Euro

Tabelle 6.2: Das Bruttoinlandsprodukt pro Kopf und Jahr der Gesamtbevölkerung in Euro in den Bundesländern
Quelle: Eigene Berechnung nach Angaben aus der Internetdatenbank des Statistischen Bundesamtes.

Die Stärke linker Parteien in den Bundesländern

Einen besonderen Rang in der Wohlfahrtsstaatenforschung nimmt die Theorie der Parteiendifferenz ein. Diese geht im Kern davon aus, dass Resultate des politischen Prozesses (Policy Outputs und Outcomes) systematisch auf die parteipolitische Färbung einer Regierung zurückzuführen sind (Hibbs 1977; Rigby 2007; Schmidt et al. 2007). Im Zuge der Parteiendifferenzhypothese wird argumentiert, dass die jeweiligen Parteien die unterschiedlichen Präferenzen ihrer spezifischen Wählerschaft in politische Programme umformen und dadurch die Regierungstätigkeit prägen. Zu fragen wäre demnach, welche Zusammenhänge zwischen der parteipolitischen Zusammensetzung der Regierung einerseits und dem Ausmaß der Bildungsungleichheit andererseits zu erwarten sind. Hier ließe sich vermuten, dass sich insbesondere sozialdemokratische Parteien bzw. das linke Parteienlager und von ihnen dominierte Regierungen der Förderung sozialer Gerechtigkeit verpflichtet sehen (Demaine 1999). Garret (1998) etwa sieht einen zunehmenden negativen Einfluss linker Parteien auf das Ausmaß der Einkommensungleichheit, was wiederum auf die Bildungsungleichheit übertragbar ist. Vor diesem Hintergrund sollten diese Gruppierungen entsprechende politische Maßnahmen bezüglich der Ausgestaltung der Bildungspolitik und -systeme einleiten, um sozialschichtunabhängige Bildungschancen zu garantieren (Heinen 1977; Schmidt 1980). Die empirische Literatur zum Einfluss der Parteien auf das Ausmaß der Ungleichheit führt allerdings uneinheitliche Ergebnisse auf. Rueda und Pontusson (2000) kommen gar zu dem Ergebnis, dass die parteiliche Ausrichtung der Regierungen in sozialen Marktwirtschaften, zu welchen sie Deutschland zählen, gar keinen Einfluss auf die Ungleichheit der Einkommen hat. Nur in liberalen Marktwirtschaften führen konservative Parteien auch zu einer höheren Einkommensungleichheit. Korpi und Palme (1998) weisen auf ein Paradox des Wohlfahrtsstaats hin. Demnach kann stark auf untere soziale Schichten ausgerichtete wohlfahrtsstaatliche Politik die Einkommensungleichheit gar erhöhen. Die beschriebene Literatur geht größtenteils davon aus, dass die Parteiendifferenz einen *indirekten* Einfluss, über die Bildungspolitik, auf das Ausmaß der Bildungsungleichheit ausübt. Dieser *indirekte* Zusammenhang würde jedoch eine Kontrolle der bildungspolitischen Effekte durch die Parteipolitik nicht erlauben (siehe Abschnitt 6.2.1). Allerdings kann auch davon ausgegangen werden, dass die langfristigen Ungleichheitsstrukturen im Bildungswesen *direkt* durch die langfristige parteipolitische Kultur eines Landes determiniert wird, ohne dass die Parteien tatsächlich unterschiedliche Bildungspolitik betreiben.

Um den Einfluss einzelner Parteien zu messen, wird der Sitzanteil der Parteien in den Landesregierungen verwendet. Als linke Parteien werden hier die Sozialdemokratische Partei Deutschlands (SPD), Bündnis 90/Die Grünen und Die Linke (vormals Partei des Demokratischen Sozialismus (PDS)) gewertet, während die Christlich Demokratische Union (CDU), die Christlich Soziale Union (CSU) und die Freie Demokratische Partei (FDP) als rechte Parteien eingestuft werden (vgl. Elff 2009; Linhart und Shikano 2009; Schniewind 2008; Schniewind et al. 2009). Um zunächst den Einfluss der beiden großen Volksparteien CDU und SPD in den Bundesländern zu bewerten, werden die Anteile dieser beiden Parteien an den Kabinettssitzen der Länder berechnet. Demnach wird die Stärke linker Parteien durch die *Sitzanteile der SPD an den Regierungskabinetten* der deutschen Bundesländer gemessen. Die Stärke rechter Volksparteien wird hingegen durch die *Sitzanteile der CDU an den Regierungskabinetten* gemessen. Besetzt die SPD etwa 4 von 10 Kabinettssitzen, so wird die Stärke der SPD in dem jeweiligen Bundesland mit 4/10= 0,4 beschrieben.

Hier soll jedoch ausdrücklich nicht die Stärke der linken Parteien zu einem bestimmten Zeitpunkt beschrieben werden, der nahe beim Erhebungszeitpunkt von PISA-E 2000 und PISA-E 2003 liegt. Eine solche Messung der kurzfristigen Stärke linker Parteien würde nicht die langfristige parteipolitische Kultur (*direkter* Einfluss) in den Ländern beschreiben. Kurzfristige parteipolitische Stärke kann nur einen *indirekten* Einfluss über einzelne Bildungspolicies ausüben. Aus diesem Grund wird die Regierungsstärke linker Parteien über den gesamten Zeitraum seit Bestehen der Bundesländer bis 2000 bzw. 2003 gemessen. Für jede Regierung, die in diesem Zeitraum bestand, wird die Stärke der SPD als über lange Zeit bestehende linke Volkspartei berechnet. Der Indikator für die Stärke der SPD wird jeweils durch die Sitzanteile an den Regierungen pro Jahr seit Bestehen des Bundeslandes gemessen. Falls also ein Land seit 1949 besteht, wurde für jedes Jahr seit 1949 berechnet, wie viele Sitze die Partei an der Regierung im Verhältnis zur Gesamtzahl der Minister im Kabinett hatte. Falls in einem Jahr mehrere Regierungen existierten, werden die einzelnen Regierungen jeweils als ein Jahr gewertet und somit gleichgewichtet. Der Durchschnitt wird dann über die Anteile an der Regierung aller Jahre bis 2000 (Population PISA-E 2000) bzw. bis 2003 (Population PISA-E 2003) berechnet.

Um einen umfassenden Überblick über den Einfluss der Parteien auf die soziale Bildungsungleichheit zu ermitteln, wird nicht nur der Einfluss der SPD als linke Volkspartei sondern auch der Einfluss des gesamten linken Parteienlagers gemessen. Die Kabinettsanteile des linken Lagers werden analog zu den Sitzanteilen der SPD gemessen. Um auch den Anteil der rechten Parteien erfassen zu können, werden jeweils entsprechend die Sitzanteile von CDU bzw. CSU (als rechte Volksparteien) und des rechten Parteienlagers berechnet. Außerdem wird auch der kumulierte Anteil aller weiteren Parteien berichtet, um deren Einfluss abschätzen zu können (siehe Spalte 6 in den Tabellen 6.3 und 6.4). Die Daten zu den Sitzanteilen der Parteien an allen Regierungen der Länder seit Bestehen der Bundesländer stammen aus dem Forschungsprojekt von Schniewind (2008).

In den Tabelle 6.3 und 6.4 wird deutlich, dass die CDU bzw. CSU und das rechte Parteienlager vor allem in den Ländern Rheinland-Pfalz, Schleswig-

Holstein, Sachsen, Bayern, Baden- Württemberg und Thüringen eine deutliche parteipolitische Dominanz über die Jahre des Bestehens der Länder inne hat und somit die parteipolitische Kultur prägen konnte. Die SPD und das linke Parteienlager hingegen weisen in Bremen, Hamburg, Brandenburg, Hessen und in Sachsen-Anhalt eine deutliche Herrschaft auf. In Ländern wie dem Saarland, in Nordrhein-Westfalen, Niedersachsen und Berlin kann keine deutliche parteipolitische Kultur, weder des linken oder rechten Parteienlagers noch von SPD oder CDU bzw. CSU, ausgemacht werden.

Bundesland	Anteil CDU/CSU	Anteil SPD	Anteil rechtes Lager	Anteil linkes Lager	Anteil aller anderen
Saarland	46,3%	24,9%	50,2%	24,9%	25,0%
Rheinland-Pfalz	68,6%	15,3%	83,9%	15,3%	0,8%
Nordrhein-Westfalen	29,9%	55,6%	38,0%	58,0%	4,0%
Niedersachsen	37,2%	45,0%	43,3%	45,9%	10,8%
Hansestadt Bremen	6,8%	74,1%	16,8%	75,0%	8,2%
Schleswig Holstein	61,7%	21,7%	69,6%	22,9%	7,6%
Hansestadt Hamburg	4,0%	77,1%	15,4%	78,6%	6,0%
Mecklenburg-Vorpommern	54,6%	25,1%	65,2%	31,1%	3,7%
Brandenburg	7,3%	66,2%	13,3%	70,8%	15,9%
Berlin	30,2%	54,8%	42,0%	55,2%	2,8%
Sachsen	99,3%	0,0%	99,3%	0,0%	0,7%
Bayern	70,9%	3,8%	72,2%	3,8%	24,0%
Baden-Württemberg	73,6%	12,8%	84,9%	12,8%	2,3%
Hessen	10,6%	72,4%	18,5%	76,6%	4,9%
Thüringen	70,1%	18,5%	81,5%	18,5%	0,0%
Sachsen-Anhalt	19,5%	66,0%	28,6%	71,4%	0,0%

Tabelle 6.3: Durchschnittliche Sitzanteile der Volksparteien und der Parteienlager an der Regierung seit Bestehen des Bundeslandes bis 2000 in Prozent
Quelle: Forschungsprojekt von Schniewind (2008).

Bundesland	Anteil CDU/CSU	Anteil SPD	Anteil rechtes Lager	Anteil linkes Lager	Anteil aller anderen
Saarland	48,7%	23,4%	52,3%	23,4%	24,2%
Rheinland-Pfalz	65,5%	18,2%	81,0%	18,2%	0,8%
Nordrhein-Westfalen	27,9%	57,3%	35,5%	60,7%	3,7%
Niedersachsen	36,8%	45,7%	43,0%	46,6%	10,5%
Hansestadt Bremen	8,9%	72,9%	18,3%	73,8%	7,9%
Schleswig-Holstein	58,9%	23,7%	66,4%	25,9%	7,8%
Hansestadt Hamburg	5,9%	73,5%	17,0%	75,3%	7,7%
Mecklenburg-Vorpommern	43,1%	33,3%	51,5%	44,6%	4,0%
Brandenburg	18,4%	64,4%	22,4%	67,4%	10,3%
Berlin	28,0%	55,7%	39,0%	58,1%	2,9%
Sachsen	99,5%	0,0%	99,5%	0,0%	0,5%
Bayern	72,1%	3,6%	73,4%	3,6%	23,0%
Baden-Württemberg	73,5%	12,1%	85,3%	12,1%	2,6%
Hessen	13,7%	69,3%	21,9%	73,4%	4,8%
Thüringen	76,1%	14,8%	85,2%	14,8%	0,0%
Sachsen-Anhalt	21,9%	62,5%	32,2%	66,7%	1,1%

Tabelle 6.4: Durchschnittliche Sitzanteile der Volksparteien und der Parteienlager an der Regierung seit Bestehen des Bundeslandes bis 2003 in Prozent
Quelle: Forschungsprojekt von Schniewind (2008).

Das religiös-kulturelle Fundament der Bundesländer

Für die Entwicklung der Bildungssysteme in Europa tragen *kirchliche Institutionen* eine weitreichende Verantwortung (Anweiler et al. 1996). Die europäischen Bildungssysteme wurzeln maßgeblich in kirchlichen Initiativen (Lamberti

1989: 13). Die religiös-kulturelle Prägung spielt daher bei der Entstehung der Bildungssysteme und der Bildungskultur in der Gesellschaft eine bedeutende Rolle. Minkenberg (2002) zeigt zudem einen fortbestehenden bedeutenden Einfluss der religiös-kultureller Grundlagen auf die heutige Politikgestaltung in westlichen Demokratien. In Deutschland stehen sich zwei religiöse Hauptströmungen – der Katholizismus und der Protestantismus – gegenüber. Durch den Verweis auf den geringen Katholikenanteil unter erfolgreichen Abiturienten skizziert Weber in seiner Theorie der protestantischen Ethik den Einfluss der konfessionellen Glaubensrichtung auf das individuelle Bildungsverhalten (Winckelmann 1979). Max Weber sieht insbesondere auch die Bildungsbeteiligung und die Bildungsaspirationen der Gesellschaft in ihren religiösen Grundlagen verwurzelt (Winckelmann 1979: 31 & 35). Demnach haben Katholiken geringere Aufstiegsaspirationen als Protestanten (Becker 2007). Die religiös-konfessionelle Grundhaltung bestimmt neben dem persönlichen Verhalten aber auch die sozioökonomische Entwicklung von Nationen und Regionen. Explizit benennt Weber herrschende Religionsparteien, die den Wandel von Nationen und Regionen begründen und vergleicht die Bildungsbeteiligung zwischen Baden und Bayern (Winckelmann 1979: 31 & 35). In dieser Forschungsetappe sollen die Grundgedanken aus Webers Theorie zur Erklärung historisch tradierter Bildungskulturen herangezogen werden. Es wird erwartet, dass Länder mit einer starken protestantischen Prägung eine geringere Bildungsungleichheit aufweisen, als Länder mit starker katholischer Prägung.

Tabelle 6.5 verdeutlicht die Dominanz dieser beiden Hauptströmungen in den deutschen Bundesländern anhand der Kirchenmitglieder der protestantischen und katholischen Kirchen im Jahr 2005. Die stammen aus der Statistik der Evangelischen Kirche in Deutschland (2006). Diese Messung ermöglicht, den heutigen Bestand des religiösen Fundaments in den Bundesländern zu erfassen. Dies ist insbesondere in den ostdeutschen Bundesländern von Bedeutung, da durch die staatlichen Repressionen während des sozialistischen Regimes der DDR das historische religiöse Fundament größtenteils zerschlagen wurde. Die Verwendung historischer Daten würde daher den Verbleib des religiösen Fundaments heute nicht wiederspiegeln können. Ferner ist die Verwendung historischer Daten, etwa aus der Zeit der Weimarer Republik, problematisch, da die Bundesländer damals in ihrer heutigen Konstellation nicht existierten. Nach Tabelle 6.5 existieren deutliche religiöse Traditionen nur im Saarland (katholisch), in Niedersachsen (protestantisch), in Bremen (protestantisch), Schleswig Holstein (protestantisch) und in Bayern (katholisch). In allen anderen Ländern ist keine deutliche Dominanz der religiösen Zugehörigkeit auszumachen. Insbesondere in den ostdeutschen Bundesländern ist die Anzahl der Kirchenmitgliedschaften insgesamt sehr gering. Aus diesem Grund wird neben dem Einfluss der beiden Hauptströmungen auch der Einfluss der christlichen Kultur insgesamt gegenüber einer vornehmlich nicht christkirchlich geprägten Kultur überprüft (siehe Spalte 4 in Abbildung 6.5).

Bundesland	Protestantenanteil der Bevölkerung 2005	Katholikenanteil der Bevölkerung 2005	Summe: Katholiken- und Protestantenanteil 2005
Saarland	19,7%	65,1%	84,8%
Rheinland-Pfalz	31,2%	46,5%	77,7%
Nordrhein-Westfalen	28,4%	42,8%	71,2%
Niedersachsen	51,6%	17,8%	69,4%
Hansestadt Bremen	43,8%	12,4%	56,2%
Schleswig-Holstein	55,6%	6,1%	61,7%
Hansestadt Hamburg	31,7%	10,2%	41,9%
Mecklenburg-Vorpommern	18,2%	3,3%	21,5%
Brandenburg	19,1%	3,1%	22,2%
Berlin	21,6%	9,4%	31,0%
Sachsen	21,4%	3,6%	25,0%
Bayern	21,3%	58,1%	79,4%
Baden-Württemberg	33,8%	37,8%	71,6%
Hessen	41,4%	25,5%	66,9%
Thüringen	25,8%	8,1%	33,9%
Sachsen-Anhalt	15,5%	3,9%	19,4%

Tabelle 6.5: Anteile der Protestanten und Katholiken an der Gesamtbevölkerung in Prozent
Quelle: Statistik der Evangelischen Kirche in Deutschland (2006).

Betrachtet man die christliche Prägung der Länder allgemein anhand der Summe der Protestanten- und Katholikenanteile, so wird deutlich, dass alle ostdeutschen Länder mit Abstand die geringste christliche Prägung aufweisen (mit 19,4 Prozent in Sachsen-Anhalt bis 33,9 Prozent in Thüringen). Über 70 Prozent Protestanten und Katholiken lassen sich nur in den Ländern Baden-Württemberg, Bayern, Saarland, Rheinland-Pfalz und Nordrhein-Westfalen feststellen.

Der Migrationsanteil in den Bundesländern

Bezüglich des *Migrationsanteils* in den Bundesländern wird ein positiver Effekt auf die Bildungsungleichheit erwartet. Johannsson und Weiler (2005) zeigen für die Vereinigten Staaten von Amerika, dass die Immigration gering ausgebildeter Arbeitskräfte die Einkommensungleichheit immens verstärkt hat. Dies ist zum einen darauf zurückzuführen, dass die Einwanderer die hohen Ausbildungsanforderungen in den Vereinigten Staaten nicht erfüllen können und dadurch schneller in prekäre Arbeitslagen geraten, die wiederum ihre Einkommen im Vergleich zu heimischen Arbeitskräften stark sinken lassen (vgl. Moore und Pacey 2003: 34; Reed 2001: 364). Zum anderen bieten eingewanderte Arbeitskräfte aus Transformationsländern, mit geringem Lohnniveau ihre Arbeit auch zu einem geringeren Niveau an. Dadurch werden insbesondere die Löhne in geringfügig bezahlten Berufen sinken, was wiederum die Einkommenspanne zwischen Geringverdienenden und Besserverdienenden erweitert (vgl. Moore und Pacey 2003: 34; Reed 2001: 366). Wie ist jedoch der Effekt der Immigration auf die Einkommensungleichheit auf die soziale Bildungsungleichheit übertragbar? Immigranten aus Ländern mit geringem Bildungsniveau sind häufig mit den Bildungsstandards und den Bildungsanforderungen des Arbeitsmarktes ihres Einwanderungslandes weniger vertraut (vgl. Biedinger et al. 2008: 245). Die Bildungsaspirationen für ihre Kinder dürften dann bei gleicher sozialer Stellung wesentlich geringer sein, als die ihrer einheimischen Referenzgruppe (vgl. Levels et al. 2008). Die soziale Bildungsungleichheit sollte demnach durch eine gesteigerte Immigration aus Ländern mit geringen Bildungsniveaus verstärkt werden. Post (2004) zeigt gar, dass während verschiedene bildungspolitische Reformen in Hong Kong die soziale Schulbildungsungleichheit verringert haben, die Schulbildungsungleichheit zwischen Migranten und Nicht-Migranten verstärkt wurde.
Der Migrationsanteil in den deutschen Bundesländern wird anhand des Ausländeranteils an der Gesamtbevölkerung am Ende eines Jahres gemessen. Die Daten stammen aus der Fachserie 1 /Reihe 2 „Bevölkerung und Erwerbstätigkeit -

Ausländische Bevölkerung sowie Einbürgerungen" des Statistischen Bundesamtes. Für die PISA-E 2000 Erhebung wird der Mittelwert von 1991 bis 1999 und für die PISA-E 2003 Erhebung der Mittelwert von 1994 bis 2002 verwendet. Dies sind jeweils die Schulzeiträume der beiden Populationen bis zur Erhebung. Tabelle 6.6 zeigt, dass der Migrationsanteil in beiden Erhebungszeiträumen in Nordrhein-Westfalen am höchsten und in Thüringen am geringsten ist. Unter den Ländern, die einen Migrationsanteil von über 10 Prozent aufweisen, sind neben Nordrhein-Westfalen auch alle drei Stadtstaaten sowie Baden-Württemberg und Hessen. Einen Migrationsanteil von unter 2 Prozent weisen nur ostdeutsche Bundesländer auf: Mecklenburg Vorpommern, Thüringen, Sachsen-Anhalt und Sachsen (für den Erhebungszeitraum 1991 bis 1999).

Bundesland	Mittelwerte für den Zeitraum 1991-1999	Mittelwerte für den Zeitraum 1994-2002
Saarland	7,09%	7,80%
Rheinland Pfalz	7,14%	7,49%
Nordrhein Westfalen	21,76%	22,04%
Niedersachsen	5,98%	6,25%
Hansestadt Bremen	11,91%	12,36%
Schleswig Holstein	4,97%	5,26%
Hansestadt Hamburg	15,39%	15,80%
Mecklenburg-Vorpommern	1,39%	1,70%
Brandenburg	2,18%	2,42%
Berlin	12,48%	13,06%
Sachsen	1,67%	2,13%
Bayern	8,90%	9,23%
Baden Württemberg	12,15%	12,34%
Hessen	12,92%	12,67%
Thüringen	1,10%	1,47%
Sachsen Anhalt	1,48%	1,71%

Tabelle 6.6: Migrationsanteil in den deutschen Bundesländern in Prozent
Quelle: Fachserie 1 /Reihe 2 „Bevölkerung und Erwerbstätigkeit - Ausländische Bevölkerung sowie Einbürgerungen" des Statistischen Bundesamtes.

Der Urbanisierungsgrad in den Bundesländern

Es wird erwartet, dass die soziale Bildungsungleichheit in städtisch geprägten Regionen geringer ist als in ländlichen, da die schulische Infrastruktur besser ausgebaut ist (vgl. Peisert 1967). Dadurch existieren bessere Möglichkeiten der freien Schulwahl und eine einfachere Erreichbarkeit von Gymnasien (*Bildungsopportunitäten*). Ferner sind auch die Berufsstrukturen in städtischen Gebieten stärker auf hochqualifizierte Berufe (dritter Sektor) ausgerichtet, so dass auch das Streben nach höherer Bildung in allen Schichten stärker verankert ist (*Bildungspräferenzen*) (Hradil 2001: 168).

Der Urbanisierungsgrad, also inwiefern ein Land eher städtisch oder ländlich geprägt ist, wird hier anhand der Bevölkerungszahl im Verhältnis zur Fläche des Bundeslandes gemessen. Dieses Verhältnis drückt aus, wie viele Menschen durchschnittlich auf einem Quadratkilometer des Bundeslandes leben. In urbanisierten Ländern leben mehr Menschen auf einem Quadratkilometer als in ländlich geprägten Bundesländern. Die Werte für die Fläche der Bundesländer stammen aus Angaben des Statistischen Bundesamtes.[12] Tabelle 6.7 sagt aus, wie viele Menschen zu den beiden PISA Erhebungszeitpunkten pro Quadratkilometer in einem Bundesland gelebt haben. Deutliche Ausreißer stellen die drei Stadtstaaten dar, wo durchschnittlich mehr als 1500 Menschen pro Quadratkilometer leben. Vergleicht man nur die Flächenstaaten, so leben im Durchschnitt 225,3 (Erhebung 2000) bzw. 225,0 (Erhebung 2003) Menschen pro Quadratkilometer. Einen deutlich überdurchschnittlichen Urbanisierungsgrad weisen das Saarland und Nordrhein-Westfalen auf. Weit unterdurchschnittlich sind die Länder Niedersachsen, Schleswig-Holstein, Mecklenburg-Vorpommern, Brandenburg, Bayern und Sachsen-Anhalt.

---

[12] http://www.statistik-portal.de/Statistik-Portal/de_jb01_jahrtab1.asp

Bundesland	Urbanisierung 2000	Urbanisierung 2003
Saarland	416,1	413,2
Rheinland-Pfalz	203,2	204,4
Nordrhein-Westfalen	528,4	530,4
Niedersachsen	166,4	167,8
Hansestadt Bremen	1633,1	1640,3
Schleswig-Holstein	176,6	178,7
Hansestadt Hamburg	2271,3	2296,0
Mecklenburg-Vorpommern	76,6	74,7
Brandenburg	88,3	87,3
Berlin	3795,8	3802,9
Sachsen	240,3	234,6
Bayern	173,4	176,1
Baden-Württemberg	294,4	299,1
Hessen	287,4	288,4
Thüringen	150,3	146,7
Sachsen-Anhalt	127,9	123,4

Tabelle 6.7: Urbanisierungsgrad der Länder: Anzahl der Einwohnunger pro Quadratkilometer
Quelle: Eigene Berechnung nach Angaben aus der Internetdatenbank des Statistischen Bundesamtes.

6.3 Der Aufbau der Modelle zur Berechnung des Einflusses der Bildungspolitik auf das Ausmaß sozialer Bildungsungleichheit

6.3.1 Evaluation der Hypothesen in zwei Analyseabschnitten

In Kapitel 4 wurden fünf Indikatoren sozialer Bildungsungleichheit ermittelt. Zwei Indikatoren beschreiben anhand der PISA-E Studien 2000 und 2003 den Einfluss der sozialen Herkunft auf die Wahrscheinlichkeit des Gymnasialbesuchs. Drei weitere Indikatoren beschreiben den Effekt der sozialen Herkunft auf den Kompetenzerwerb in verschiedenen Schulfächern zum Zeitpunkt 2003. Ein Ergebnis in Kapitel 4 ist, dass die Indikatoren derselben Art sozialer Bildungsungleichheit jeweils hoch mit einander korrelieren. So korrelieren einerseits die beiden Indikatoren sozialer Ungleichheit im Bildungszugang miteinander und andererseits die Indikatoren sozialer Ungleichheit im Kompetenzerwerb. Indikatoren sozialer Herkunft im Bildungszugang korrelieren hingegen nicht mit Indikatoren sozialer Ungleichheit im Kompetenzerwerb. Es kann daher nicht von einem einheitlichen Konzept sozialer Bildungsungleichheit ausgegangen werden.

Vor diesem Hintergrund muss auch davon ausgegangen werden, dass die bildungspolitischen Effekte auf die beiden Konzepte sozialer Bildungsungleichheit unterschiedlich ausfallen. Die Effekte auf Indikatoren ein und derselben Art sozialer Bildungsungleichheit sollten hingegen gleich ausfallen. Die Evaluation der Hypothesen erfolgt daher getrennt nach den beiden Konzepten sozialer Bildungsungleichheit: soziale Ungleichheit im Zugang zum Gymnasium und soziale Bildungsungleichheit im Kompetenzerwerb. Zunächst werden die Effekte der bildungspolitischen Aspekte auf das Ausmaß der sozialen Ungleichheit im Zugang zum Gymnasium analysiert. Es wird davon ausgegangen, dass der Zugang zum Gymnasium dem Kompetenzerwerb in der Sekundarstufe I vorgeschaltet ist. In einem zweiten Schritt werden dann die Effekte der bildungspolitischen Ausgestaltung der Bundesländer auf das Ausmaß der sozialen Ungleichheit im Kompetenzerwerb untersucht. Die Analyse gliedert sich daher in zwei Abschnitte:

a) Analyse der bildungspolitischen Effekte auf das Ausmaß sozialer Ungleichheit im Bildungszugang (Abschnitt 7.1)
b) Analyse der bildungspolitischen Effekte auf das Ausmaß sozialer Ungleichheit im Bildungsprozess (Abschnitt 7.2)

6.3.2 *Analyseschema*

Für beide Analyseabschnitte erfolgt die Evaluation der Hypothesen nach folgendem Schema:

1. Analyseschritt: Identifikation der bivariaten Zusammenhänge

Zunächst werden in einem ersten Analyseschritt (Abschnitt 7.1.1 bzw. 7.2.1) die bivariaten Zusammenhänge sowohl zwischen den bildungspolitischen Variablen als auch den sozioökonomischen, soziokulturellen und politischen Kontrollvariablen einerseits und dem Ausmaß der sozialen Bildungsungleichheit andererseits betrachtet. Ein bivariater Zusammenhang zwischen den unabhängigen Variablen und den verschiedenen Indikatoren sozialer Ungleichheit im Bildungszugang bzw. im Bildungsergebnis wird bestätigt, wenn er

a) für mindestens einen der Indikatoren sozialer Bildungsungleichheit robust auf dem 10% Niveau statistisch signifikant ist und

b) für die anderen Indikatoren der gleichen Art sozialer Bildungsungleichheit (Ungleichheit im Bildungszugang oder Ungleichheit im Bildungsprozess) die gleiche Richtung aufweist.

2. *Analyseschritt: Kausalitätsüberprüfung der bildungspolitischen Effekte auf die soziale Bildungsungleichheit*

In einem zweiten Analyseschritt (Abschnitt 7.1.2 bzw. 7.2.2) wird überprüft, ob die bivariaten Effekte auf Kausalität beruhen. Die bildungspolitischen Effekte werden daher durch relevante Kontrollvariablen überprüft. Ein kausaler Zusammenhang kann nur abgesichert werden, wenn er auch unter gleichbleibenden Kontrollbedingungen bestehen bleibt. Die Schätzungen von Regressionskoeffizienten sind bei kleinen Fallzahlen von einem nicht zu missachtenden Ausmaß an Unsicherheit betroffen (Bortz 1999). Bei der hier vorliegenden Zahl von 16 Fällen hängt die Berechnung der Effekte der Prädiktorvariable (Bildungspolitik) auf die Kriteriumsvariable (soziale Bildungsungleichheit) stark von der Inklusion weiterer Prädiktorvariablen ab (Bortz 1999: 438). Die Instabilität der Regressionskoeffizienten ist häufig eine Folge der Multikollinearität, also der wechselseitigen Abhängigkeit der Prädiktorvariablen: Je größer die Interkorrelation zwischen den unabhängigen Variablen (bildungspolitische Variablen und sozioökonomische, soziokulturelle und politische Kontrollvariablen) und je größer die Korrelation der anderen Prädiktorvariablen mit der Kriteriumsvariable (soziale Bildungsungleichheit), desto geringer wird der Regressionskoeffizient einer Prädiktorvariable durch die Einzelkorrelationen der Prädiktorvariablen mit der Kriteriumsvariable bestimmt (Bortz 1999: 438). Zwischen den hier untersuchten Einflussvariablen bestehen zu beiden Untersuchungszeitpunkte (PISA-E 2000 und PISA-E 2003) erhebliche Zusammenhänge. In den Modellen (1) bis (5) wird daher nur der Effekt jeweils einer bildungspolitischen Variable berechnet, ohne für weitere bildungspolitische Variablen zu kontrollieren (vgl. auch Schlicht 2010; Schlicht et al. 2010). Eine Analyse der bildungspolitischen Effekte unter der Kontrolle aller weiteren bildungspolitischen Variablen ist aufgrund der starken Korrelationen zwischen den bildungspolitischen Einflussgrößen und der daraus resultierenden Multikollinearität nicht möglich (vgl. Achen 2002: 446). Ferner bedeutet die geringe Fallzahl von 16 Fälle auch eine Auswahl von wenigen Regressoren, um die erforderte Anzahl von Freiheitsgraden zu gewährleisten (Jahn 2006: 375). Eine Auswahl einiger weniger bildungspolitischer Kontrollvariablen in den Modellen würde auf Willkür beruhen. Aus diesem Grund werden die bildungspolitischen Effekte ausschließlich durch relevante sozioökonomische, soziokulturelle und parteipolitische Rahmenbedingungen kontrolliert (vgl. auch Schlicht et al. 2010). Anhand der Modelle kann die Frage beantwortet werden, ob die Bildungspolitik das Ausmaß der sozialen

Bildungsungleichheit beeinflusst. Die Effekte der einzelnen bildungspolitischen Variablen können jedoch nicht von anderen bildungspolitischen Variablen getrennt werden. Der Modellaufbau beruht jeweils auf folgenden Regeln:

1. Als relevant werden die Kontrollvariablen eingestuft, wenn sie in den bivariaten Analysen (erster Analyseschritt 7.1.1 oder 7.2.1) einen signifikanten Effekt auf den jeweiligen Indikator der sozialen Bildungsungleichheit aufweisen. Eine Kontrolle eines bildungspolitischen Effektes durch eine relevante Rahmenbedingung erfolgt nur, wenn diese nicht stärker als Pearson's r=0,5 mit der jeweiligen bildungspolitischen Variable korreliert ist. Ansonsten drohen signifikante Effekte aufgrund starker Multikollinearität verdeckt zu werden.[13] Um Multikollinearität zu vermeiden, wird ferner jeweils nur für Kontrollvariablen kontrolliert, die nicht stark untereinander assoziiert sind. Eine starker Zusammenhang zwischen Kontrollvariablen wir dann angenommen, wenn Pearson's r>0,5 ist. In diesem Fall wird diejenige Kontrollvariable in das Modell eingeschlossen, die bivariat die höhere Erklärungskraft (adjusted (adj.) R^2) für die abhängige Variable aufweist (vgl. Analyseabschnitt 7.1.1 oder 7.2.1).

2. Insgesamt werden aufgrund der geringen Fallzahl von nur 16 Bundesländern nur maximal drei Variablen (eine bildungspolitische und zwei Kontrollvariablen) in die Modelle eingeschlossen (vgl. Achen 2002). Sind jedoch mehr als zwei Rahmenbedingungen relevant, die jeweils nicht mit der bildungspolitischen Variable korrelieren und auch untereinander keinen Zusammenhang aufweisen (also keine Multikollinearität besteht), werden dennoch nur die beiden Kontrollvariablen in das Modell aufgenommen, die bivariat die höchste Erklärungskraft für die jeweilige abhängige Variable aufweisen. Modelle mit mehr als drei unabhängigen Variablen sind aufgrund der starken Korrelationen zwischen den bildungspolitischen Effekten und der daraus resultierenden Multikollinearität nicht möglich (vgl. Achen 2002: 446). Ferner bedeutet

---

13 Beispiele für starke Zusammenhänge sind: Länder mit niedrigem BIP sind stärker im Ausbau der Kindergarten- und Krippenplätze engagiert, als Länder mit hohem BIP. Der Vorschulausbau hingegen ist stärker in Ländern mit hohem BIP. Außerdem sind Kindergärten und Krippen systematisch besser im Osten als im Westen Deutschlands ausgebaut. Der Abbau der eigenständigen Hauptschule ist ebenso stärker im Osten als im Westen. Ferner weisen traditionell SPD-dominierte Länder einen stärkeren Ausbau der Vorschulen und der Orientierungsstufen auf als traditionell CDU-dominierte Länder. Der Ausbau der Krippenplätze (nicht der Kindergartenplätze) ist negativ mit dem Katholikenanteil in den Ländern assoziiert. Die Stärke des Privatschulsektors ist auch positiv mit dem BIP assoziiert. Ferner sind die Schulbildungsausgaben in urbanisierten Ländern höher als in ländlich geprägten Bundesländern.

die geringe Fallzahl von 16 Fällen auch eine Auswahl von wenigen Regressoren, um die erforderte Anzahl von Freiheitsgraden zu gewährleisten (Jahn 2006: 375). Achen (2002: 446) schlägt aus diesem Grund eine maximale Anzahl von drei Regressoren vor.

6.3.3 Robustheitsanalysen

Um die Robustheit der Effekte gegen Heteroskedastizität und einflussreiche Fälle abzusichern, werden verschiedene Robustheitsanalysen durchgeführt: *Erstens* werden die Effekte anhand von Analysen mit robusten Standardfehlern auf Ihre Robustheit überprüft. Eine wesentliche Annahme der Regressionsanalyse ist die Homoskedastizität (Berry 1993; Bortz 1999: 205). Diese liegt vor, wenn die Fehler der vorgesagten Werte der abhängigen Variable für alle Werte der unabhängigen Variable die gleiche Streuung aufweisen (Bortz 1999: 748). Bei einer Abweichung von dieser Annahme liegt Heteroskedastiziät vor. In diesem Fall sind OLS-Schätzungen zwar unverzerrt aber nicht effizient (Long und Ervin 2000: 217). Dies macht insbesondere die Hypothesentests unsicher. Anhand von heteroskedastizitätskonsistenten Kovarianzmatritzen (heteroskedasticity consistent covariance matrix (HCCM)) können konsistente Schätzer der Kovarianzmatrix von Regressionskoeffizienten bei Vorhandensein von Heteroskedastizität unbekannter Form ermittelt werden (Long und Ervin 2000). Die hc3-Methode ist ein HCCM-Verfahren, welches insbesondere bei kleinen Fallzahlen Analysen mit robusten Standardfehlern bietet (Long und Ervin 2000). Bei der geringen Fallzahl von 16 Bundesländern sollten auch bei nicht signifikanten Heteroskedastizitätstests, HCCM basierte Schätzungen (hc3) verwendet werden (Long und Ervin 2000: 223).

Zweitens werden die Effekte auf einflussreiche Fälle überprüft. Dazu werden neben grafischen Darstellungen auch Jackknife- und Bootstrap-Verfahren (Rodgers 1999) sowie Bayesianische Statistik angewandt. Bei *Bootstrap-Verfahren* wird die Verteilung statistischer Kennwerte direkt aus einer Stichprobe rekonstruiert, anstatt aus einer mathematischen Herleitung aus der Grundgesamtheit. Dies ist insbesondere in politikwissenschaftlichen Untersuchen vorteilhaft, wenn der Datenumfang zu gering ist, um Schlüsse aus der Stichprobe auf die Grundgesamtheit ziehen zu können (Shikano 2006). Das Jackknife-Verfahren wird als Spezialfall der Bootstrap-Verfahren angesehen (Shikano 2006). In Bootstrap-Verfahren werden aus der vorliegenden Stichprobe (in diesem Fall die 16 deutschen Bundesländer) jeweils wiederholt Sub-

Stichproben gezogen, um die Schätzung der interessierenden Parameter (Effekte der bildungspolitischen Variablen auf das Ausmaß der Bildungsungleichheit) anhand dieser Sub-Stichprobe zu überprüfen. Aus der Stichprobe mit dem Umfang (16 Bundesländer) werden mit Zurücklegen wiederholt Stichproben mit einem bestimmten Umfang gezogen (Diaconis und Efron 1983; Rodgers 1999: 447; Shikano 2006). Für jede der einzelnen Stichproben wird der interessierende Parameter (Effekt der Bildungspolitik auf das Ausmaß der Bildungsungleichheit) geschätzt. Für die Verteilung dieses Parameters wird das Konfidenzintervall berechnet. Das Jackknife-Verfahren unterscheidet sich von dem Bootstrap-Verfahren nur in Art der Ziehung der Sub-Stichprobe (Rodgers 1999: 441). Es werden ebenso Teilmengen aus der vorliegenden Stichprobe (16 Bundesländer) gezogen. Jedoch gilt hier nicht das Prinzip des Zurücklegens der Fälle nach jeder Stichprobenziehung. Im Gegenteil wird die Stichprobe in eine bestimmte Anzahl Gruppen mit einer bestimmten Größe zerlegt. Meistens gilt, dass die Anzahl der Gruppen gleich der Größe der Gruppen ist (in der Statavoreinstellung) (Shikano 2006: 73). Nach Rogers (1999: 446) ist die zentrale Idee des Jackknife-Verfahrens, dass der Einfluss einzelnen Fallgruppen (bzw. deren Weglassens) auf das Ergebnis überprüft wird.

Besonders geeignet zur Schätzung statistischer Modelle mit kleinen Fallzahlen und nicht zufällig gezogenen Stichproben ist die *Bayesianische Statistik* (Broscheid 2006; Jackman 2000; King 1998; Western und Jackman 1994). Im Gegensatz zur klassischen Statistik macht die Bayesianische Statistik Aussagen über die Wahrscheinlichkeit eines Parameters (etwa eines Regressionskoeffizienten). Das Ergebnis ist daher eine A-posteriori-Parameterverteilung, eine Funktion, die allen möglichen Parameterwerten einen Wahrscheinlichkeitswert zuordnet (Broscheid 2006: 50; Jackman 2000: 377). Dabei wird die relative Unsicherheit eines hypothetischen Parameters beschrieben. Ferner berücksichtigt die Bayesianische Schätzung auch Prior Informationen über einen ermittelten Parameter (King 1998: 28ff.). In dieser Studie wird ein Parameter (Regressionskoeffizient) als stabil negativ oder positiv gewertet, wenn er mit einer Wahrscheinlichkeit von 80 Prozent (Parameterintervall) kleiner bzw. größer als null ist (vgl. Stadelmann-Steffen und Traunmüller 2010). Die Bayesianischen Schätzergebnisse repräsentieren den Mittelwert und die Standardabweichung der Posteriori-Verteilung. Diese können wie herkömmliche Regressionsergebnisse interpretiert werden: Der Mittelwert ist der mittlere Effekt einer unabhängigen Variable auf die abhängige Variable und die Standardabweichung bietet einen Eindruck über die statistische Verlässlichkeit dieser Schätzung. Das 80

Prozent Glaubwürdigkeitsintervall ist analog zum Konfidenzintervall in einer herkömmlichen Regression.[14] Neben diesen Robustheitsanalysen werden auch *grafische Darstellungen* zur Identifikation einflussreicher Fälle verwendet (vgl. Chatterjee und Wiseman 1983: 601ff.). Anhand von Streudiagrammen werden mögliche einflussreiche Fälle identifiziert, welche die beobachteten Effekte verzerren könnten. Gegebenenfalls werden die Effekte unter Ausschluss der Ausreißer überprüft.

Die Effekte werden als robust angesehen, wenn sie entweder unter der Verwendung robuster Standardfehler signifikant bleiben oder anhand der Bayesianischen Statistik ermittelt wird, dass der Regressionskoeffizient mit einer Parameterwahrscheinlichkeit von 80 Prozent ungleich Null ist. Ferner wird ein Effekt auch als stabil angesehen, wenn er unter Berücksichtigung (Weglassen) einflussreicher Fälle entweder bei der Verwendung robuster Standardfehler signifikant bleibt oder anhand der Bayesianischen Statistik ermittelt wird, dass der Regressionskoeffizient mit einer Parameterwahrscheinlichkeit von 80 Prozent ungleich Null ist. Wenn eine der genannten Robustheitsanalysen den Effekt verneint bzw. einflussreiche Fälle das Ergebnis verzerren, wird dies bei der Ergebnisdarstellung in den Abschnitten 7.1 und 7.2 erwähnt.

---

14 Keine der Schätzungen weist auf Nicht-Konvergenz hin. Die Modelle wurden mit R und WinBugs gerechnet (5000 Iterationen; burn-in 1000; wenig informative Priorannahmen für Alpha und Beta (Mittelwert 0 und eine Standardabweichung von 10000), um die Schätzung nicht zu stark durch Vorannahmen zu beeinflussen).

7 Resultate

Die zentrale These der vorliegenden Arbeit ist, dass die bildungspolitische Ausgestaltung der deutschen Bundesländer das Ausmaß sozialer Bildungsungleichheit beeinflusst. In Kapitel 4 wurde bereits die Variation des Ausmaßes sozialer Bildungsungleichheit zwischen den Ländern aufgezeigt. In diesem Kapitel werden nun die Hypothesen zum Einfluss der bildungspolitischen Aspekte auf das Ausmaß der sozialen Bildungsungleichheit überprüft. Die Ergebnisdarstellung erfolgt getrennt nach den beiden Dimensionen sozialer Bildungsungleichheit: soziale Ungleichheit im Bildungszugang und soziale Ungleichheit im Bildungsprozess. Die Ergebnisse beruhen auf dem in Abschnitt 6.3 vorgestellten Analyseschema.

Das Kapitel gliedert sich in die folgenden drei Abschnitte: In *Abschnitt 7.1* werden die bildungspolitischen Effekte auf die soziale Ungleichheit im Zugang zum Gymnasium vorgestellt. In *Abschnitt 7.2* folgen die Ergebnisse zu den Analysen bildungspolitischer Effekte auf das Ausmaß sozialer Bildungsungleichheit. *Abschnitt 7.3* bietet eine Zusammenfassung der Ergebnisse und die Evaluation der in Kapitel 3 aufgestellten Hypothesen.

7.1 Der Einfluss der Bildungspolitik auf die soziale Ungleichheit im Zugang zum Gymnasium

7.1.1 Ergebnisse der bivariaten Analysen zur Ungleichheit im Bildungszugang

Die bivariaten Zusammenhänge zwischen den bildungspolitischen Faktoren und den Indikatoren der sozialen Ungleichheit im Zugang zum Gymnasium ergeben eindeutige Effekte der frühkindlichen Bildung, des Ganztagsschulangebots, der Stärke des Privatschulsektors, des Zeitpunkts der Selektion in verschiedene Schularten und der durchschnittlichen Klassengröße auf das Ausmaß der sozialen Ungleichheit im Zugang zum gymnasialen Bildungsgang (siehe Tabellen 7.1a und 7.1b). Keinen Einfluss auf das Ausmaß der sozialen Ungleichheit im Zugang zum Gymnasium zeigen der Ausbau der Vorschulen, die Eigenständigkeit der Hauptschule, die Einführung von kooperativen Gesamtschulen und die Höhe der Schulbildungsausgaben.

Neben den bildungspolitischen Faktoren wurden die bivariaten Zusammenhänge zwischen weiteren sozioökonomischen, soziokulturellen und parteipolitischen Kontrollvariablen und dem Ausmaß der sozialen Ungleichheit im Zugang zum Gymnasium untersucht. Vor allem die soziokulturellen Rahmenbedingungen – katholische Tradition und Urbanisierungsgrad – zeigen deutliche Effekte. Je höher der Anteil der Katholiken in den Bundesländern, desto höher ist die soziale Ungleichheit im Zugang zum Gymnasium. Ferner ist die soziale Ungleichheit im Zugang zum Gymnasium in urbanisierten Bundesländern geringer als in stark ländlich geprägten Bundesländern. Der Effekt des Urbanisierungsgrads auf das Ausmaß der sozialen Bildungsungleichheit unter den Neuntklässlern im Jahr 2000 bleibt bei der Verwendung robuster Standardfehler und der Bootstrap- und Jackknife-Verfahren nicht stabil, jedoch bei der Verwendung Bayesianischer Statistik. Weitere Kontrollvariablen, wie die protestantische oder christliche Tradition, der Ost-West Unterschied, die wirtschaftliche Stärke der Bundesländer, der Migrationsanteil oder die parteipolitische Tradition in den Bundesländern spielen keine Rolle für das Ausmaß der sozialen Ungleichheit im Zugang zum Gymnasium.

Die sehr kleinen Regressionskoeffizienten in den Tabellen 7.1a und 7.1b und allen weiteren Ergebnisdarstellungen in diesem Kapitel weisen nicht auf besonders schwache Effekte hin. Die geringen Werte sind ausschließlich auf die Skalierung der abhängigen Variable soziale Bildungsungleichheit zurückzuführen.

Die unabhängigen Variablen	soziale Ungleichheit des Zugangs zum Gymnasium PISA-E Erhebung 2000 (Modell 1.1 in Abschnitt 6.1)	soziale Ungleichheit des Zugangs zum Gymnasium PISA-E Erhebung 2003 (Modell 2.1 in Abschnitt 6.1)
Bildungspolitische unabhängige Variablen		
Krippenangebot	**-0,0001998**** *(adj. R^2=0,4135)*	negativ, n.s.
Kindergartenangebot	**-0,0000839*** *(adj. R^2=0,1353)*	negativ, n.s.
Vorschulangebot	negativ, n.s	negativ, n.s
Ganztagsschulangebot	**-0,0007262**** *(adj. R^2=0,4300)*	negativ, n.s
Privatschulsektor	**0,0013986**** *(adj. R^2=0,2220)*	positiv, n.s.
Später Zeitpunkt der Selektion	**-0,0000894**** *(adj. R^2=0,1962)*	**-0,0001043**** *(adj. R^2=0,3558)*
Abschaffung der eigenständigen Hauptschule	**-0,0064547*** *(adj. R^2= 0,1363)*	negativ, n.s
Durchschnittliche Klassengröße	**0,0037285**** *(adj. R^2=0,2318)*	positiv, n.s.
Schulbildungsausgaben	negativ, n.s	positiv, n.s.
Kooperative Gesamtschulen	negativ, n.s	positiv, n.s.
Integrierte Gesamtschulen	negativ, n.s	negativ, n.s.

Tabelle 7.1a: Bivariate Makroeffekte auf die soziale Ungleichheit im Bildungszugang
*p<0,1; **p<0,05; ***p<0,001

Anmerkung: Laut Abschnitt 6.3 werden Effekte als relevant eingestuft, wenn sie für mindestens einen der beiden Ungleichheitsindikatoren einen signifikanten Effekt und für beide das gleiche Vorzeichen aufweisen.

Die unabhängigen Variablen	soziale Ungleichheit des Zugangs zum Gymnasium PISA-E Erhebung 2000 (Modell 1.1 in Abschnitt 6.1)	soziale Ungleichheit des Zugangs zum Gymnasium PISA-E Erhebung 2003 (Modell 2.1 in Abschnitt 6.1)
politische, sozioökonomische und soziokulturelle Kontrollvariablen		
Ostdeutsche Bundesländer	negativ, n.s	negativ, n.s.
BIP/Kopf	positiv, n.s.	positiv, n.s.
Stärke der CDU/CSU	positiv, n.s.	positiv, n.s.
Stärke des rechten Lagers	positiv, n.s.	positiv, n.s.
Stärke der SPD	negativ, n.s	negativ, n.s.
Stärke des linken Lagers	negativ, n.s	negativ, n.s.
Stärke anderer Parteien	positiv, n.s.	positiv, n.s.
Katholische Prägung	**0,0002819*** *(adj. R^2=0,6131)*	**0,0001703*** *(adj. R^2=0,1906)*
Protestantische Prägung	positiv, n.s.	negativ, n.s.
Christlich-kirchliche Prägung	**0,0002606** *(adj. R^2= 0,5305)*	positiv, n.s.
Urbanisierungsgrad	**-0,00000333*** *(adj. R^2=0,1441)*	negativ, n.s.
Migrationsanteil	positiv, n.s.	positiv, n.s.

Tabelle 7.1b: Bivariate Makroeffekte auf die soziale Ungleichheit im Bildungszugang
*p<0,1; **p<0,05; ***p<0,001

Anmerkung: Laut Abschnitt 6.3 werden Effekte als relevant eingestuft, wenn sie für mindestens einen der beiden Ungleichheitsindikatoren einen signifikanten Effekt und für beide das gleiche Vorzeichen aufweisen.

7.1.2 Bildungspolitische Effekte auf die soziale Ungleichheit im Bildungszugang unter Kontrolle der relevanten sozioökonomischen, soziokulturellen und parteipolitischen Rahmenbedingungen

Tabelle 7.2 zeigt die Effekte der bildungspolitischen Variablen auf das Ausmaß beider Indikatoren sozialer Ungleichheit im Zugang zum Gymnasium unter Kontrolle relevanter sozioökonomischer und soziokultureller Rahmenbedingungen. Die bivariaten Analysen haben den Katholikenanteil und den Urbanisierungsgrad in den Bundesländern als relevante Kontrollvariablen herausgestellt. Die Auswahl der Kontrollvariablen für die einzelnen Modelle folgt dem Analyseschema in Abschnitt 6.3.

Unter Kontrolle der relevanten sozioökonomischen und soziokulturellen Kontrollvariablen sind die Effekte des Ausbaus der Kinderkrippe, des Ausbaus der Ganztagsschule, der Stärke des Privatschulsektors, des Zeitpunkts der Gliederung und der durchschnittlichen Klassengröße stabil. Ferner bleibt auch der Effekt des Katholikenanteils über die Modelle hinweg ein signifikanter Prädiktor der sozialen Ungleichheit im Zugang zum Gymnasium.

Modelle zur sozialen Ungleichheit des Zugangs zum Gymnasium PISA-E Erhebung 2000 (Modell 1.2 in Abschnitt 6.2)

Bildungspolitische unabhängige Variable		Katholikenanteil	Urbanisierungsgrad	adj. R^2
Krippenangebot	**-0,0001956 ****	nicht im Modell	-0,00000312*	0,5623
Kindergartenangebot	negativ, n.s.	0,0001935**	-0,00000312**	0,6395
Vorschulangebot	negativ, n.s.	0,0000508**	nicht im Modell	0,5084
Ganztagsschulangebot	**-0,0004227****	0,0001916**	-0,00000201*	0,743
Privatschulsektor	**0,0019536***	nicht im Modell	-0,00000493**	0,6134
Später Zeitpunkt der Selektion	**negativ, n.s.**	0,0002489**	negativ, n.s.	0,6697
Abschaffung der eigenständigen Hauptschule	negativ, n.s.	0,0001997**	-0,00000289**	0,637
Lehrpersonalangebot	**0,0037285****	nicht im Modell	nicht im Modell	0,2318
Schulbildungsausgaben	negativ , n.s	0,0002513**	nicht im Modell	0,4988
Kooperative Gesamtschulen	negativ, n.s.	0,0002283**	-0,00000285*	0,6298
Integrierte Gesamtschulen	negativ, n.s.	0,0002425**	negativ, n.s.	0,6545

Modelle zur sozialen Ungleichheit des Zugangs zum Gymnasium PISA-E Erhebung 2003 (Modell 2.2 in Abschnitt 6.2)

Krippenangebot	**negativ, n.s.**	nicht im Modell	negativ, n.s.	/
Kindergartenangebot	negativ, n.s.	positiv, n.s.	negativ, n.s.	/
Vorschulangebot	positiv, n.s.	0,0001813*	nicht im Modell	0,1401
Ganztagsschulangebot	**negativ, n.s.**	positiv, n.s.	negativ, n.s.	/
Privatschulsektor	**0,0012598***	nicht im Modell	negativ, n.s.	0,1043
Späterer Zeitpunkt der Selektion	**-0,0000924 ****	positiv, n.s.	positiv, n.s.	0,3448
Abschaffung der eigenständigen Hauptschule	positiv, n.s.	0,0001728*	negativ, n.s.	0,0731
Durchschnittliche Klassengröße	positiv, n.s.	nicht im Modell	nicht im Modell	/

Schulbildungsausgaben	positiv, n.s.	nicht im Modell	nicht im Modell	/
Kooperative Gesamtschulen	positiv, n.s.	0,0001822*	positiv, n.s.	0,1947
Integrierte Gesamtschulen	negativ, n.s.	0,0001584*	positiv, n.s.	0,2261

Tabelle 7.2: Modelle zur Ermittlung der Effekte der bildungspolitischen Aspekte auf das Ausmaß sozialer Ungleichheit im Bildungszugang unter Kontrolle des Katholikenanteils und des Urbanisierungsgrads
*p<0,1; **p<0,05; ***p<0,001
Anmerkung: Laut Abschnitt 6.3 werden bildungspolitische Effekte als relevant eingestuft (fett gedruckt), wenn sie für mindestens einen der beiden Ungleichheitsindikatoren einen signifikanten Effekt und für beide das gleiche Vorzeichen aufweisen.

Für *das Krippenplatzangebot* kann ein stabil negativer Effekt auf das Ausmaß der sozialen Ungleichheit im Zugang zum Gymnasium bestätigt werden. Je größer das Angebot an Krippenplätzen in den Bundesländern, desto weniger ist der Zugang zum gymnasialen Bildungsgang von der sozialen Herkunft abhängig. Der Effekt des Krippenplatzangebots behält auch unter Kontrolle des Urbanisierungsgrads einen stabil negativen Effekt auf die soziale Ungleichheit im Zugang zum Gymnasium im Jahr 2000. Der Effekt des Krippenplatzangebots auf den Indikator soziale Ungleichheit im Zugang zum Gymnasium im Jahr 2003 wird zwar auch unter Kontrolle des Urbanisierungsgrads nicht signifikant, doch bleibt das Vorzeichen auch hier negativ.

Abbildung 7.1 bestätigt den Zusammenhang weiterhin. Die ostdeutschen Bundesländer mit einem großen Angebot an Krippenplätzen zeigen auch ein geringes Maß an sozialer Ungleichheit im Zugang zum Gymnasium auf. Es existiert kein Land mit einem geringen Niveau an Krippenplatzangeboten und gleichzeitig einem geringen Niveau an sozialer Ungleichheit im Zugang zum Gymnasium. Dies kommt der Definition einer notwendigen Bedingung recht nahe (Ragin 1987). Dies befürwortet Esping-Andersens (2008) Hypothese, dass ein starker Ausbau der frühkindlichen Bildung für ein geringes Niveau an sozialer Bildungsungleichheit notwendig ist (vgl. dazu auch Freitag und Schlicht 2009).

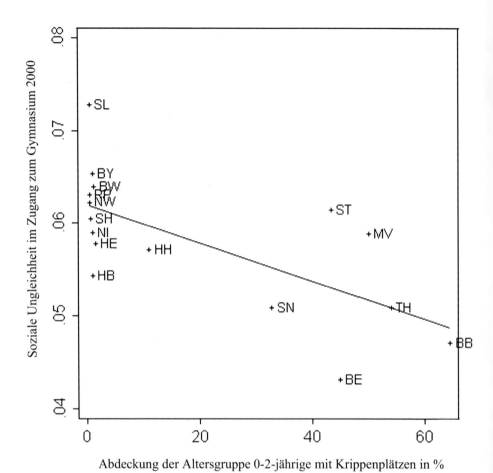

Abbildung 7.1: Effekt des Krippenplatzausbaus auf die soziale Ungleichheit im Bildungszugang
Anmerkung: Eigene Darstellung.

Für den *Ausbau der Ganztagsschule* kann ein stabil negativer Effekt auf das Ausmaß der sozialen Ungleichheit im Zugang zum Gymnasium bestätigt werden. Je stärker also der Ausbau der Ganztagsschule, desto weniger ist der Zugang zum gymnasialen Bildungsgang von der sozialen Herkunft abhängig.

Auch unter Kontrolle der soziokulturellen Faktoren – Katholikenanteil und Urbanisierungsgrad – bleibt der Effekt auf den Indikator soziale Ungleichheit im Zugang zum Gymnasium im Jahr 2000 signifikant negativ. Der Effekt auf den Indikator soziale Ungleichheit im Zugang zum Gymnasium im Jahr 2003 wird zwar unter Kontrolle der soziokulturellen Faktoren nicht signifikant, doch behält er sein negatives Vorzeichen. Abbildung 7.2 bestätigt den Zusammenhang zwischen dem Ausbau der Ganztagsschule und dem Ausmaß der sozialen Ungleichheit im Zugang zum Gymnasium.

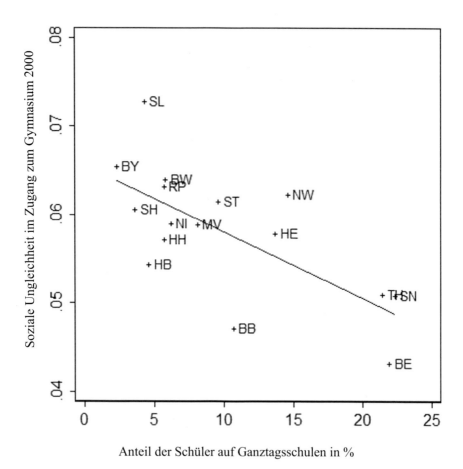

Abbildung 7.2: Effekt des Ausbaus der Ganztagsschule auf die soziale Ungleichheit im Bildungszugang
Anmerkung: Eigene Darstellung.

Für die Stärke des *Privatschulsektors* kann ein stabil positiver Effekt auf die soziale Ungleichheit im Zugang zum Gymnasium bestätigt werden. Je stärker der Privatschulsektor, desto höher das Ausmaß an sozialer Ungleichheit im Zugang zum gymnasialen Bildungsgang.

Der Effekt des Privatschulsektors bleibt auf beide Indikatoren sozialer Ungleichheit im Zugang zum gymnasialen Bildungsgang auch unter Kontrolle des Urbanisierungsgrads und unter Anwendung der Robustheitsanalysen (siehe Abschnitt 6.3) stabil positiv. Allerdings stellt sich Berlin als einflussreicher Ausreißer heraus (vgl. Chatterjee und Wiseman 1983: 601ff.). In Berlin ist die Stärke des Privatschulsektors moderat, die soziale Ungleichheit im Zugang zum Gymnasium dennoch gering (siehe Abbildung 7.3). Die Analysen ohne den Fall Berlin bestätigen den Effekt der Privatschule.

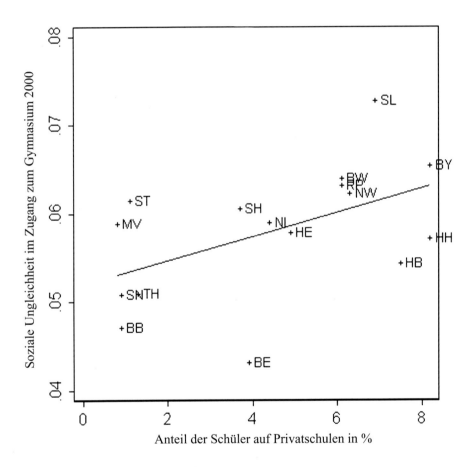

Abbildung 7.3: Effekt der Stärke des Privatschulsektors auf die soziale Ungleichheit im Bildungszugang
Anmerkung: Eigene Darstellung.

Für den *Zeitpunkt der Gliederung* kann ein stabil negativer Effekt auf das Ausmaß der sozialen Ungleichheit im Zugang zum Gymnasium bestätigt werden. Je mehr Schüler durch den Ausbau der Orientierungsstufe in den Klassen fünf und sechs auf schulartübergreifenden Orientierungsstufen beteiligt sind, desto geringer ist die Abhängigkeit des Gymnasialbesuchs von der sozialen Herkunft (vgl. Abbildung 7.4). Je mehr Kinder also die Möglichkeit haben, den Zeitpunkt der Entscheidung für einen Bildungsgang auf einen späteren Zeitpunkt als nach der vierten Klasse zu verschieben, desto geringer ist die soziale Ungleichheit im Bildungszugang. Ein später Zeitpunkt der Gliederung führt demnach zu einer geringen sozialen Ungleichheit im Zugang zum Gymnasium.

Der Effekt des Zeitpunkts der Gliederung auf den Indikator soziale Ungleichheit im Zugang zum Gymnasium im Jahr 2003 bleibt auch unter Kontrolle des Katholikenanteils und des Urbanisierungsgrads signifikant. Zwar ist der Effekt für den Indikator soziale Ungleichheit im Zugang zum Gymnasium im Jahr 2000 nicht signifikant, behält jedoch sein negatives Vorzeichen.

Der Einfluss der Bildungspolitik auf die soziale Ungleichheit im Zugang zum Gymnasium 229

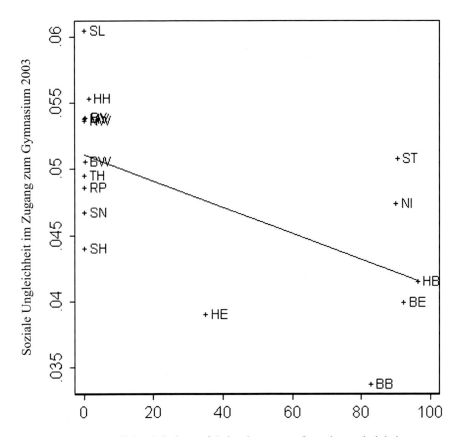

Anteil der Schüler auf Orientierungsstufen oder sechsjährigen Grundschulen in den Klassen fünf und sechs in %

Abbildung 7.4: Effekt des Zeitpunkts der Gliederung auf die soziale Ungleichheit im Bildungszugang
Anmerkung: Eigene Darstellung.

Für die *durchschnittliche Klassengröße* kann ein stabil positiver Effekt auf das Ausmaß der sozialen Ungleichheit im Zugang zum Gymnasium bestätigt werden. Je mehr Schüler somit in den Verantwortungsbereich eines Lehrers fallen, je schlechter also das Betreuungsverhältnis der Lehreranzahl zur Schüleranzahl, desto stärker ist das Ausmaß der sozialen Ungleichheit im Bildungszugang (vgl. Abbildungen 7.5).

Der Effekt der durchschnittlichen Klassengröße ist zwar nur für das Ausmaß sozialer Ungleichheit im Zugang zum Gymnasium im Jahr 2003 signifikant, behält jedoch auch für den Indikator sozialer Ungleichheit im Zugang zum Gymnasium im Jahr 2000 ein positives Vorzeichen.

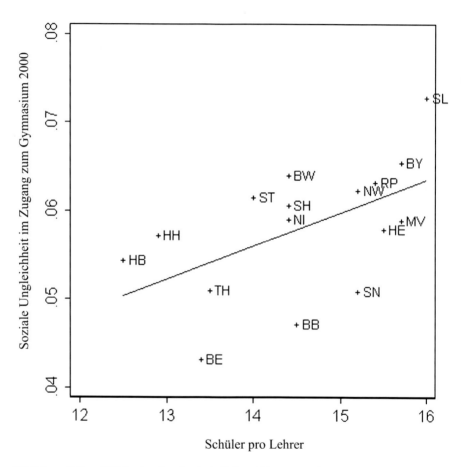

Abbildung 7.5: Effekt der durchschnittlichen Klassengröße auf die soziale Ungleichheit im Bildungszugang
Anmerkung: Eigene Darstellung.

Alle weiteren bildungspolitischen Aspekte – der Ausbau des Kindergartens, der Ausbau der Vorschule, die Höhe der Bildungsausgaben, die Eigenständigkeit der Hauptschule und die Einführung kooperativer Gesamtschulen – haben keinen stabilen Effekt auf das Ausmaß sozialer Ungleichheit im Zugang zum gymnasialen Bildungsgang.[15] Zwei bildungspolitische Faktoren – der Ausbau des Kindergartens und die Eigenständigkeit der Hauptschule – zeigen zwar bivariat einen signifikanten Einfluss auf das Ausmaß der sozialen Ungleichheit im Zugang zum Gymnasium. Jedoch bleiben die Effekte nicht bestehen, wenn für die soziokulturellen Rahmenbedingungen (Katholikenanteil und Urbanisierungsgrad) kontrolliert wird.

Der *Effekt des Kindergartenplatzangebots* bleibt, wenn man für den Katholikenanteil und den Urbanisierungsgrad kontrolliert, nicht bestehen. Das Saarland stellt mit einem sehr hohen Ausmaß sozialer Ungleichheit im Bildungszugang und einem eher geringen Kindergartenangebot in diesem Zusammenhang einen einflussreichen Fall dar, der den negativen Zusammenhang zwischen Kindergartenausbau und sozialer Ungleichheit im Bildungszugang verzerren könnte. Allerdings bleibt der Effekt auch ohne das Saarland bei Verwendung der Robustheitsanalysen nicht stabil.

Zwar haben alle Länder mit einem sehr starken Ausbau der *Vorschule* auch geringe Maße an sozialer Ungleichheit im Zugang zum Gymnasium. Allerdings besteht bei den Ländern mit sehr geringem Ausbau an Vorschulen auch eine starke Variabilität im Hinblick auf die soziale Bildungsungleichheit. Das wiederum weist erneut auf einen asymmetrischen Zusammenhang hin, wonach das Angebot an Vorschule zwar hinreichend, aber nicht notwendig für ein geringes Maß an sozialer Bildungsungleichheit ist (vgl. Ragin 1987).[16]

Ebenso kann kein Effekt der Schulbildungsausgaben und der kooperativen Gesamtschule ermittelt werden. Der mangelnde Zusammenhang zwischen dem Ausbau der kooperativen Gesamtschule und dem Ausmaß der sozialen Ungleichheit im Zugang zum Gymnasium ist maßgeblich auf die mangelnde Variation der unabhängigen Variable zurückzuführen. Nur in drei Ländern – Thüringen, Sachsen und Saarland – ist ein beachtlicher Ausbau der kooperativen Gesamtschule feststellbar. In den Ländern ohne beachtliches Ausmaß der koopera-

---

15 Für den Ausbau des Kindergartens und der Vorschule wurde Schütz und Wößmann (2005), Schütz et al. (2008) folgend jeweils auch getestet, ob ein umgekehrt u-förmiger Zusammenhang zwischen den Variablen und dem Ausmaß sozialer Bildungsungleichheit besteht. Dies konnte jedoch nicht bestätigt werden.
16 Auch unter Ausschluss einflussreicher Fälle (Sachsen, Thüringen und Brandenburg) wird der Zusammenhang nicht signifikant.

tiven Gesamtschule, variiert das Ausmaß sozialer Ungleichheit im Zugang zum gymnasialen Bildungsgang zudem erheblich.

Neben den genannten bildungspolitischen Variablen müssen auch die Effekte der Kontrollvariablen Beachtung finden. Bereits bei den bivariaten Analysen stellt sich heraus, dass weder die parteipolitische Tradition der Länder, noch die sozioökonomischen Rahmenbedingungen (Ost-West-Unterschied, Migrationsanteil, Bruttoinlandsprodukt) eine Rolle für das Ausmaß der sozialen Ungleichheit im Zugang zum Gymnasium spielen. Dahingegen stellt sich ein beachtlicher Einfluss der soziokulturellen Konditionen – der katholischen Prägung und des Urbanisierungsgrads – heraus. Erstens verstärkt die katholische Prägung der Länder das Ausmaß an sozialer Ungleichheit im Zugang zum Gymnasium. Der Effekt bleibt auch als Kontrollvariable für bildungspolitische Aspekte in Tabelle 7.2 äußerst stabil (vgl. auch Abbildung 7.6). Der Effekt des Urbanisierungsgrads bleibt hingegen nicht in allen Modellen signifikant und wechselt sogar teilweise das Vorzeichen. Aus diesem Grund kann der Effekt nicht als stabil angesehen werden.

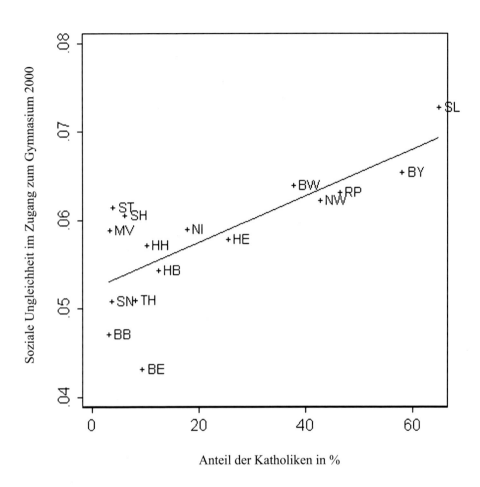

Abbildung 7.6: Effekt der katholischen Prägung auf die soziale Ungleichheit im Bildungszugang
Anmerkung: Eigene Darstellung.

7.2 Der Einfluss der Bildungspolitik auf die soziale Ungleichheit im Bildungsprozess

7.2.2 Ergebnisse der bivariaten Analysen zur Ungleichheit im Bildungsprozess

Im Folgenden gilt es nun die bildungspolitischen Effekte auf das Ausmaß der sozialen Ungleichheit im Bildungsprozess zu überprüfen. Tabelle 7.3 zeigt die bivariaten Effekte der bildungspolitischen Variablen sowie der Kontrollvariablen auf drei verschiedene Indikatoren sozialer Ungleichheit im Schulbildungsprozess: Abhängigkeit der Lesekompetenz der Neuntklässler in PISA-E 2003 von der sozialen Herkunft (Modell 3.1 in Abschnitt 6.1), Abhängigkeit der Mathematikkompetenz der Neuntklässler in PISA-E 2003 von der sozialen Herkunft (Modell 4.1 in Abschnitt 6.1) und Abhängigkeit der naturwissenschaftlichen Kompetenz der Neuntklässler in PISA-E 2003 von der sozialen Herkunft (Modell 5.1 in Abschnitt 6.1).

Bei Betrachtung der Effekte in Tabelle 7.3 wird deutlich, dass das Angebot an Krippen- und Kindergartenplätzen, der Ausbau der Vorschule und die Stärke des Privatschulsektors einen Effekt auf das Ausmaß der sozialen Ungleichheit im Schulbildungsprozess aufweisen. Der Effekt der Vorschule widerspricht der Hypothese 1, wonach Institutionen der frühkindlichen Bildung die soziale Bildungsungleichheit verringern sollen. Die Abhängigkeit des Kompetenzerwerbs von der sozialen Herkunft nimmt mit dem Ausbau der Vorschule zu. Alle anderen bildungspolitischen Variablen – der Ausbau der Ganztagsschule, die durchschnittliche Klassengröße, der Zeitpunkt der Selektion, die Höhe der Schulbildungsausgaben, die Eigenständigkeit der Hauptschule und die Einführung von Gesamtschulen – weisen bei der bivariaten Betrachtung keinen stabilen Effekt auf.

Die bivariaten Effekte der sozioökonomischen, soziokulturellen und parteipolitischen Rahmenbedingungen zeigen einen Einfluss der protestantischen Kultur, des Urbanisierungsgrads, des Ost-West-Unterschieds, des Bruttoinlandsprodukts und des Migrationsanteils auf das Ausmaß der sozialen Ungleichheit im Kompetenzerwerb. Für die unterschiedlichen Indikatoren sozialer Ungleichheit im Bildungsprozess sind unterschiedliche sozioökonomische, soziokulturelle und parteipolitische Rahmenbedingungen relevant.

Bivariate Regressionen	soziale Ungleichheit im Lesebildungsprozess	soziale Ungleichheit im Mathematikbildungsprozess	soziale Ungleichheit im naturwissenschaftlichen Bildungsprozess
	PISA-E Erhebung 2003	PISA-E Erhebung 2003	PISA-E Erhebung 2003
	(Modell 3.1 in Abschnitt 6.1)	(Modell 4.1 in Abschnitt 6.1)	(Modell 5.1 in Abschnitt 6.1)
Bildungspolitische Variablen			
Krippenangebot	-0,0041582*[17]	negativ, n.s.	negativ, n.s.
	(adj. R² = 0,1683)		
Kindergartenangebot	-0,0055062**	negativ, n.s.	negativ, n.s.
	(adj. R² = 0,2181)		
Vorschulangebot	0,0110855**	0,0064003**	0,011344**
	(adj. R² = 0,3920)	*(adj. R² = 0,2385)*	*(adj. R² = 0,3759)*
Ganztagsschulangebot	negativ, n.s.	negativ, n.s.	positiv, n.s.

---

17 Hier ist nicht – wie üblich – der Effekt ohne robuste Standardfehler präsentiert, sondern mit robusten Standardfehlern (hc3), da der Effekt mit robusten Standardfehlern auf dem 10%-Niveau signifikant ist, der Effekt ohne robuste Standardfehler hingegen nicht.

Bivariate Regressionen	soziale Ungleichheit im Lesebildungsprozess PISA-E Erhebung 2003 (Modell 3.1 in Abschnitt 6.1)	soziale Ungleichheit im Mathematikbildungsprozess PISA-E Erhebung 2003 (Modell 4.1 in Abschnitt 6.1)	soziale Ungleichheit im naturwissenschaftlichen Bildungsprozess PISA-E Erhebung 2003 (Modell 5.1 in Abschnitt 6.1)
Privatschulsektor	negativ, n.s	negativ, n.s.	positiv, n.s.
	positiv, n.s.	positiv, n.s.	**0,0548738****
			(adj. R² = 0,2587
Später Zeitpunkt der Selektion	positiv, n.s.	positiv, n.s.	negativ, n.s.
Abschaffung der eigenständigen Hauptschule	negativ, n.s.	negativ, n.s.	negativ, n.s.
Lehrpersonalangebot	negativ, n.s.	negativ, n.s.	negativ, n.s.
Schulbildungsausgaben	positiv, n.s.	**0,0001452***	positiv, n.s.
		(adj. R² = 0.1577)	
Kooperative Gesamtschulen	negativ, n.s.	negativ, n.s.	negativ, n.s.

Bivariate Regressionen	soziale Ungleichheit im Lese-bildungsprozess PISA-E Erhebung 2003 (Modell 3.1 in Abschnitt 6.1)	soziale Ungleichheit im Mathematik-bildungsprozess PISA-E Erhebung 2003 (Modell 4.1 in Abschnitt 6.1)	soziale Ungleichheit im naturwissenschaftlichen Bildungsprozess PISA-E Erhebung 2003 (Modell 5.1 in Abschnitt 6.1)
Integrierte Gesamtschulen	positiv, n.s.	negativ, n.s.	positiv, n.s.
Politische, sozioökonomische und soziokulturelle Kontrollvariablen			
Ostdeutsche Bundesländer	**-0,2663423**** *(adj. R²=0,2152)*	negativ, n.s.	**-0,3169295 **** *(adj. R²= 0,2963)*
BIP/Kopf	positiv, n.s.	0,0000109* *(adj. R²= 0,1483)*	**0,0000224**** *(adj. R²= 0,3564)*
Stärke der CDU/CSU	negativ, n.s.	negativ, n.s.	negativ, n.s.
Stärke des rechten Lagers	negativ, n.s.	negativ, n.s.	negativ, n.s.
Stärke der SPD	positiv, n.s.	positiv, n.s.	positiv, n.s.
Stärke des linken Lagers	positiv, n.s.	positiv, n.s.	positiv, n.s.

Bivariate Regressionen	soziale Ungleichheit im Lesebildungsprozess PISA-E Erhebung 2003 (Modell 3.1 in Abschnitt 6.1)	soziale Ungleichheit im Mathematikbildungsprozess PISA-E Erhebung 2003 (Modell 4.1 in Abschnitt 6.1)	soziale Ungleichheit im naturwissenschaftlichen Bildungsprozess PISA-E Erhebung 2003 (Modell 5.1 in Abschnitt 6.1)
Stärke anderer Parteien	positiv, n.s.	negativ, n.s.	negativ, n.s.
Katholische Prägung	positiv, n.s.	negativ, n.s.	positiv, n.s.
Protestantische Prägung	**0,0094204*** *(adj. R^2=0,1677)*	positiv, n.s.	positiv, n.s.
Christlich-kirchliche Prägung	negativ, n.s	positiv, n.s.	positiv, n.s.
Urbanisierungsgrad	**0,0000963*** *(adj. R^2=0,1235)*	**0,000088*** *(adj. R^2= 0,2611)*	**0,0001444 **** *(adj. R^2= 0,3336)*

Bivariate Regressionen	soziale Ungleichheit im Lese-bildungsprozess	soziale Ungleichheit im Mathematik-bildungsprozess	soziale Ungleichheit im naturwis-senschaftlichen Bildungsprozess
	PISA-E Erhebung 2003	PISA-E Erhebung 2003	PISA-E Erhebung 2003
	(Modell 3.1 in Abschnitt 6.1)	(Modell 4.1 in Abschnitt 6.1)	(Modell 5.1 in Abschnitt 6.1)
Migrationsanteil	positiv, n.s.	positiv, n.s.	**0,0299954****
			(adj. R^2= 0,4909)

Tabelle 7.3: Bivariate Makroeffekte auf die soziale Ungleichheit im Bildungsprozess
*p<0,1; **p<0,05; ***p<0,001

Anmerkung: Laut Abschnitt 6.3 werden Effekte als relevant eingestuft, wenn sie für mindestens einen der drei Ungleichheitsindikatoren einen signifikanten Effekt *und* für alle drei das gleiche Vorzeichen aufweisen.

In den folgenden Analysen werden die bildungspolitischen Effekte auf das Ausmaß der sozialen Ungleichheit im Kompetenzerwerb durch die relevanten nicht bildungspolitischen Rahmenbedingungen (Ost-West-Unterschied, Bruttoinlandsprodukt pro Kopf, Protestantenanteil, Urbanisierungsgrad und Migrationsanteil) kontrolliert. Die folgenden Ergebnistabellen enthalten für jeden bildungspolitischen Aspekt drei Modelle (vgl. Abschnitt 6.2): 1. das Modell für den Effekt der jeweiligen bildungspolitischen Variable auf das Ausmaß der Ungleichheit im Lesekompetenzerwerb 2003 (Modell 3.2), 2. das Modell für den Effekt der jeweiligen bildungspolitischen Variable auf das Ausmaß der Ungleichheit im Mathematikkompetenzerwerb 2003 (Modell 4.2) und 3. das Modell für den Effekt der jeweiligen bildungspolitischen Variable auf das Ausmaß der Ungleichheit im naturwissenschaftlichen Kompetenzerwerb 2003 (Modell 5.2). In den drei Modellen werden die bildungspolitischen Indikatoren jeweils durch die für den jeweiligen Ungleichheitsindikator relevanten sozioökonomischen, soziokulturellen und politischen Rahmenbedingungen kontrolliert. Für Modell 3.2 sind der Protestantenanteil, der Ost-West-Unterschied und der Urbanisierungsgrad relevant. Für Modell 4.2 sind das Bruttoinlandsprodukt pro Kopf und der Urbanisierungsgrad relevant. Für Modell 5.2 sind der Ost-West-Unterschied, das Bruttoinlandsprodukt pro Kopf, der Urbanisierungsgrad und der Migrationsanteil relevant. Die Auswahl der Kontrollvariablen in den einzelnen Modellen folgt dem Analyseschema in Abschnitt 6.3.

7.2.3 Bildungspolitische Effekte unter Kontrolle der relevanten sozioökonomischen, soziokulturellen und parteipolitischen Rahmenbedingungen

Der *Ausbau der Krippenplätze* weist auf das Ausmaß der sozialen Ungleichheit im Bildungsprozess einen stabilen negativen Effekt auf, wenn man für den Urbanisierungsgrad kontrolliert (vgl. Tabelle 7.4). Je stärker also der Ausbau der Krippenplätze, desto geringer ist die soziale Ungleichheit im Kompetenzerwerb unter den Neuntklässlern in PISA-E 2003 (vgl. auch Abbildung 7.7). Der Effekt der Krippenplätze ist in den Modellen 3.2 und 5.2 signifikant und auch in Modell 4.2 hat der nicht signifikante Effekt ein negatives Vorzeichen.

	Soziale Ungleichheit im Bildungsprozess (Lesekompetenz 2003) Modell 3.2	Soziale Ungleichheit im Bildungsprozess (Mathematikkompetenz 2003) Modell 4.2	Soziale Ungleichheit im Bildungsprozess (naturwissenschaftliche Kompetenz 2003) Modell 5.2
Krippenplatzangebot	-0,0045516*	negativ, n.s.	-0,004345**
Urbanisierungsgrad	0,0001048*	0,0000906**	0,0001521**
Ost-West-Unterschied	nicht im Modell	nicht im Modell	nicht im Modell
Bruttoinlandsprodukt	nicht im Modell	nicht im Modell	nicht im Modell
Protestantenanteil	nicht im Modell	nicht im Modell	nicht im Modell
Migrationsanteil	nicht im Modell	nicht im Modell	nicht im Modell
adj. R^2	0,2894	0,2390	0,4875

Tabelle 7.4: Der Effekt des Kinderkrippenausbaus auf die soziale Ungleichheit im Bildungsprozess
*p<0,1; **p<0,05; ***p<0,001

Anmerkung: Laut Abschnitt 6.3 werden Effekte als relevant eingestuft, wenn sie für mindestens einen der drei Ungleichheitsindikatoren einen signifikanten Effekt *und* für alle drei das gleiche Vorzeichen aufweisen.

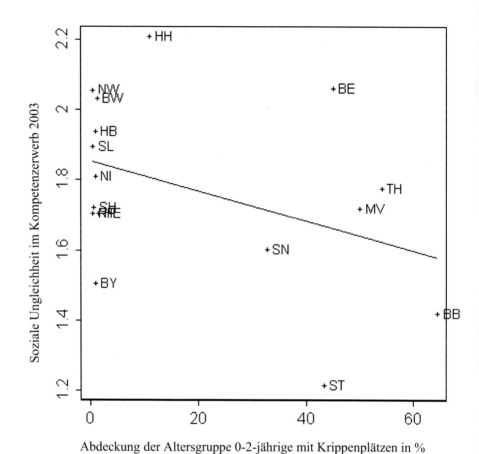

Abbildung 7.7: Effekt des Krippenplatzausbaus auf die soziale Ungleichheit im naturwissenschaftlichen Kompetenzerwerbe
Anmerkung: Eigene Darstellung.

Der *Kindergartenausbau* weist einen stabilen Effekt auf das Ausmaß der sozialen Ungleichheit im Bildungsprozess auf, wenn man für den Urbanisierungsgrad kontrolliert (vgl. Tabelle 7.5). Der Kindergarten kann somit die Abhängigkeit des Kompetenzerwerbs von der sozialen Herkunft verringern (vgl. auch Abbildung 7.8). In Modell 3.2 ist der Effekt des Kindergartenausbaus signifikant. In den Modellen 4.2 und 5.2 hingegen weist der Effekt keinen signifikanten Einfluss auf, behält aber jeweils ein negatives Vorzeichen.

	Soziale Ungleichheit im Bildungsprozess (Lesekompetenz 2003) Modell 3.2	Soziale Ungleichheit im Bildungsprozess (Mathematikkompetenz 2003) Modell 4.2	Soziale Ungleichheit im Bildungsprozess (naturwissenschaftliche Kompetenz 2003) Modell 5.2
Kindergartenplatzangebot	**-0,0051835****	**negativ, n.s.**	**negativ, n.s.**
Urbanisierungsgrad	0,0000873*	0,0000837**	positiv, n.s.
Ost-West-Unterschied	nicht im Modell	nicht im Modell	nicht im Modell
Bruttoinlandsprodukt	nicht im Modell	nicht im Modell	positiv, n.s.
Protestantenanteil	nicht im Modell	nicht im Modell	nicht im Modell
Migrationsanteil	nicht im Modell	nicht im Modell	nicht im Modell
adj. R.²	0,3360	0,2941	0,4104

Tabelle 7.5: Der Effekt des Kindergartenplatzausbaus auf die soziale Ungleichheit im Bildungsprozess
*p<0,1; **p<0,05; ***p<0,001
Anmerkung: Laut Abschnitt 6.3 werden Effekte als relevant eingestuft, wenn sie für mindestens einen der drei Ungleichheitsindikatoren einen signifikanten Effekt *und* für alle drei das gleiche Vorzeichen aufweisen.

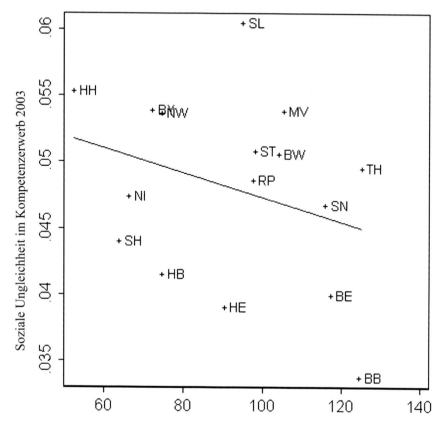

Abbildung 7.8: Effekt des Kindergartenplatzausbaus auf die soziale Ungleichheit im Lesekompetenzerwerb
Anmerkung: Eigene Darstellung.

Der *Ausbau der Vorschule* hat einen stabilen positiven Effekt auf das Ausmaß der sozialen Ungleichheit im Kompetenzerwerb (vgl. Tabelle 7.6). Entgegen der Hypothese, die einen verringernden Einfluss der frühkindlichen Bildung auf das Ausmaß der sozialen Ungleichheit erwartet, ist die soziale Ungleichheit im Kompetenzerwerb in Ländern mit starkem Vorschulausbau höher als in Ländern mit geringem Vorschulausbau (vgl. auch Abbildung 7.9). Der Effekt ist in allen drei Modellen signifikant positiv.

	Soziale Ungleichheit im Bildungsprozess (Lesekompetenz 2003) Modell 3.2	Soziale Ungleichheit im Bildungsprozess (Mathematikkompetenz 2003) Modell 4.2	Soziale Ungleichheit im Bildungsprozess (naturwissenschaftliche Kompetenz 2003) Modell 5.2
Vorschulausbau	**0,0094397****	**0,0064003****	**0,0069552****
Urbanisierungsgrad	nicht im Modell	nicht im Modell	nicht im Modell
Ost-West-Unterschied	nicht im Modell	nicht im Modell	nicht im Modell
Bruttoinlandsprodukt	nicht im Modell	nicht im Modell	nicht im Modell
Protestantenanteil	positiv, n.s.	nicht im Modell	nicht im Modell
Migrationsanteil	nicht im Modell	nicht im Modell	0,0218772**
adj. R.²	0,3912	0,2385	0,6062

Tabelle 7.6: Der Effekt des Vorschulausbaus auf die soziale Ungleichheit im Bildungsprozess
*p<0,1; **p<0,05; ***p<0,001
Anmerkung: Laut Abschnitt 6.3 werden Effekte als relevant eingestuft, wenn sie für mindestens einen der drei Ungleichheitsindikatoren einen signifikanten Effekt *und* für alle drei das gleiche Vorzeichen aufweisen.

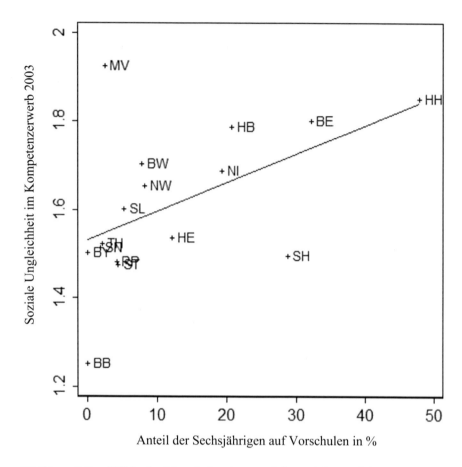

Abbildung 7.9: Effekt des Vorschulausbaus auf die soziale Ungleichheit im Mathematikkompetenzerwerb
Anmerkung: Eigene Darstellung.

Die *Stärke des Privatschulsektors* weist keinen stabilen positiven Effekt auf das Ausmaß der sozialen Bildungsungleichheit auf (vgl. Anhänge 15 und 16). Der bivariat positive Effekt auf die soziale Ungleichheit im naturwissenschaftlichen Kompetenzerwerb lässt sich unter Kontrolle des Urbanisierungsgrads nicht bestätigen. Der Effekt ist zwar in Modell 5.2 signifikant positiv. Allerdings ist der Effekt der Stärke des Privatschulsektors auf die soziale Ungleichheit im

Erwerb von naturwissenschaftlichen Kompetenzen (Modell 5.2) unter Anwendung der Robustheitsanalysen nicht stabil. Aus diesem Grund kann nicht von einem verlässlichen Einfluss der Stärke des Privatschulsektors auf die soziale Ungleichheit im Kompetenzerwerb ausgegangen werden. Alle weiteren bildungspolitischen Aspekte weisen auch bei Kontrolle der sozioökonomischen, soziokulturellen und parteipolitischen Kontrollvariablen keinen stabilen Effekt auf das Ausmaß der sozialen Ungleichheit im Kompetenzerwerb auf. In den Anhängen 17 bis 22 zeigt sich, dass die Effekte der Ganztagsschule, der Eigenständigkeit der Hauptschule, der durchschnittliche Klassengröße, der Schulbildungsausgaben, der kooperativen und der integrierten Gesamtschule in keinem der drei Modelle signifikant sind. Der Effekt des Zeitpunkts der Gliederung (Ausbau der Orientierungsstufe) weist in Modell 5.2 einen signifikant negativen Effekt auf das Ausmaß der sozialen Ungleichheit im Erwerb von naturwissenschaftlichen Kompetenzen auf. Allerdings wechselt das Vorzeichen in Modell 3.2 zu einem nicht signifikanten positiven Effekt (vgl. Anhänge 23 und 24).

Hinsichtlich der Kontrollvariablen zeichnet sich kein eindeutiges Bild ab. Bereits bei den bivariaten Analysen zeigt sich, dass für die unterschiedlichen Indikatoren sozialer Ungleichheit im Kompetenzerwerb auch unterschiedliche sozioökonomische, soziokulturelle und politische Rahmenbedingungen relevant sind. Die einzige Rahmenbedingung für die hinreichend oft kontrolliert wurde, um ihren Effekt abschließend beurteilen zu können ist der Urbanisierungsgrad. Der Urbanisierungsgrad hat einen stabil positiven Effekt auf das Ausmaß der sozialen Ungleichheit im Kompetenzerwerb (vgl. auch Abbildung 7.10). Je städtischer ein Bundesland geprägt ist, desto stärker ist der Kompetenzerwerb von der sozialen Herkunft abhängig. Alle anderen Effekte können nicht abschließend beurteilt werden.

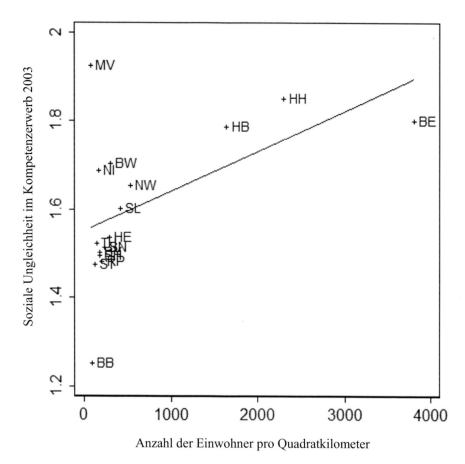

Abbildung 7.10: Effekt der Urbanisierung auf die soziale Ungleichheit im Mathematikkompetenzerwerb
Anmerkung: Eigene Darstellung.

7.3 Zusammenfassung der Ergebnisse und Evaluation der Hypothesen

In Tabelle 7.7 werden die Ergebnisse zum Einfluss der bildungspolitischen Variablen auf die beiden Arten sozialer Bildungsungleichheit zusammengefasst. Dabei werden drei generelle Ergebnisse deutlich: Erstens unterscheiden sich die bildungspolitischen Effekte sehr deutlich zwischen den beiden Arten sozialer

Bildungsungleichheit, soziale Ungleichheit im Bildungszugang und soziale Ungleichheit im Bildungsprozess. Zweitens treten die bildungspolitischen Effekte auf die soziale Ungleichheit im Bildungszugang deutlicher hervor als auf die soziale Ungleichheit im Bildungsprozess. Die Bildungspolitik hat somit mehr Möglichkeiten, die soziale Ungleichheit im Zugang zum gymnasialen Bildungsgang zu verringern, als die soziale Ungleichheit im Kompetenzerwerb. Drittens unterscheiden sich auch die Effekte der soziokulturellen, sozioökonomischen und politischen Rahmenbedingungen auf das Ausmaß der sozialen Ungleichheit strikt nach den beiden Arten sozialer Bildungsungleichheit. Die Entstehung verschiedener Arten sozialer Ungleichheit unterliegt somit sehr unterschiedlichen makro-gesellschaftlichen Mechanismen. Wenn die Bildungspolitik im Hinblick auf das Ausmaß der sozialen Bildungsungleichheit evaluiert werden soll, muss jeweils die Art der sozialen Bildungsungleichheit spezifiziert werden.

Die die bildungspolitischen Variablen	Soziale Ungleichheit im Zugang zum Gymnasium (Bildungszugang)	Soziale Ungleichheit im Kompetenzerwerb (Bildungsprozess)
Krippenangebot	*Verringend*	*Verringend (e)*
Kindegartenangebot	-	*Verringend (e)*
Vorschulangebot	-	*Verstärkend*
Ganztagsschulangebot	*Verringend (e)*	-
Durchschnittliche Klassengröße	*Verstärkend*	-
Schulbildungsausgaben	-	-
Später Zeitpunkt der Selektion	*Verringend (e)*	-
Abschaffung der eigenständigen Hauptschule	-	-
Kooperative Gesamtschu	-	-
Integrierte Gesamtschulen	-	-
Privatschulsektor	*Verstärkend*	-

Tabelle 7.7: Einfluss der Bildungspolitik auf die beiden Arten sozialer Bildungsungleichheit

Anmerkung: Effekte die mit *(e)* gekennzeichnet sind, können *(e)*indeutig von den soziokulturellen Effekten der religiösen Prägung und des Urbanisierungsgrads getrennt werden und bestätigen daher einen tatsächlichen bildungspolitischen Einfluss auf beide Arten der sozialen Bildungsungleichheit.

Tabelle 7.7 zeigt, dass die Abhängigkeit des Zugangs zum gymnasialen Bildungsgang von der sozialen Herkunft durch den Krippenplatzausbau, durch den Ganztagsschulausbau, durch kleine Klassengrößen, durch eine späte Gliederung in der Sekundarstufe I und einen schwachen Privatschulsektor verringert wird. Die Abhängigkeit des Kompetenzerwerbs von der sozialen Herkunft hingegen kann nur durch den Krippenplatzausbau und den Kindergartenplatzausbau verringert werden. Der Vorschulausbau hingegen verstärkt sogar das Ausmaß an sozialer Ungleichheit im Kompetenzerwerb. Allerdings sind nicht alle diese Zusammenhänge auf eindeutige kausale Zusammenhänge zurückzuführen. Teils sind sie nicht eindeutig (e) von den einflussreichen soziokulturellen Faktoren trennbar.

Hypothese 1: Das Angebot an frühkindlicher Bildung

Anhand der Analysen in den Abschnitten 7.1 und 7.2 kann Hypothese 1 zum Einfluss der frühkindlichen Bildung teilweise bestätigt werden. Die soziale Ungleichheit im Bildungsprozess (Kompetenzerwerb) wird eindeutig durch das Angebot an frühkindlicher Bildung (Kinderkrippe und Kindergarten) beeinflusst. Die Krippe und der Kindergarten gleichen die schichtspezifischen Unterschiede in den Schuleintrittsvoraussetzungen bereits vor der Einschulung aus (vgl. Biedinger et al. 2008; Büchel et al. 1997; Hillmert 2004, 2005; Hurrelmann 1988; Kreyenfeld et al. 2002; Leschinsky und Mayer 1990b; Magnuson et al. 2006; McClelland und Acock 2006; Schechter und Bye 2006). Das Ergebnis bestätigt die Resultate von Freitag und Schlicht (2009), Schlicht (2010) und Wößmann (2007) und die international vergleichenden Studien von Schütz und Wößmann (2005) und Schütz et al. (2008).

Soziale Ungleichheit im Bildungszugang (Zugang zum gymnasialen Bildungsgang) wird jedoch nicht eindeutig durch den Ausbau der frühkindlichen Bildung moderiert. Der Effekt der Krippe auf die soziale Ungleichheit im Zugang zum Gymnasium kann nicht vollständig von dem soziokulturellen Effekt der katholischen Tradition in den Ländern getrennt werden. Der Ausbau der Krippe korreliert stark negativ mit dem Anteil der Katholiken in den Ländern. Der Anteil der Katholiken hat jedoch auch einen stabilen positiven Effekt auf das Ausmaß der sozialen Ungleichheit im Zugang zum Gymnasium.

Der ausschließliche Effekt der frühkindlichen Bildung auf die Ungleichheit im Bildungsprozess weist darauf hin, dass insbesondere die frühe Förderung in Kinderkrippen den Kompetenzerwerb vor dem Schuleintritt ausgleichen kann. Der ausbleibende Effekt auf die soziale Ungleichheit im Zugang zum Gymnasium ist darauf zurückzuführen, dass die soziale Ungleichheit im

Gymnasialzugang nicht nur den Mechanismen des Kompetenzerwerbs in frühen Bildungsstadien unterliegt. Vielmehr spielen auch andere soziale Selektionsmechanismen, wie soziale Selektion durch Lehrer und sozialschichtabhängige Entscheidungen im Elternhaus eine Rolle wenn es um den Besuch eines gymnasialen Bildungsgangs geht (Becker 2000; Dravenau und Groh-Samberg 2005: 119; Erikson und Jonsson 1996; Esser 1996; Kingston 2001: 88; Sullivan 2001).

Im Bezug auf die Institution der Vorschule kann der lineare Zusammenhang zwischen sozialer Herkunft und dem Bildungserfolg nicht bestätigt werden. Die Vorschule hat keinen Effekt auf die soziale Ungleichheit im Zugang zum Gymnasium. Hingegen besteht sogar ein positiver Zusammenhang zwischen dem Ausbau der Vorschule und der sozialen Ungleichheit im Kompetenzerwerb. Je stärker die Beteiligung an Vorschulen in den deutschen Bundesländern, desto stärker ist auch der Kompetenzerwerb von der sozialen Herkunft abhängig. Allerdings ist der Effekt der Vorschule auf das Ausmaß der sozialen Ungleichheit im Kompetenzerwerb nicht eindeutig von dem Effekt des Urbanisierungsgrads zu trennen. Der Urbanisierungsrad hat ebenfalls einen positiven Einfluss auf die soziale Ungleichheit im Kompetenzerwerb und ist gleichzeitig stark positiv mit dem Ausbau der Vorschule korreliert.

Hypothese 2: Der Ausbau der Ganztagsschule

Hypothese 2 zum Ausbau der Ganztagsschule kann für das Ausmaß sozialer Ungleichheit im Zugang zum Gymnasium bestätigt werden. Je stärker die Beteiligung an Ganztagsschulen, desto weniger ist der Besuch eines gymnasialen Bildungsgangs von der sozialen Herkunft abhängig. Der vermutet Kausalzusammenhang in der Hypothese ist, dass die Ganztagsschule zu einem Ausgleich der Kompetenzen bei den Schüler und infolge auch zu einem Ausgleich des Zugangs zum Gymnasium (vgl. Becker und Lauterbach 2004b; Bettmer 2007; De Graaf et al. 2000; DiMaggio 1982; Ipfling und Lorenz 1979; Prüß 2007; Radisch et al. 2006; Zvoch et al. 2008). Allerdings kann kein Effekt der Ganztagsschule auf die soziale Ungleichheit im Kompetenzerwerb festgestellt werden.

Den mangelnden Effekt der Ganztagsschule auf die soziale Ungleichheit im Kompetenzerwerb unterstützen auch Radisch et al. (2006) und Wößmann (2007). Dies kann darauf zurückzuführen sein, dass insbesondere Ganztagsgrundschulen den Grundstein für ausgeglichene Kompetenzen legen und somit den Zugang zum Gymnasium schichtunabhängiger machen. Im Gegensatz dazu werden spätere Kompetenzen im Sekundarschulbereich nicht mehr durch die Ganztagsschule beeinflusst. Betrachtet man die Beteiligungsraten der Ganztagsschüler getrennt nach Schularten in Abschnitt 5.2.2, so wird deutlich, dass insbesondere in den Ländern mit starkem Ganztagsschulausbau (Sachsen, Berlin und Thüringen), die Grundschulen die höchsten Ganztagsschüleranteile aufweisen. Tatsächlich profitieren also mehrheitlich jüngere Schüler vom Ausbau der Ganztagsschule in Deutschland. Es erstaunt daher nicht, dass das Instrument der Ganztagsschule nur in frühen Bildungsphasen wirkt und somit auch die Abhängigkeit des Gymnasialbesuchs von der sozialen Herkunft verringert, jedoch keinen Effekte auf die soziale Ungleichheit im späteren Kompetenzerwerb in der Sekundarstufe I aufweist (vgl. Finn et al. 2005).

Der mangelnde Effekt der Ganztagsschule auf die soziale Ungleichheit im Kompetenzerwerb in der Sekundarstufe I kann auch auf einen sozialselektiven Zugang zur Ganztagsschule zurückzuführen sein (vgl. Stadelmann-Steffen 2008: 400). In einigen Ländern (Bayern, Baden-Württemberg, Brandenburg, Mecklenburg-Vorpommern, Thüringen) sind es insbesondere die Privatschulen, die den Ganztagsbetrieb ausbauen. In diesen Fällen nutzt der Ausbau der Ganztagsschule vor allem den höheren sozialen Schichten.

Ferner besteht die Möglichkeit, dass der Kausalmechanismus der Ganztagsschule auf die soziale Ungleichheit im Zugang zum Gymnasium generell weniger über einen Kompetenzausgleich verläuft, als über anderer Sozialisationseffekte (vgl. Holtappels 1994; Holtkemper 1967: 15). So kann die Ganztagsschule eine stärkere Bindung an die Lernumgebung schafft und somit zu höheren Bildungsaspirationen und infolge auch zu höheren Schulempfehlungen führt. Durch diese Mechanismen muss jedoch nicht automatisch auch der Kompetenzerwerb erhöht werden.

Schlicht et al. (2010) zeigen ferner, dass die Ganztagsschule die soziale Ungleichheit im Kompetenzerwerb im westeuropäischen Vergleich durchaus verringern kann (vgl. auch Ammermüller 2005). Dies kann darauf zurückzuführen sein, dass die Ganztagsschulen im westeuropäischen Vergleich deutlich stärker ausgebaut sind als in Deutschland. Es ist daher genauer zu prüfen, unter welchen Umständen die Ganztagsschule auch zu einer Verringerung der sozialen Ungleichheit im Kompetenzerwerb beiträgt.

Hypothese 3: Die durchschnittliche Klassengröße

Hypothese 3 zum Effekt der durchschnittlichen Klassengröße kann nicht eindeutig bestätigt werden. Zwar zeigen die Analysen, dass je größer die durchschnittlichen Klassen in einem Land, desto stärker ist der Besuch eines gymnasialen Bildungsgangs von der sozialen Herkunft abhängig. Allerdings kann der Effekt nicht vollständig von den soziokulturellen Effekten der katholischen Tradition und der Urbanisierung getrennt werden. Beide Aspekte korrelieren stark mit der durchschnittlichen Klassengröße.

Auch die Abhängigkeit des Kompetenzerwerbs von der sozialen Herkunft wiederum wird durch die durchschnittliche Klassengröße nicht beeinträchtigt. Die Erwartung, dass kleinere Klassen ein Indikator der Lehrqualität sind und somit zu einem höheren Lernerfolg insbesondere der unteren sozialen Schichten führen, kann daher nicht bestätigt werden (Graddy und Stevens 2005; Kvist 1999; Mosteller 1995; Szelewa und Polakowski 2008: 118). Die bisherigen Ergebnisse in der Literatur zu kleinen Klassengrößen auf die Lehr- und Lernqualität sind ebenfalls ambivalent (Asadullah 2005; Coleman 1966; Ecalle et al. 2006; Hanushek 1986; Kennedy und Siegfried 1997; Milesi und Gamoran 2006; Nye et al. 2004; Shapson et al. 1980).

Hypothese 4: Die Schulbildungsausgaben

Hypothese 4 zur Höhe der Schulbildungsausgaben kann für keinen der beiden Ungleichheitsindikatoren bestätigt werden und muss verworfen werden. Die Schulbildungsausgaben haben keinen Einfluss auf das Ausmaß der sozialen Bildungsungleichheit in den deutschen Bundesländern. Chaudhary (2009), Arum (1996: 43), Greenwald et al. (1996), Steele et al. (2007) und Wenglinsky (1997) stellen die Bedeutung der Bildungsausgaben für die Leistungswerte aller Schüler heraus. Dies bedeutet, dass die Bildungsausgaben die Kompetenzen aller Schüler, unabhängig von der sozialen Herkunft, gleichermaßen fördern. Schlicht et al. (2010) finden hingegen im Vergleich der EU-Mitgliedsstaaten einen verringernden Effekt der Schulbildungsausgaben auf das Ausmaß der sozialen Ungleichheit im Bildungsprozess. Die geringen Unterschiede zwischen den deutschen Bundesländern hinsichtlich der Schulbildungsausgaben sind jedoch nicht in der Lage, die Unterschiede im Ausmaß der sozialen Bildungsungleichheit zu beeinflussen. Der ausbleibende Effekt auf subnationaler Vergleichsebene kann auch auf eine indirekte Wirkung der Bildungsausgaben zurückzuführen sein (vgl. Hypothese 4). Demnach würde sich nicht der Policy-Input (Ausgaben) sondern der Policy-Output (konkrete Verwendung der Ausgaben) letztlich auf gesellschaftliche Strukturen auswirken. Um diesen Wirkmechanismus zu beleuchten, müsste genauer betrachtet werden, für welche konkreten Policy-Outputs (Bildungspolicies) die finanziellen Mittel in den Bundesländern verwendet werden (vgl. Stadelmann-Steffen 2008: 400).

Hypothesen 5a,b und c: Zeitpunkt und Ausmaß der Gliederung in der Sekundarstufe I

Die Gliederung der Sekundarstufe I hat im Vergleich der deutschen Bundesländer nur einen geringen Einfluss auf die Unterschiede im Ausmaß der sozialen Bildungsungleichheit zwischen den Ländern. Nur der Zeitpunkt der Gliederung beeinflusst die soziale Bildungsungleichheit im Zugang zum Gymnasium. Der Grad der Gliederung (Eigenständigkeit der Hauptschule und Einführung der Gesamtschule) hat weder auf die soziale Ungleichheit im Bildungszugang noch auf die soziale Ungleichheit im Bildungsprozess einen Einfluss. Die Unterschiede zwischen den Bundesländern im Grad der Gliederung in der Sekundarstufe I können die Unterschiede im Ausmaß der sozialen Bildungsungleichheit nicht erklären.

Hypothese 5a: Der Zeitpunkt der Gliederung

Hypothese 5a zum Zeitpunkt der Gliederung wird für die soziale Ungleichheit im Zugang zum Gymnasium bestätigt. Je stärker der Ausbau der Orientierungsstufe bzw. der sechsjährigen Grundschule, je mehr Schüler also die Möglichkeit haben die Gliederung auf einen späteren Zeitpunkt nach der vierten Klasse zu verschieben, desto geringer ist die soziale Ungleichheit im Zugang zum Gymnasium. Auch Freitag und Schlicht (2009) und Schlicht (2010) zeigen, dass eine späte Gliederung in verschiedene Schularten die Abhängigkeit des Gymnasialbesuchs von der sozialen Herkunft verringert. Die soziale Ungleichheit im Kompetenzerwerb hingegen wird durch den Zeitpunkt der Selektion nicht beeinträchtigt.

Dieses Ergebnis ist konform mit den hypothetischen Erwartungen in Kapitel 3. In der Begründung der Hypothese wird darauf eingegangen, dass die Orientierungsstufe bzw. die verlängerte Grundschule in Klasse fünf und sechs vor allem die Bildungsentscheidungen (und damit den Bildungszugang) weniger sozialschichtabhängig macht (Hillmert 2005; Meulemann 1985; Schuchart und Maaz 2007; Schuchart und Weishaupt 2004; Shavit und Blossfeld 1993; Wiese et al. 1983). Der Ausgleich des Kompetenzerwerbs wird hingegen eher durch die Angleichung kultureller Kapitalformen in den Familien erwirkt. Diese Angleichung wird laut der Hypothese nicht zwangsläufig durch die Orientierungsstufe bzw. die verlängerte Grundschule ermöglicht.

Hypothese 5b: Die Eigenständigkeit der Hauptschule

Hypothese 5b zur Eigenständigkeit der Hauptschule kann für keinen der Ungleichheitsindikatoren bestätigt werden. Die Abschaffung der eigenständigen Hauptschule oder die organisatorische Affiliation an die Realschule beeinflusst weder die soziale Ungleichheit im Zugang zum Gymnasium noch die soziale Ungleichheit im Bildungsprozess. Die oftmals als Restschule und sozial segregierende Schulform angesehene Hauptschule (vgl. Ditton 1989; Ertl und Phillips 2000: 393; Kristen 2002; Solga und Wagner 2001) führt im Vergleich der deutschen Bundesländer nicht zu einer stärkeren sozialen Ungleichheit im Bildungswesen. Allerdings ist davon auszugehen, dass die Existenz der eigenständigen Hauptschule weniger die Entscheidung für oder gegen den Gymnasialbesuch beeinflusst, als den Besuch einer Realschule als nächst höhere Schulstufe. Daher ist zu prüfen, ob der Zugang zum Realschulabschluss weniger sozialschichtabhängig ist, wenn die Hauptschule an die Realschule affiliiert ist oder in den Realschulbildungsgang integriert ist. Der ausbleibende Effekt der eigenständigen Hauptschule auf das Ausmaß der sozialen Ungleichheit im Kompetenzerwerb ist hingegen bemerkenswert. Auch wenn die Hauptschule abgeschafft wird bzw. an die Realschule angeschlossen ist, ist die soziale Ungleichheit im Kompetenzerwerb nicht weniger stark. Die schrittweise Abschaffung der Hauptschule führt demnach nicht zu einem Ausgleich der Kompetenzen zwischen den Sozialschichten bzw. zu höheren Kompetenzen in den unteren Sozialschichten. Dies wird zum Beispiel am Fall Bayern deutlich, wo die Hauptschule einen komplett eigenständigen Charakter hat, die soziale Ungleichheit im Kompetenzerwerb aber gleichzeitig gering ist.

Hypothese 5c: Die Einführung kooperativer und integrierter Gesamtschulen

Hypothese 5c zur Einführung von Gesamtschulen kann nicht bestätigt werden. Die Einführung sowohl integrierter als auch kooperativer Gesamtschulen hat keinen Einfluss auf das Ausmaß beider Indikatoren sozialer Bildungsungleichheit. Die Abhängigkeit des gymnasialen Bildungsgangs wird durch die Einführung kooperativer Gesamtschulen nicht beeinflusst. Die Wechselmöglichkeiten auf der kooperativen Gesamtschule erhöhen die Wahrscheinlichkeit der Bildungsentscheidung für den gymnasialen Bildungsgang in unteren Sozialschichten nicht (vgl. Fend et al. 1973; Hatcher 1998; Leschinsky und Mayer 1990a). Der Ausbau der kooperativen Gesamtschule ist aber nur in wenigen Ländern deutlich vorangetrieben worden, so dass die geringen Unterschiede im Ausmaß der sozialen Bildungsungleichheit im Vergleich der deutschen Bundesländer nicht durch den geringen Ausbau der kooperativen Gesamtschule beeinflusst werden. Der Einfluss der integrierten Gesamtschule auf die soziale Ungleichheit im Bildungszugang kann aus theoretischer Sicht nicht untersucht werden, da diese gar keine Entscheidung für verschiedene Bildungsgänge vorsieht. Die Ergebnisse zur Gesamtschule stützen ebenfalls die Ergebnisse von Schlicht (2010) und Schlicht et al. (2010).

Die Einführung beider Formen der Gesamtschule beeinflusst auch die soziale Ungleichheit im Kompetenzerwerb nicht. Der Ausbleibende Effekt des Grades der Gliederung ist bemerkenswert, da die Hauptschule und die Einführung kooperativer und integrierter Gesamtschulen zu den politisch umstrittensten Aspekten der deutschen Schulpolitik zählen. Weder die Abschaffung der eigenständigen Hauptschule noch die Einführung von Gesamtschulen erfüllen die Erwartungen hinsichtlich der Verringerung sozialer Bildungsungleichheit. Eine strake Gliederung in der Sekundarstufe I muss daher nicht zwangsläufig zu einer stärkeren Ungleichheit im Zugang zum gymnasialen Bildungsgang bzw. im Kompetenzerwerb führen.

Vor dem Hintergrund dieser ausbleibenden Effekte muss jedoch gefragt werden, ob die Unterschiede im Ausbau der Gesamtschulen oder in der Abschaffung der eigenständigen Hauptschule im Vergleich der deutschen Bundesländer zu gering sind, um die die Ungleichheitsstrukturen zu beeinflussen? Wie ist daher die Relevanz der Gliederung im internationalen Vergleich zu bewerten? Schlicht et al. (2010) können zeigen, dass im westeuropäischen Vergleich ebenfalls kein Effekt der Gliederung in der Sekundarstufe I auf das Ausmaß der sozialen Bildungsungleichheit nachzuweisen ist. Verschiedene Studien zeigen auch, dass die Gesamtschule den Kompetenzerwerb von Schüler nicht oder gar negativ beeinflusst (Fend et al. 1980; Köller et al. 2004). Diese Arbeit geht weiter und zeigt, dass der Grad der Gliederung im deutschen Schulwesen auch im subnationalen Vergleich nicht für das hohe Ausmaß der sozialen Ungleichheit verantwortlich. Es kann daher davon ausgegangen werden, dass der Grad der Gliederung weder im subnationalen noch im internationalen Vergleich eine Rolle für das Ausmaß der sozialen Bildungsungleichheit spielt.

Hypothese 6: Die Stärke des Privatschulsektors

Hypothese 6 zur Stärke des Privatschulsektors kann ebenfalls nicht bestätigt werden. Eindeutig kein Effekt des Privatschulsektors besteht auf die Ungleichheit im Kompetenzerwerb. Der positive Effekt auf die soziale Ungleichheit im Zugang zum Gymnasium konnte nicht für den Katholikenanteil kontrolliert werden, da beide Aspekte stark korreliert sind. In Ländern mit starker katholischer Tradition besteht auch ein höherer Anteil an Privatschülern. Aus diesem

Grund können die Effekte des Privatschulsektors und des Katholikenanteils nicht vollständig voneinander getrennt werden. Es kann daher nicht eindeutig bestätigt werden, dass Kinder höherer Schichten über den Privatschulsektor einen leichteren Zugang zum Gymnasium haben. Der politische Diskurs zur Bedeutung der Privatschulen wirft immer wieder die Konfliktlinie zwischen Effizienz, Freiheit und Effektivität auf der einen Seite und sozialer Chancengleichheit auf der anderen Seite auf (Baumert und Schümer 2001; vgl. Chubb und Moe 1988; Coleman et al. 1982b; Iversen und Stephens 2008). Die Ergebnisse dieser Studie können diesen „Trade-off" nicht bestätigen. International und subnational vergleichende Studien zeigen gar, dass die Stärke des Privatschulsektors das Ausmaß an sozialer Bildungsungleichheit verringern kann (Schlicht et al. 2010; Schütz et al. 2008; Schütz und Wößmann 2005; Wößmann 2007). Begründet wird dieser Effekt damit, dass die Konkurrenz zwischen einem starken Privatschulsektor und dem öffentlichen Schulwesen das Bildungsniveau allgemein anhebt. Schlicht et al. (2010) können ein differenziertes Bild über den Einfluss des Privatschulsektors ermitteln. Privatschulen verringern das Ausmaß der sozialen Bildungsungleichheit in Westeuropa, während sie es in Osteuropa verstärken. Ab einem gewissen Niveau des Privatschulsektors, scheint der Zugang zu den Privatschulen für alle Sozialschichten möglich zu sein, so dass auch schwächere soziale Schichten von ihnen profitieren. Im internationalen Vergleich reiht sich Deutschland jedoch eher in die Länder mit geringem Niveau an Privatschulbeteiligung ein. Der Ausbau des Privatschulsektors variiert auf sehr geringem Niveau (0,9% in Sachsen (Erhebung für Population der Neuntklässler 2000) und 8,6% (Erhebung für die Population der Neuntklässler 2003)).

Effekte soziokultureller, sozioökonomischer und politischer Rahmenbedingungen

Neben den bildungspolitischen Effekten wurden auch soziokulturelle, sozioökonomische und parteipolitische Kontrollvariablen und ihre Effekte auf das Ausmaß der sozialen Bildungsungleichheit untersucht. Die Effekte dieser gesellschaftlichen Rahmenbedingungen unterscheiden sich stark zwischen den beiden Arten sozialer Bildungsungleichheit, sozialer Ungleichheit im Bildungszugang und sozialer Ungleichheit im Bildungsprozess.

Der *Katholikenanteil* zeigt einen stabilen positiven Effekt auf das Ausmaß der sozialen Ungleichheit im Zugang zum Gymnasium. Je höher der Anteil der Katholiken in einem Bundesland, desto stärker ist der Zugang zum Gymnasium von der sozialen Herkunft abhängig. Die katholische Prägung forciert somit die gesellschaftliche Kohäsion durch die soziale Reproduktion anhand der Schulabschlüsse (vgl. Esping-Andersen 1990: 27).

Hingegen hat die protestantische Kultur, deren Bedeutung von Weber (Winckelmann 1979) besonders herausgestellt wird, keinen Einfluss auf das Ausmaß der sozialen Ungleichheit im Bildungszugang. Es scheint daher eher ein Effekt der katholischen, als der nicht-protestantischen Prägung zu existieren. Hingegen hat die religiöse Tradition in den Bundesländern keinen Einfluss auf das Ausmaß der sozialen Ungleichheit im Kompetenzerwerb. Weder der Protestantenanteil noch der Katholikenanteil zeigen stabile Effekte auf die soziale Ungleichheit im Kompetenzerwerb.

Ferner beeinflusst auch der *Urbanisierungsgrad* der Bundesländer die soziale Bildungsungleichheit. Zwar kann kein eigenständiger Effekt des Urbanisierungsgrads auf die soziale Ungleichheit im Bildungszugang nachgewiesen werden. Der Effekt des Urbanisierungsgrads auf das Ausmaß der sozialen Ungleichheit im Bildungsprozess ist hingegen stabil positiv. In städtisch geprägten Bundesländern ist der Kompetenzerwerb stärker von der sozialen Herkunft abhängig als in ländlich geprägten Bundesländern.

Weiterhin zeigen die Ergebnisse, dass beide Arten sozialer Bildungsungleichheit nicht durch die *parteipolitische Tradition* der Bundesländer beeinflusst werden. Weder die Stärke der SPD noch die Stärke des gesamten linken Parteienlagers verringern das Ausmaß an sozialer Ungleichheit im Bildungszugang und im Bildungsprozess. Auch die Stärke der CDU bzw. die Stärke des rechten Parteienlagers zeigt keine verstärkende Wirkung auf das Ausmaß der sozialen Bildungsungleichheit.

Die Effekte des *Ost-West-Unterschieds, des Bruttoinlandsprodukts und des Migrationsanteils* können nicht abschließend geklärt werden. Alle drei Variablen haben keinen Einfluss auf das Ausmaß der sozialen Ungleichheit im Zugang zum Gymnasium. Ostdeutsche und westdeutsche Länder, reiche und arme Länder bzw. migrationsstarke und migrationsarme Länder unterscheiden sich jeweils nicht im Ausmaß der sozialen Ungleichheit im Zugang zum Gymnasium. Die Effekte der Variablen auf das Ausmaß der sozialen Ungleichheit im Kompetenzerwerb sind jedoch weitaus weniger eindeutig. Die Variablen haben unterschiedliche Einflüsse auf die unterschiedlichen Indikatoren sozialer Ungleichheit im Kompetenzerwerb. Ferner sind die Effekte in einigen der Modelle aufgrund starker Multikollinearität nicht enthalten. Sie können also in Teilen nicht von den bildungspolitischen Effekten getrennt werden.

8 Diskussion

Die zentrale These dieser Studie ist, dass das Ausmaß an *sozialer Bildungsungleichheit* durch die bildungspolitischen Institutionen in den deutschen Bundesländern determiniert wird. Aus einer neo-institutionalistischen Perspektive wird erwartet, dass bildungspolitische Institutionen den Bildungserfolg verschiedener Sozialschichten angleichen oder segregieren können. Aus dieser Kernthese wurden zwei untergeordnete Fragestellungen abgeleitet und im Verlauf der Studie bearbeitet: Erstens inwiefern unterscheiden sich die Länder hinsichtlich der sozialen Bildungsungleichheit? Zweitens sind die bildungspolitischen Charakteristiken der Länder für das spezifische Ausmaß sozialer Bildungsungleichheit in den Ländern verantwortlich? Die Bearbeitung dieser Leitfragen leistet einen Beitrag zur Evaluation der subnationalen Bildungspolitiken hinsichtlich der Verbreitung sozialer Bildungsungleichheit. Ferner trägt die Bearbeitung dieser Fragen zu einer wissenschaftlichen Fundierung der Debatten über die Folgen des Bildungsföderalismus bei.

8.1 Ergebnisse zum Ausmaß sozialer Bildungsungleichheit in den deutschen Bundesländern

Unterscheiden sich die deutschen Bundesländer im Ausmaß der sozialen Bildungsungleichheit? Die in Kapitel 4 vorgestellten Messungen sozialer Bildungsungleichheit zeigen, dass sich die Länder sowohl in der Art als auch im Ausmaß der sozialen Bildungsungleichheit unterscheiden.

Erstens kann im Vergleich der deutschen Bundesländer nicht von einem einheitlichen Konzept sozialer Bildungsungleichheit ausgegangen werden. Je nachdem welche Art der sozialen Bildungsungleichheit untersucht wird, unterscheiden sich die Ränge der Länder hinsichtlich des Grades an sozialer Bildungsungleichheit (vgl. Jacobs 1996). Letztlich muss von zwei unterschiedlichen Arten sozialer Bildungsungleichheit in den deutschen Bundesländern ausgegangen werden: Soziale Ungleichheit im Bildungszugang und soziale Ungleichheit im Bildungsprozess. Soziale Ungleichheit im Bildungszugang, wird durch die Abhängigkeit des Gymnasialbesuchs von der sozialen Herkunft gemessen. Soziale Ungleichheit im Bildungsprozess beschreibt die Abhängigkeit des Kompetenzerwerbs der Schüler in der Sekundarstufe von der sozialen Herkunft. Die Indikatoren sozialer Ungleichheit im Zugang zum Gymnasium und der Ungleichheit im Kompetenzerwerb weisen keinen Zusammenhang auf. Sehr deutlich wird die Differenz zwischen diesen beiden Arten sozialer Bildungsungleichheit am Fall Bayern. In Bayern besteht eine starke soziale Selektivität im Zugang zum gymnasialen Bildungsgang. Der Kompetenzerwerb in der Sekundarstufe ist jedoch im Ländervergleich nur gering von der sozialen Herkunft abhängig. Die sozialschichtabhängige Zuteilung der Schüler auf die verschiedenen Bildungsgänge in der Sekundarstufe I führt demnach nicht automatisch zu einem sozialschichtabhängigen Kompetenzerwerb. Dies ist erstaunlich, da davon ausgegangen wird, dass die hierarchisch geordneten Bildungsgänge auch unterschiedliche Niveaus der Kompetenzvermittlung bieten (vgl. Roeschl-Heils et al. 2003).

Zweitens zeigen die Ergebnisse in Kapitel 4, dass unabhängig von der Art tatsächlich signifikante Unterschiede im Grad der sozialen Bildungsungleichheit zwischen den Bundesländern bestehen. Die Effekte der sozialen Herkunft auf den Bildungserfolg (Zugang zum gymnasialen Bildungsgang oder Kompetenzerwerb) unterscheiden sich teils signifikant zwischen den Ländern. Es kann daher von, wenngleich geringen, Unterschieden im Ausmaß sozialer Bildungsungleichheit ausgegangen werden. Im Hinblick auf die Bildungschancengleichheit besteht also keine vollständige Einheitlichkeit der Lebensverhältnisse.

8.2 Ergebnisse zu den bildungspolitischen Effekten auf die soziale Bildungsungleichheit

Beeinflusst die bildungspolitische Ausgestaltung der Länder das Ausmaß sozialer Bildungsungleichheit? Den Analysen in Kapitel 7 folgend, kann die Kernthese dieser Studie bestätigt werden: Die bildungspolitische Ausgestaltung der Bundesländer beeinflusst das Ausmaß der sozialen Bildungsungleichheit. Die geringen Unterschiede im Ausmaß der sozialen Bildungsungleichheit können zum Teil durch die bildungspolitischen Charakteristiken der Länder, zum Teil aber auch durch soziokulturelle Rahmenbedingungen der Länder erklärt werden. Freilich unterscheiden sich die bildungspolitischen Effekte je nach der untersuchten Art sozialer Bildungsungleichheit. Je nachdem ob soziale Bildungsungleichheit im Zugang zum Gymnasium oder soziale Ungleichheit im Kompetenzerwerb im Mittelpunkt des analytischen Interesses steht, sind andere bildungspolitische Faktoren relevant.

Generell hat die Bildungspolitik mehr Einflussmöglichkeiten auf das Ausmaß sozialer Ungleichheit im Zugang zum Gymnasium. Anhand des Ausbaus der Ganztagsschulen und einer späteren Gliederung in der Sekundarstufe I kann die Abhängigkeit des Gymnasialbesuchs von der sozialen Herkunft verringert werden.

Die soziale Ungleichheit im Kompetenzerwerb kann hingegen nur durch die frühkindliche Bildung beeinflusst werden. Je stärker der Ausbau der Kinderkippe und des Kindergartens, desto geringer ist die soziale Ungleichheit im Kompetenzerwerb. Alle anderen bildungspolitischen Faktoren haben keinen Einfluss auf das Ausmaß sozialer Ungleichheit im Kompetenzerwerb.

Der Grad der Gliederung in der Sekundarstufe I, gemessen anhand der Eigenständigkeit der Hauptschule und der Einführung kooperativer und integrierter Gesamtschulen hat auf keine der beiden Arten sozialer Bildungsungleichheit einen Einfluss. Auch die durchschnittliche Klassengröße, die Höhe der Schulbildungsausgaben oder die Stärke des Privatschulsektors beeinflussen keine der beiden Arten sozialer Bildungsungleichheit.

Neben den bildungspolitischen Effekten ermitteln die Analysen in Kapitel 7 auch einen Einfluss des religiösen Fundaments und des Urbanisierungsgrads in den Bundesländern. Je stärker die katholische Prägung in den Ländern, desto stärker ist das Ausmaß sozialer Ungleichheit im Zugang zum Gymnasium. Die soziale Ungleichheit im Kompetenzerwerb wird durch das religiöse Fundament nicht beeinträchtigt. Ferner gilt, je städtischer die Bundesländer geprägt sind, desto stärker ist der Kompetenzerwerb von der sozialen Herkunft abhängig. Die parteipolitische Tradition der Länder, der Ost-West-Unterschied, das Bruttoinlandsprodukt und der Migrationsanteil in den Ländern haben keinen nachweisbaren Einfluss auf das Ausmaß der sozialen Bildungsungleichheit.

8.3 Diskussion des Konzepts sozialer Bildungsungleichheit

In Kapitel 4 wurden zwei Konzepte sozialer Bildungsungleichheit identifiziert: soziale Ungleichheit im Bildungszugang und soziale Ungleichheit im Bildungsprozess. Ferner wurde gezeigt, dass die Variation sozialer Bildungsungleichheit zwischen den Bundesländern besteht, aber eher gering ausfällt. Vor dem Hintergrund dieser Ergebnisse ergeben sich zwei weiterführende Fragen: Erstens wie ist die Variabilität sozialer Bildungsungleichheit im Vergleich der Bundesländer zu bewerten? Zweitens in welchem Verhältnis stehen das Ausmaß sozialer Bildungsungleichheit und die Effizienz im Bildungswesen der deutschen Bundesländer?

8.3.1 Relevanz sozialer Bildungsungleichheit in den Bundesländern

Die gesellschaftliche Relevanz sozialer Bildungsungleichheit wird hauptsächlich anhand von drei Gründen festgelegt: Erstens spiegelt ein hohes Maß an sozialer Bildungsungleichheit eine Verschwendung potenziellen Humankapitals wieder (Handl 1985). Zweitens widerspricht die Abhängigkeit des individuellen Bildungserfolgs von der sozialen Herkunft modernen meritokratischen Werten: der Verteilung von Güter nach dem Prinzip der Leistungsfähigkeit anstatt der sozialen Vererbung (Hillmert 2004: 76; Solga 2005a). Drittens ist der Bildungstand eine zentrale Bedingung für die Stabilität von Demokratien (Coleman 1966; Odedokun und Round 2004).

Im Hinblick auf die geringe Variation sozialer Bildungsungleichheit zwischen den deutschen Bundesländern muss gefragt werden, ob diese Unterschiede für die drei genannten gesellschaftlichen Implikationen sozialer Bildungsungleichheit relevant sind: Welche Auswirkungen haben die Unterschiede auf die tatsächlichen Lebensverhältnisse in den Bundesländern? Führen die Unterschiede in der Bildungsungleichheit auch zu unterschiedlichen Verteilungen von Berufs- und Aufstiegschancen in den subnationalen Gesellschaften innerhalb Deutschlands (vgl. Robinson und Garnier 1985: 264)? Produzieren die Unterschiede im Ausmaß der Bildungsungleichheit zwischen den Bundesländern tatsächlich regional unterschiedlich ausgeprägte Niveaus an Humankapital (Blankenau und Simpson 2004: 584)? Fägerlind und Saha (1989: 92) zeigen etwa, dass in ökonomisch entwickelten Staaten, der Ausbau des Sekundarschulwesens und der tertiären Bildung keinen Einfluss auf das ökonomische Wachstum hat. Letztlich ist es auch zentral, ob das Ausmaß der sozialen Bildungsungleichheit in den deutschen Bundesländern zu Unterschieden in den Wertvorstellungen und letztlich im Bekenntnis zur Demokratie bei den Bürgern führt. Lipset (1959: 80) betrachtet diese These insbesondere am Falle Deutschlands im 20. Jahrhundert kritisch, da die Demokratie trotz eines im Vergleich hohen Bildungsstands der Bevölkerung niedergehen konnte. Welches gesellschaftliche Bildungsniveau ist also notwendig um eine stabile politische Kultur zu etablieren? Erst durch die Beantwortung dieser Fragen kann die Relevanz der regional variierenden Bildungsungleichheit auf die Einheitlichkeit der Lebensverhältnisse abschließend beurteilt werden.

Die Identifikation zweier unterschiedlicher Dimensionen sozialer Bildungsungleichheit – Ungleichheit im Bildungszugang und im Bildungsprozess (Kompetenzerwerb) – führt ferner zu der Frage, welche (unterschiedlichen) gesellschaftlichen Implikationen die beiden Dimensionen –haben? Der Fall Bayern zeigt, dass eine soziale Ungleichheit im Zugang zum Gymnasium nicht unbedingt auch eine soziale Ungleichheit im Kompetenzerwerb bedeuten muss (vgl. auch Ehmke et al. 2005: 264). Daher ist bei der Beurteilung der Relevanz sozialer Bildungsungleichheit stets zu berücksichtigen, dass die Bedeutung von Bildungsgängen bzw. des Kompetenzerwerbs für das individuelle Fortkommen in der Gesellschaften zwischen den Bundesländern unterschiedlich ausgeprägt sein kann. Aufgrund der traditionell hierarchischen Gliederung der Bildungsabschlüsse in Deutschland wird erwartet, dass die Bildungsabschlüsse eine herausragende Bedeutung für die postsekundären Bildungs- und Berufschancen hat. Gaupp et al. (2008) hingegen zeigen, dass die Bedeutung des Schulabschlusses für den Einstieg in die Berufsausbildung regional sehr unterschiedlich ist. Es muss daher bei der Beurteilung sozialer Ungleichheit im Zugang zum Gymnasium beachtet werden, welche Auswirkungen die Bildungsabschlüsse in den einzelnen Ländern für das individuelle berufliche und gesellschaftliche Fortkommen hat. Auch Schuchart und Maaz (2007: 641f.) zeigen, dass die unterschiedlichen Bildungsabschlüsse in den Bundesländern auch unterschiedliche Übergänge zu weiteren Bildungsabschlüssen ermöglichen – die institutionelle Offenheit ist somit zwischen den Ländern unterschiedlich ausgeprägt. In Baden-Württemberg etwa konnten 30 Prozent der Schüler im Schuljahr 2002/2003, die im Vorjahr einen Hauptschulabschluss erreicht haben, diesen durch den Besuch von Aufbauklassen verbessern. Es bleibt also die Frage, welche Bedeutung Bildungsabschlüsse bzw. Kompetenzerwerb – zwei offensichtlich unterschiedliche Erfolgsfaktoren im deutschen Bildungswesen – für das gesellschaftliche Fortkommen in den Bundesländern haben.

8.3.2 Das Verhältnis von Chancengleichheit und Effizienz im Bildungswesen

Relevant ist auch das Verhältnis zwischen dem generellen Kompetenzniveau und dem Ausmaß an sozialer Bildungsungleichheit in den deutschen Bundesländern. Dieses Verhältnis fokussiert den Zusammenhang zwischen Effizienz und Chancengleichheit im Bildungswesen (vgl. Anderson und Silver 1984; Baumert und Schümer 2001; Iversen und Stephens 2008; Witte und Rigdon 1993). Die wohlfahrtsstaatlichen Regimetypen unterscheiden sich insbesondere in ihren Zielen, die im Fall des liberalen Wohlfahrtsstaats einerseits die ökonomische Effizienz betonen und andererseits im sozialdemokratischen Wohlfahrtsstaat der Chancengleichheit Priorität einräumen (vgl. Kolberg und Esping-Andersen 1992: 10; Lee 1987). Im Saarland ist der durchschnittliche Kompetenzerwerb der Schüler in allen Schulfächern höher als in Rheinland-Pfalz. Jedoch sind in Rheinland-Pfalz die Kompetenzen der Schüler weniger stark von der sozialen Herkunft abhängig als im Saarland (vgl. Kapitel 4). Das allgemeine Kompetenzniveau ist somit im Saarland höher (höhere Effizienz), während in Rheinland-Pfalz die soziale Chancengleichheit stärker ausgeprägt ist. Aus diesem Grund ist die Frage nach dem Zusammenhang zwischen bildungspolitischer Effizienz und Chancengleichheit im Bildungswesen aus wohlfahrtsstaatlicher Perspektive relevant: Schließen sich soziale Chancengleichheit und bildungspolitische Effizienz aus? Existiert ein „equality-efficiency trade-off" im deutschen Bildungswesen (vgl. Kolberg und Esping-Andersen 1992: 10)?

Betrachtet man den Zusammenhang zwischen den mittleren Kompetenzwerten und dem Niveau sozialer Ungleichheit im Kompetenzerwerb (vgl. Kapitel 4), dann wird deutlich, dass das Niveau der sozialen Bildungsungleichheit negativ mit dem generellen Kompetenzniveau in den Bundesländern korreliert. Die durchschnittliche naturwissenschaftliche Kompetenz der Schüler etwa korreliert zu r=-0,5 (Pearson's r) mit dem Ausmaß der sozialen Ungleichheit im naturwissenschaftlichen Kompetenzerwerb. Je höher also das durchschnittliche Kompetenzniveau in den Bundesländern, desto geringer ist das Ausmaß der sozialen Bildungsungleichheit. Dies deutet darauf hin, dass sich Effizienz und Chancengleichheit im Bildungswesen nicht ausschließen, sondern bedingen. Ein starker Fokus auf Effizienz (hohes durchschnittliches Kompetenzniveau) im Bildungswesen muss daher nicht auf Kosten der sozialen Chancengleichheit gehen. In Bayern besteht in allen drei Kompetenzbereichen (Lesen, Mathematik und Naturwissenschaften) eine geringe soziale Ungleichheit auf einem hohen durchschnittlichen Kompetenzniveau. Allerdings existieren auch gegenläufige Beispiele. In Brandenburg etwa besteht in allen drei Kompetenzbereichen ebenfalls eine geringe soziale Ungleichheit allerdings auch auf einem geringen durchschnittlichen Kompetenzniveau.

Ferner fällt beim Vergleich der Variabilität der sozialen Bildungsungleichheit und des durchschnittlichen Kompetenzniveaus in Kapitel 4 auf, dass die Variation des durchschnittlichen Kompetenzniveaus wesentlich stärker ausfällt als die Variation der sozialen Bildungsungleichheit. Dementsprechend unterscheiden sich die Länder stärker hinsichtlich der Effizienz als hinsichtlich der sozialen Chancengleichheit. In weiteren Untersuchungen sollten daher die bildungspolitischen Effekte auf die Effizienz des Bildungswesens in den Ländern untersucht werden (vgl. Wößmann 2007).

8.4 Diskussion der zentralen These

Kann von einer bildungspolitischen Determination sozialer Bildungsungleichheit in den deutschen Bundesländern ausgegangen werden? In Kapitel 7 werden drei von sechs Hypothese bestätigt: Die frühkindliche Bildung, die Ganztagschule und der Zeitpunkt der Gliederung beeinflussen das Ausmaß sozialer Bildungsungleichheit. Auf der Grundlage dieser Ergebnisse kann die zentrale These dieser Arbeit bestätigt werden: Die bildungspolitische Komposition der deutschen Bundesländer beeinflusst das Ausmaß sozialer Bildungsungleichheit.

Allerdings bedarf diese Schlussfolgerung auch einiger Spezifikationen. Erstens muss diskutiert werden, inwiefern die bildungspolitischen Effekte tatsächlich von den Effekten soziokultureller Rahmenbedingungen getrennt werden können und somit auf eine bildungspolitische Determination sozialer Bildungsungleichheit geschlossen werden kann. Zweitens muss gefragt werden, warum mehr bildungspolitische Effekte auf das Ausmaß sozialer Bildungsungleichheit im Zugang zum Gymnasium als auf die soziale Ungleichheit im Kompetenzerwerb festgestellt werden können. Letztlich müssen auch Diskrepanzen zwischen den Ergebnissen im subnationalen Vergleich und den Ergebnissen internationaler Vergleichsstudien geklärt werden.

8.4.1 Bildungspolitische Determination sozialer Bildungsungleichheit

Neben den bildungspolitischen Variablen wurden auch Effekte der katholisch-religiösen Prägung und des Urbanisierungsgrads ermittelt. Beide Effekte erinnern an die Erkenntnisse früher bildungssoziologischer Studien zur Benachteiligung der *„katholischen Arbeitertochter vom Lande"* (Peisert 1967). Peisert (1967) zeigt, dass neben dem Geschlecht auch makro-gesellschaftliche Rahmenbedingungen, wie der Katholizismus und der Urbanisierungsgrad, das individuelle Bildungsverhalten beeinflussen: Für den Katholizismus wird angenommen, dass die religiöse Erziehung im Elternhaus sich negativ auf das Bildungsverhalten und den Bildungserfolg auswirke. Der Erziehungsstil fördere vornehmlich für den Bildungserfolg hinderliche Persönlichkeitseigenschaften wie

> „patriarchalische Autoritätsgläubigkeit (Gehorsam), Jenseitszielsetzung des Lebens, Wissenschaftsfeindlichkeit, Gottergebenheit und Schicksalsergebenheit und Passivität und Kontemplation als Folge sowie die Geringschätzung von Leistungen im Gewinnstreben" (Becker 2007: 180).

Dementsprechend kann auch angenommen werden, dass der Aufstiegswille unterer sozialer Schichten in katholischen Regionen weniger stark ausgeprägt ist als in nicht-katholischen Gebieten. Hinsichtlich des Urbanisierungsgrads weist Peisert (1967) darauf hin, dass die Bildungschancen in urbanen Regionen höher sind als in ländlichen.

Die Ergebnisse dieser Studie können die Befunde Peiserts (1967) jedoch nur teilweise bestätigen. Den Analysen in Kapitel 7 folgend, muss der Effekt des Katholizismus differenzierter betrachtet werden: Zwar kann ein Einfluss der katholischen Prägung der Länder auf das Ausmaß der sozialen Ungleichheit im Zugang zum Gymnasium bestätigt werden. Jedoch wird die soziale Ungleichheit im Kompetenzerwerb von der religiösen Prägung der Bundesländer nicht beeinträchtigt. Weder der Protestantenanteil noch der Katholikenanteil beeinflusst das Ausmaß der sozialen Ungleichheit im Kompetenzerwerb. Auch Becker (2007: 196) zeigt, dass Katholiken keine geringere Leistungserwartung hinsichtlich der Bildung haben. Vielmehr zeigt sich, dass Katholiken das Erreichen verantwortungsvoller und selbständiger Tätigkeiten sowie hoher Ausbildungen als weniger wichtig bewerten als Nicht-Katholiken. Diese Einschätzung korrespondiert mit den Befunden dieser Studie: Die Aspiration, einen höheren Bildungsgang zu besuchen und somit Zugang zu besseren Berufschancen zu erlangen, ist in katholisch geprägten Ländern gehemmt. Für die soziale Ungleichheit im Kompetenzerwerb hingegen ist die religiöse Kultur nicht relevant.

Die ermittelten Befunde zum Einfluss des Urbanisierungsgrads stehen den Ergebnissen Peiserts (1967) entgegen. Zwar wird die soziale Ungleichheit im Kompetenzerwerb vom Urbanisierungsgrad der Länder beeinflusst. Doch stellt sich heraus, dass je stärker die Urbanisierung eines Bundeslandes, desto stärker ist die soziale Ungleichheit im Kompetenzerwerb (vgl. auch Roscigno et al. 2006). Das Ergebnis widerspricht somit dem bildungssoziologischen Phänomen der benachteiligten „*katholischen A*rbeitertochter vom *Lande*". In ländlichen Regionen ist der Kompetenzerwerb weniger stark von der sozialen Herkunft abhängig. Die stärkere soziale Ungleichheit in städtisch geprägten Bundesländern kann auf eine stärkere Dominanz und einen stärker greifenden Bildungsprotektionismus des Bildungsbürgertums zurückgeführt werden (vgl. Blossfeld und Shavit 1993b; Hout et al. 1993; Raftery und Hout 1993; Tolsma et al. 2007: 327).

Die Ergebnisse in Kapitel 7 können für einige der bildungspolitischen Effekte nicht abschließend klären, inwiefern sie von den beiden soziokulturellen Effekten getrennt werden können. Die Effekte des Krippenausbaus, der durchschnittlichen Klassengröße und der Stärke des Privatschulsektors auf die soziale Ungleichheit im Zugang zum Gymnasium können jeweils nicht eindeutig von dem Effekt der katholischen Prägung getrennt werden, da sie jeweils selbst stark mit dem Katholikenanteil korreliert sind. Die katholische Prägung der Länder beeinflusst das Ausmaß der sozialen Ungleichheit im Zugang zum Gymnasium positiv, korreliert aber auch negativ mit dem Ausbau der Krippenplätze und positiv mit der Stärke des Privatschulsektors und der durchschnittlichen Klassengröße.

Der Effekt des Vorschulausbaus auf die soziale Ungleichheit im Kompetenzerwerb kann nicht eindeutig von dem Effekt des Urbanisierungsgrads getrennt werden. Beide Makrofaktoren haben einen verstärkenden Effekt auf das Ausmaß sozialer Ungleichheit im Bildungsprozess. Jedoch sind der Urbanisierungsgrad und der Ausbau der Vorschulen auch stark positiv assoziiert. In städtisch geprägten Bundesländern ist auch der Ausbau der Vorschule stärker. Es ist daher anhand der hier angewandten Analysemethode nicht möglich, abschließend zu klären, ob diese spezifischen bildungspolitischen Faktoren oder die soziokulturellen Rahmenbedingungen das Ausmaß sozialer Bildungsungleichheit beeinflussen.

8.4.2 Deutlichere Effekte der Bildungspolitik auf die soziale Ungleichheit im Bildungszugang als auf die Ungleichheit im Bildungsprozess

Die Analysen in Kapitel 7 zeigen, dass beide Arten der sozialen Bildungsungleichheit – soziale Ungleichheit im Bildungszugang und soziale Ungleichheit im Bildungsprozess – durch bildungspolitische Institutionen beeinflusst werden, wenn auch jeweils durch andere bildungspolitische Determinanten. Es kann davon ausgegangen werden, dass die bildungspolitische Ausgestaltung sowohl die Bildungskultur und die Bildungsidentitäten prägt (soziologischer Institutionalismus) als auch den Rahmen für sozialschichtabhängige Bildungsentscheidungen (Rational Choice Institutionalismus) liefert. Während die frühkindliche Bildung und die Ganztagsschule vor allem die Bildungsidentitäten und die Bildungskulturen der Schüler aus unterschiedlichen Sozialschichten angleicht, löst ein später Zeitpunkt der Selektion die Bildungsentscheidungen nach der Grundschule von der sozialen Schicht. Die beiden Arten des Neo-Institutionalismus können daher tatsächlich als Makrofundierung der Entscheidungs- und Kapitaltheorien in der Bildungssoziologie angesehen werden. Warum jedoch treten die bildungspolitischen Effekte auf das Ausmaß sozialer Ungleichheit im Bildungszugang deutlicher hervor, als auf die soziale Ungleichheit im Bildungsprozess? Während das Ausmaß sozialer Ungleichheit im Kompetenzerwerb nur durch Faktoren der frühkindlichen Bildung beeinflusst wird (soziologischer Institutionalismus), wird soziale Ungleichheit im Bildungszugang sowohl durch die die Ganztagsschule, als auch den Zeitpunkt der Gliederung in den Bundesländern beeinflusst (soziologischer und Rational Choice Institutionalismus).

Grundsätzlich sind Ungleichheitsstrukturen innerhalb einer Gesellschaft zu einem bestimmten Anteil durch genetische Aspekte (Nature-Effekte), durch Sozialisationseffekte (Nurture-Effekte) aber auch durch Interaktionen beider Effekte bestimmt (Duyme 1988; Plomin et al. 2001; Plomin et al. 1997). Ehmke et al. (2005: 259) postulieren, dass der Zugang zu bestimmten Bildungsgängen vor allem sekundären Disparitäten unterliegt, während der Kompetenzerwerb stärker auf primäre Disparitäten zurückzuführen ist. Soziale Ungleichheit im Zugang zum Gymnasium beruht demzufolge stärker auf Sozialisationseffekten (Förderung), während der Kompetenzerwerb zu einem großen Anteil durch genetische Dispositionen zustande kommt (Duyme 1988; Pfeffer 2008; Plomin et al. 2001; Plomin et al. 1997; Shostak et al. 2009).

Sozialisationseffekte können wiederum wesentlich stärker durch makro-gesellschaftliche Mechanismen verändert werden, als genetische Effekte. Die Bildungspolitik hat somit mehr Möglichkeiten, den Zugang zum Gymnasium durch institutionelle Regeln sozialschichtunabhängiger zu gestalten, als den tatsächlichen Kompetenzerwerb der Schüler zu moderieren.

Makro-gesellschaftliche Institutionen können somit einerseits soziale Bildungsungleichheit moderieren, in dem sie Bildungsopportunitäten schaffen, die den Zugang zu bestimmten Bildungsgängen strukturieren (Rational Choice Institutionalismus). Andererseits können Ungleichheitsstrukturen im Kompetenzerwerb nur durch wenige makro-gesellschaftliche Strukturen verändert werden. Der ausschließliche Effekt der frühkindlichen Bildung auf die soziale Ungleichheit im Kompetenzerwerb zeigt, dass im Falle der sozialen Ungleichheit im Bildungsprozess nur sehr fundamental ansetzende Bildungspolitiken, die in die frühe kindliche Entwicklung eingreifen und die Bildungsidentitäten und Bildungskulturen modulieren, eine Wirkung zeigen (soziologischer Institutionalismus). Das Ergebnis betont, dass die frühkindlichen Bildung eine starke Bedeutung für den langfristigen Ausgleich der Schulreifekriterien vor dem Eintritt in die Schule bis in die Sekundarstufe I hat und somit zu einer Angleichung der Kompetenzen bereits in frühen Entwicklungsstadien führt (vgl. Donovan und Watts 1990).

8.4.3 Diskrepanz zwischen dem subnationalen Vergleich und internationalen Vergleichsstudien

Die Analysen in Kapitel 7 zeigen, dass trotz der geringen Unterschiede im Ausmaß der sozialen Bildungsungleichheit bildungspolitische Effekte existieren. Die Einheitlichkeit der Lebensverhältnisse wird somit in der Tat durch die föderal organisierte Bildungspolitik tangiert. Allerdings fallen die Effekte insbesondere auf das Ausmaß der sozialen Ungleichheit im Kompetenzerwerb wesentlich geringer aus als im internationalen Vergleich (vgl. Schlicht et al. 2010). Während im westeuropäischen Vergleich die Ganztagsschule, die Bildungsausgaben und die Klassengröße die soziale Ungleichheit im Kompetenzerwerb beeinflusst haben, zeigen diese bildungspolitischen Indikatoren keinen Effekt auf die soziale Ungleichheit im Kompetenzerwerb in Vergleich der deutschen Bundesländer. Diese Diskrepanz zwischen dem subnationalen und dem internationalen Vergleich ist zwei zentralen Ursachen geschuldet:

Zum einen variieren sowohl das Ausmaß der sozialen Bildungsungleichheit als auch die Bildungspolitik im internationalen Vergleich wesentlich stärker, als im Vergleich der deutschen Bundesländer (vgl. Schlicht et al. 2010). Im Hinblick auf die stärkere Variation sozialer Bildungsungleichheit im internationalen Vergleich können auch für die Unterschiede im internationalen Vergleich mehr Ursachen für diese Unterschiede identifiziert werden. Aufgrund der geringen Variabilität der sozialen Ungleichheit im Vergleich der deutschen Bundesländer müssen auch seltene bildungspolitische Effekte als Indiz eines Einflusses der Bildungspolitik auf die sozialen Strukturen in den Ländern gewertet werden. Auch die bildungspolitische Ausgestaltung unterscheidet im internationalen Vergleich viel grundsätzlicher als im Vergleich der deutschen Bundesländer. Dies wird etwa an der Variation des Ausbaus der Ganztagsschule, der durchschnittlichen Klassengröße, der Höhe der Bildungsausgaben oder der Stärke des Privatschulsektors deutlich. Die geringe Variation dieser bildungspolitischen Institutionen legt nahe, dass deutlich stärkere bildungspolitische Eingriffe nötig sind, um das Ausmaß an sozialer Ungleichheit im Kompetenzerwerb zu modulieren. Nach Hansheks (1999) Befunden haben zum Beispiel nur sehr starke Reduzierungen der Klassengröße einen Effekt auf die Schülerleistungen.

Zum anderen verdeutlichen die teils divergierenden Effekte im internationalen und subnationalen Vergleich die Relevanz eines stärkeren wissenschaftlichen Fokus auf die subnationalen Ungleichheitsstrukturen. Je nachdem wie die jeweiligen bildungspolitischen Aspekte ausgebaut sind, kann die Wirkung der Bildungspolitik im subnationalen Vergleich völlig andere Wirkungen haben als im internationalen Vergleich. So kommt es auch darauf an, ob die jeweiligen bildungspolitischen Programme auch für die schwächeren Sozialschichten erreichbar sind (etwa die Ganztagschule oder die Privatschule). Profitieren ausschließlich höhere Sozialschichten von der Ganztagsschule oder der Privatschule, kann diese das Niveau der sozialen Bildungsungleichheit nicht beeinflussen, obwohl, wie im internationalen Vergleich gezeigt, ein verringernder Effekt möglich wäre (vgl. Schlicht et al. 2010; Stadelmann-Steffen 2008: 400). Insbesondere die Diskrepanz des Ausgabeneffekts (Policy-Input) zwischen dem subnationalen und dem internationalen Vergleich zeigt, dass beachtet werden muss, für welche konkreten Bildungspolicies (Policy-Outputs) die Ausgaben verwendet werden. Nicht der Policy-Input sondern der Policy-Output wirkt sich letztlich auf gesellschaftliche Strukturen aus.

8.5 Fazit und Forschungsausblick

Die vorangegangenen Analysen zeigen nicht nur, dass die subnationale Bildungspolitik einen Einfluss auf das Ausmaß der sozialen Bildungsungleichheit hat. Vielmehr zeigen sie detailliert auf, welche bildungspolitischen und welche soziokulturellen Rahmenbedingungen relevant für die Entstehung sozialer Bildungsungleichheit sind und über welche Mechanismen sie das Bildungsverhalten unterschiedlicher Sozialschichten angleichen bzw. segregieren. Die Ergebnisse fundieren damit den Diskurs über einzelne bildungspolitische Programme und ihre Wirkung auf die Leistungsfähigkeit der Bildungssysteme in Deutschland.

Aufbauend auf diesem Fundament ist in weiteren Forschungsarbeiten zu prüfen, wie die relevanten untereinander Faktoren interagieren, wie ihre additive Wirkung ist und wie ihre Wirkung in Kombination mit relevanten soziokulturellen Rahmenbedingungen ist (vgl. Freitag und Schlicht 2009). Derartige Analysen können die Befunde dieser Arbeit spezifizieren.

Eine zweite weiterführende Frage ist, die Bewertung der Folgen unterschiedlicher Maße sozialer Bildungsungleichheit in den deutschen Bundesländern auf gesellschaftliche Aspekte, wie die Arbeitslosigkeit, die beruflichen Aufstiegschancen, die soziale Mobilität im Lebenslauf, den ökonomischen Erfolg, die Belastung des Sozialstaats oder die die demokratische Kultur in den Ländern. Haben die geringen Unterschiede im Ausmaß sozialer Chancengleichheit zwischen den Ländern überhaupt Auswirkungen auf diese gesellschaftlichen Faktoren? Bei der Beurteilung des Ausmaßes sozialer Bildungsungleichheit ist stets "zu beachten, dass gesellschaftliche Ordnungen immer durch soziale Unterschiede und insofern durch soziale Ungleichheiten konstituiert sind. Entscheidend ist aber die Frage, inwieweit soziale Ungleichheit dazu führt, dass einzelne Individuen oder Gruppen in dauerhafter Weise begünstigt, andere benachteiligt sind" (Bettmer 2007: 189).

Ebenso ist die Bedeutung der beiden unterschiedlichen Arten sozialer Bildungsungleichheit zu bewerten. Es muss beantwortet werden, warum das Ausmaß der beiden Konzepte sozialer Bildungsungleichheit – soziale Ungleichheit im Bildungszugang und soziale Bildungsungleichheit im Bildungsprozess – unabhängig voneinander sind und welche unterschiedliche Auswirkung sie haben.

Nachdem die bildungspolitischen Effekte auf das Ausmaß der sozialen Bildungsungleichheit ermittelt wurden, gilt es drittens auch die bildungspolitischen Effekte auf die Effizienz im Bildungswesen (durchschnittlicher Kompetenzerwerb) zu untersuchen. Die Effizienz der Bildungssysteme scheint zwischen den Ländern deutlich stärker zu variieren als die soziale Chancengleichheit. Treten darauf noch deutlichere bildungspolitische Effekte hervor?

Insgesamt scheinen weitere Analysen nach dem Beispiel des Coleman-Berichts (Coleman 1966) wünschenswert, um sowohl die Chancengleichheit als auch die Effizienz in unterschiedlichen nationalen und subnationalen Bildungssystemen zu erfassen und die Auswirkungen verschiedenster bildungspolitischer Programme zu evaluieren. Bei der Evaluation der Bildungspolitiken muss jedoch stets berücksichtigt werden, dass es kein allgemeingültiges Rezept der Politik geben kann, um Bildungsungleichheit zu verringern oder aufzulösen (Foster et al. 1996: 182): Zwar kann die Forschung sich auf bildungspolitische und bildungssystemische Eigenschaften und deren Einfluss auf die Bildungsungleichheit konzentrieren. Dies kann jedoch keine deterministische Vorgabe für die Bildungspolitik sein, da der Grad an Ungleichheit, der erwünscht oder akzeptiert wird, eine ideologische bzw. normative Frage ist.

Anhänge

PISA-E 2000

Bundesland	1983		1984		1985		Andere von 1981 bis 1989		Total	
	Anzahl	%	Anzahl	%	Anzahl	%	Anzahl	%	Anzahl	%
Saarland	210	10,27	1205	58,95	616	30,14	13	1	2044	100
Rheinland Pfalz	196	9,46	1169	56,42	679	32,77	28	1	2072	100
Nordrhein Westfalen	259	11,28	1347	58,64	650	28,3	41	2	2297	100
Niedersachsen	194	10,6	1067	58,31	544	29,73	25	1	1830	100
Hansestadt Bremen	283	16,09	1015	57,7	412	23,42	49	3	1759	100
Schleswig Holstein	331	15,97	1223	59,03	468	22,59	50	2	2072	100
Hansestadt Hamburg	122	11,13	638	58,21	314	28,65	22	2	1096	100
Mecklenburg-Vorpommern	262	9,95	1567	59,54	772	29,33	31	1	2632	100
Brandenburg	102	4,96	1252	60,92	694	33,77	7	0	2055	100
Berlin	90	8,14	631	57,05	371	33,54	14	1	1106	100

Sachsen	189	7,45	1508	59,46	811	31,98	28	1	2536	100
Bayern	173	9,53	1049	57,8	565	31,13	28	2	1815	100
Baden Württemberg	165	9,23	1044	58,42	559	31,28	19	1	1787	100
Hessen	290	12,43	1383	59,25	620	26,56	41	2	2334	100
Thüringen	184	6,78	1619	59,65	886	32,65	25	1	2714	100
Sachsen Anhalt	140	8,76	942	58,91	493	30,83	24	2	1599	100

Fortsetzung siehe nächste Seite

PISA-E 2003

Bundesland	Total		1988		1987	
	Anzahl	%	Anzahl	%	Anzahl	%
Saarland	1173	88,53	152	11,47	1325	100
Rheinland Pfalz	1701	90,1	187	9,9	1888	100
Nordrhein Westfalen	1643	89,15	200	10,85	1843	100
Niedersachsen	1326	90,27	143	9,73	1469	100
Hansestadt Bremen	1654	90,68	170	9,32	1824	100
Schleswig Holstein	1274	90,35	136	9,65	1410	100
Hansestadt Hamburg	2738	90,57	285	9,43	3023	100
Mecklenburg-Vorpommern	1491	90,09	164	9,91	1655	100
Brandenburg	1154	87,49	165	12,51	1319	100
Berlin	2071	91,03	204	8,97	2275	100
Sachsen	1281	89,58	149	10,42	1430	100
Bayern	1099	90,16	120	9,84	1219	100

Baden Württemberg	1268	89,36	151	10,64	1419	100
Hessen	1865	89,53	218	10,47	2083	100
Thüringen	1388	89,43	164	10,57	1552	100
Sachsen Anhalt	801	89,6	93	10,4	894	100

Anhang 1: Verteilung der Geburtsjahre der Neuntklässler in den Bundesländern in PISA-E 2000 und PISA-E 2003

Anmerkung: Eigene Berechnung.

Bundesland	Mittelwert	Standard-abweichung	Fallzahl
Saarland	485,78	97,97	1318
Rheinland-Pfalz	484,39	90,76	1889
Nordrhein-Westfalen	480,91	95,09	1842
Niedersachsen	482,42	96,02	1468
Hansestadt Bremen	470,78	95,52	1824
Schleswig-Holstein	498,87	95,54	1407
Hansestadt Hamburg	468,43	98,18	3022
Mecklenburg-Vorpommern	485,07	87,38	1654
Brandenburg	472,90	89,98	1319
Berlin	470,95	98,78	2274
Sachsen	507,60	87,42	1429
Bayern	511,64	98,53	1219
Baden-Württemberg	509,08	89,99	1418
Hessen	482,89	94,39	2082
Thüringen	500,01	89,86	1552
Sachsen-Anhalt	490,99	91,14	894

Anhang 2: Mittelwerte und Standardabweichungen der Lesekompetenzen der Neuntklässler in den Bundesländern in PISA-E 2003
Anmerkung: Eigene Berechnung.

Bundesland	Mittelwert	Standardabweichung	Fallzahl
Saarland	495,78	85,62	1318
Rheinland-Pfalz	489,89	85,07	1889
Nordrhein-Westfalen	482,73	87,63	1842
Niedersachsen	492,26	83,80	1468
Hansestadt Bremen	468,91	87,92	1824
Schleswig-Holstein	506,74	88,23	1407
Hansestadt Hamburg	471,28	87,65	3022
Mecklenburg-Vorpommern	501,79	83,83	1654
Brandenburg	485,20	79,93	1319
Berlin	475,26	92,67	2274
Sachsen	524,77	84,58	1429
Bayern	522,14	94,77	1219
Baden-Württemberg	513,72	88,11	1418
Hessen	494,16	90,55	2082
Thüringen	511,24	82,15	1552
Sachsen-Anhalt	505,35	88,76	894

Anhang 3: Mittelwerte und Standardabweichungen der Mathematikkompetenzen der Neuntklässler in den Bundesländern in PISA-E 2003
Anmerkung: Eigene Berechnung.

Bundesland	Mittelwert	Standard-abweichung	Fallzahl
Saarland	502,57	100,27	1318
Rheinland-Pfalz	494,24	94,89	1889
Nordrhein-Westfalen	487,60	99,07	1842
Niedersachsen	496,18	94,36	1468
Hansestadt Bremen	477,87	97,35	1824
Schleswig-Holstein	508,09	97,32	1407
Hansestadt Hamburg	469,40	97,43	3022
Mecklenburg-Vorpommern	498,78	88,59	1654
Brandenburg	485,26	89,13	1319
Berlin	478,65	103,11	2274
Sachsen	525,64	95,01	1429
Bayern	521,48	97,85	1219
Baden-Württemberg	515,82	95,35	1418
Hessen	488,83	95,66	2082
Thüringen	513,69	91,39	1552
Sachsen-Anhalt	514,63	100,88	894

Anhang 4: Mittelwerte und Standardabweichungen der naturwissenschaftlichen Kompetenzen der Neuntklässler in den Bundesländern in PISA-E 2003
Anmerkung: Eigene Berechnung.

Land	Soziale Herkunft	weibliches Geschlecht	Migrationshintergrund	Konstante
Saarland	0,073***	n.s.	-0,456**	-4,481***
Rheinland-Pfalz	0,063***	0,712***	n.s.	-4,385***
Nordrhein-Westfalen	0,062***	0,286**	n.s.	-4,215***
Niedersachsen	0,059***	0,3**	-0,329*	-3,736***
Hansestadt Bremen	0,054***	0,444***	n.s.	-3,442***
Schleswig-Holstein	0,061***	0,329**	n.s.	-4,223***
Hansestadt Hamburg	0,057***	n.s.	n.s.	-2,858***
Mecklenburg-Vorpommern	0,059***	0,451***	n.s.	-4,206***
Brandenburg	0,047***	0,657***	n.s.	-3,298***
Berlin	0,043***	0,378**	n.s.	-2,423***
Sachsen	0,051***	0,513***	n.s.	-3,808***
Bayern	0,065***	0,365**	n.s.	-4,252***
Baden-Württemberg	0,064***	0,435***	n.s.	-4,048***
Hessen	0,058***	0,213**	n.s.	-4,0***
Thüringen	0,051***	0,603***	n.s.	-3,806***
Sachsen-Anhalt	0,062***	0,486***	n.s.	-3,444***

Anhang 5: Effekte der sozialen Herkunft der Neuntklässler und der Kontrollvariablen auf die Wahrscheinlichkeit einen gymnasialen Bildungsgang zu besuchen im Vergleich der deutschen Bundesländer (PISA-E 2000)
***= p<0,001; **=p<0,05; *=p<0,1; n.s. = nicht signifikant
Anmerkung: Eigene Berechnung (gerundet auf drei Nachkommastellen).

Bundesland	Soziale Herkunft	Weibliches Geschlecht	Migrationshintergrund	Konstante
Saarland	0,061***	0,407**	n.s.	-3,615***
Rheinland-Pfalz	0,049***	0,247**	n.s.	-3,409***
Nordrhein-Westfalen	0,054***	0,373**	-0,352**	-3,541***
Niedersachsen	0,047***	0,584***	n.s.	-3,553***
Hansestadt Bremen	0,042***	n.s.	n.s.	-2,589***
Schleswig-Holstein	0,044***	n.s.	n.s.	-3,174***
Hansestadt Hamburg	0,055***	0,34***	n.s.	-3,531***
Mecklenburg-Vorpommern	0,054***	n.s.	n.s.	-3,552***
Brandenburg	0,034***	n.s.	n.s.	-2,338***
Berlin	0,04***	0,397***	-0,179*	-2,536***
Sachsen	0,047***	0,454***	n.s.	-3,201***
Bayern	0,054***	n.s.	-0,313*	-3,584***
Baden-Württemberg	0,051***	0,471***	n.s.	-3,598***
Hessen	0,039***	n.s.	n.s.	-2,689***
Thüringen	0,05***	0,419***	0,624**	-3,29***
Sachsen-Anhalt	0,051***	n.s.	n.s.	-3,025***

Anhang 6: Effekte der sozialen Herkunft der Neuntklässler und der Kontrollvariablen auf die Wahrscheinlichkeit einen gymnasialen Bildungsgag zu besuchen im Vergleich der deutschen Bundesländer (PISA-E 2003)
***= p<0,001; **=p<0,05; *=p<0,1; n.s. = nicht signifikant
Anmerkung: Eigene Berechnung (gerundet auf drei Nachkommastellen).

Bundesland	Soziale Herkunft	Weibliches Geschlecht	Migrations-hintergrund	Konstante
Saarland	2,125***	20,894***	-33,58***	396,404***
Rheinland-Pfalz	1,398***	19,761***	-14,463**	422,533***
Nordrhein-Westfalen	1,769***	28,404***	-35,198***	407,571***
Niedersachsen	2,105***	35,769***	-12,564**	374,983***
Hansestadt Bremen	1,971***	28,958***	-35,238***	385,106***
Schleswig-Holstein	1,944***	14,17**	-17,749**	406,821***
Hansestadt Hamburg	1,973***	32,312***	-31,231***	383,944***
Mecklenburg-Vorpommern	1,61***	27,579***	n.s.	401,108***
Brandenburg	1,444***	31,186***	-32,92**	398,006***
Berlin	1,894***	28,946***	-39,192***	392,332***
Sachsen	1,637***	29,076***	-29,359***	425,329***
Bayern	1,423***	28,495***	-31,35***	445,719***
Baden-Württemberg	1,724***	27,544***	-19,672***	425,104***
Hessen	1,634***	27,531***	-31,589***	412,445***
Thüringen	1,49***	33,076***	n.s.	420,42***
Sachsen-Anhalt	1,551***	21,035***	n.s.	419,166***

Anhang 7: Effekte der sozialen Herkunft und der Kontrollvariablen auf die Lesekompetenz der Neuntklässler im Vergleich der deutschen Bundesländer (PISA-E 2003)
***= $p<0,001$; **= $p<0,05$; *= $p<0,1$; n.s. = nicht signifikant
Anmerkung: Eigene Berechnung (gerundet auf drei Nachkommastellen).

Bundesland	Soziale Herkunft	Weibliches Geschlecht	Migrations-hintergrund	Konstante
Saarland	1,602***	-18,541***	-27,171***	447,377***
Rheinland-Pfalz	1,483***	-31,074***	-16,753***	449,435***
Nordrhein-Westfalen	1,653***	-13,138***	-31,8761***	434,085***
Niedersachsen	1,689***	-8,486**	n.s.	424,08***
Hansestadt Bremen	1,786***	-30,502***	-29,767***	418,853***
Schleswig-Holstein	1,496***	-27,484***	-22,931***	457,948***
Hansestadt Hamburg	1,85***	-24,462***	-25,213***	414,92***
Mecklenburg-Vorpommern	1,924***	-17,62***	n.s.	426,298***
Brandenburg	1,251***	-22,341***	-25,517**	442,819***
Berlin	1,8***	-20,758***	-39,8***	423,832***
Sachsen	1,513***	-20,691***	-17,689**	471,509***
Bayern	1,502***	-24,717***	-43,426***	484,229***
Baden-Württemberg	1,703***	-23,791***	-16,979***	455,301***
Hessen	1,536***	-24,051***	-34,382***	453,551***
Thüringen	1,523***	-17,035***	-16,08*	454,192***
Sachsen-Anhalt	1,475***	-28,208***	-30,424**	463,891***

Anhang 8: Effekte der sozialer Herkunft und der Kontrollvariablen auf die Mathematikkompetenz der Neuntklässler im Vergleich der deutschen Bundesländer (PISA-E 2003)
***= p<0,001; **=p<0,05; *=p<0,1; n.s. = nicht signifikant
Anmerkung: Eigene Berechnung (gerundet auf drei Nachkommastellen).

Bundesland	Soziale Herkunft	Weibliches Geschlecht	Migrationshintergrund	Konstante
Saarland	1,895***	-11,346**	-45,817***	443,676***
Rheinland-Pfalz	1,705***	-29,321***	-19,627***	443,126***
Nordrhein-Westfalen	2,057***	-8,87**	-43,926***	423,402***
Niedersachsen	1,809***	n.s.	-19,699***	424,024***
Hansestadt Bremen	1,937***	-21,51***	-40,71***	420,865***
Schleswig-Holstein	1,721***	-24,48***	-36,022***	450,735***
Hansestadt Hamburg	2,21***	-14,925***	-39,886***	399,843***
Mecklenburg-Vorpommern	1,719***	-20,792***	n.s.	434,926***
Brandenburg	1,419***	-21,442***	-37,967***	436,01***
Berlin	2,060***	-20,644***	-40,539***	415,533***
Sachsen	1,603***	-8,189**	-24,646**	463,907***
Bayern	1,504***	n.s.	-42,347***	472,585***
Baden-Württemberg	2,033***	-17,194***	-31,351***	443,07***
Hessen	1,704***	-15,711***	-39,913***	438,946***
Thüringen	1,776***	n.s.	n.s.	438,096***
Sachsen-Anhalt	1,213***	-32,029***	n.s	488,878***

Anhang 9: Effekte der sozialer Herkunft und der Kontrollvariablen auf die naturwissenschaftliche Kompetenz der Neuntklässler im Vergleich der deutschen Bundesländer (PISA-E 2003)
***= p<0,001; **=p<0,05; *=p<0,1; n.s. = nicht signifikant
Anmerkung: Eigene Berechnung (gerundet auf drei Nachkommastellen).

Anhänge

Land	Jahr	Datum	Gesetz
Saarland	1965	05.5.	Gesetz Nr. 812 zur Ordnung des Schulwesens im Saarland (Schulordnungsgesetz: SchoG) § 7 Abs. 3
Rheinland-Pfalz	1988	21.7.	Schulordnung für die öffentlichen Grundschulen (§ 4) (§ 5)
Nordrhein-Westfalen	1966	14.6.	Gesetz über die Schulpflicht im Lande Nordrhein-Westfalen (Schulpflichtgesetz - SchpflG) (§ 4)
Niedersachsen	1980	21.7.	Zweites Gesetz zur Änderung des Niedersächsischen Schulgesetzes (§ 5)
Hansestadt Bremen	1967	9.5.	Drittes Gesetz zur Änderung des Gesetzes über das Schulwesen der Freien Hansestadt Bremen (§ 10)
Schleswig-Holstein	1978	2.8.	Schleswig-Holsteinisches Schulgesetz (SchulG)
Hansestadt Hamburg	1977	17.10.	Schulgesetz der Freien und Hansestadt Hamburg (§ 29)
Mecklenburg-Vorpommern	Keine Regelung		

Land	Jahr	Datum	Gesetz
Brandenburg	1991	28.5.	Erstes Schulreformgesetz für das Land Brandenburg (Vorschaltgesetz - 1.SRG)
Berlin	1969	7.3.	Achtes Gesetz zur Änderung des Schulgesetzes für Berlin (§ 7)
Sachsen	1991	03.7.	Schulgesetz für den Freistaat Sachsen (SchulG) § 13 Abs. 4
Bayern	Keine Regelung		
Baden-Württemberg	1964	5.5.	Gesetz zur Vereinheitlichung und Ordnung des Schulwesens (SchVOG) (§ 8 Abs. 4)
Hessen	1969	17.6.	Hessisches Schulgesetz (§ 18)
Thüringen	1992	21.7.	Gesetz über die Förderschulen in Thüringen (Förderschulgesetz - FSG -) § 9 Abs. 1
Sachsen-Anhalt	1991	11.7.	Schulreformgesetz für das Land Sachsen-Anhalt (Vorschaltgesetz) § 4 Abs. 3

Anhang 10: Verzeichnis der Gesetzesquellen zur Vorschulregelung
Anmerkung: Eigene Erhebung.

Land	Jahr	Datum	Bezeichnung des Gesetzes
Saarland	1988	22.6.	Gesetz Nr. 1226 zur Änderung von Vorschriften auf dem Gebiet des Schulrechts
Rheinland-Pfalz	1989	14.5.	Schulordnung für die öffentlichen Hauptschulen, Realschulen, Gymnasien und Kollegs
Nordrhein-Westfalen	1981	21.7.	Gesetz zur Änderung des Schulverwaltungsgesetzes
Niedersachsen	1974	30.5.	Niedersächsisches Schulgesetz (NSchG)
Hansestadt Bremen	Keine Regelung		
Schleswig-Holstein	Keine Regelung		
Hansestadt Hamburg	1997	16.4.	Hamburgisches Schulgesetz (HmbSG)
Mecklenburg-Vorpommern	1991	26.4.	Erstes Schulreformgesetz des Landes Mecklenburg-Vorpommern (SRG)

Brandenburg	1991	28.5.	Erstes Schulreformgesetz für das Land Brandenburg (Vorschaltgesetz - 1.SRG)
Berlin	1997	27.1.	Fünfundzwanzigstes Gesetz zur Änderung des Schulgesetzes für Berlin
Sachsen	1991	03.7.	Schulgesetz für den Freistaat Sachsen (SchulG)
Bayern	Keine Regelung		
Baden-Württemberg	Keine Regelung		
Hessen	1992	17.6.	Hessisches Schulgesetz
Thüringen	1991	25.3.	Vorläufiges Bildungsgesetz (VBiG)
Sachsen-Anhalt	1991	11.7.	Schulreformgesetz für das Land Sachsen-Anhalt (Vorschaltgesetz)

Anhang 11: Verzeichnis der Gesetzesquellen zur Ganztagsschulregelung, jeweils erste Nennung der Ganztagsschule im Schulgesetz im relevanten Zeitraum 1990 bis 2002
Anmerkung: Eigene Erhebung.

Land	Jahr	Datum	Bezeichnung des Gesetzes
Saarland	1986	04.6.	Gesetz Nr. 1200 zur Änderung von Vorschriften auf dem Gebiet des Schulrechts
Rheinland-Pfalz	1989	14.5.	Schulordnung für die öffentlichen Hauptschulen, Realschulen, Gymnasien und Kollegs
Nordrhein-Westfalen	1977	8.11.	Gesetz zur Änderung des Schulverwaltungsgesetzes
Niedersachsen	1978	10.3.	Gesetz zum Abschluss der Einführung der Orientierungsstufe im Lande Niedersachsen
Hansestadt Bremen	1994	20.12.	Gesetz zur Novellierung des Bremischen Schulgesetzes und des Bremischen Schulverwaltungsgesetzes - hier: Bremisches Schulgesetz (BremSchulG)
Schleswig-Holstein	1990	10.4.	Gesetz zur Änderung des Schleswig-Holsteinischen Schulgesetzes
Hansestadt Hamburg	1995	7.2.	Achtes Gesetz zur Änderung des Schulgesetzes der Freien und Hansestadt Hamburg
Mecklenburg-Vorpommern	1991	26.4.	Erstes Schulreformgesetz des Landes Mecklenburg-Vorpommern (SRG)

Brandenburg	1991	28.5.	Erstes Schulreformgesetz für das Land Brandenburg (Vorschaltgesetz - 1.SRG)
Berlin	1991	28.5.	Erstes Schulreformgesetz für das Land Brandenburg (Vorschaltgesetz - 1.SR
Sachsen	1991	03.7.	Schulgesetz für den Freistaat Sachsen (SchulG)
Bayern	1984	2.8.	Schulordnung für die Schulversuche mit Orientierungsstufen und Gesamtschulen
Baden-Württemberg	1976	23.3.	Schulgesetz für Baden-Württemberg (SchG) (Neufassung des Gesetzes zur Vereinheitlichung und Ordnung des Schulwesens)
Hessen	1992	17.6.	Hessisches Schulgesetz
Thüringen	1993	06.8.	Thüringer Schulgesetz (ThürSchulG)
Sachsen-Anhalt	1991	11.7.	Schulreformgesetz für das Land Sachsen-Anhalt (Vorschaltgesetz)
	1993	29.4.	Zweites Gesetz zur Änderung des Schulreformgesetzes für das Land Sachsen-Anhalt
	1995	07.12.	Drittes Gesetz zur Änderung des Schulgesetzes des Landes Sachsen-Anhalt

Anhang 12: Verzeichnis der Gesetzesquellen zum Zeitpunkt der Gliederung jeweils erste Nennung der Ganztagsschule im Schulgesetz im relevanten Zeitraum 1995 bis 1998
Anmerkung: Eigene Erhebung.

Land	Jahr	Datum	Bezeichnung des Gesetzes
Saarland	1993	17.2.	Gesetz Nr. 1306 zur Änderung von Vorschriften auf dem Gebiet des Schulrechts
Rheinland-Pfalz	1974	06.11.	Landesgesetz über die Schulen in Rheinland-Pfalz (Schulgesetz- SchulG)
Nordrhein-Westfalen	1968	5.3.	Gesetz zur Änderung des Ersten Gesetzes zur Ordnung des Schulwesens im Lande Nordrhein-Westfalen, des Schulverwaltungsgesetz und des Schulfinanzgesetz
Niedersachsen	1974	30.5.	Niedersächsisches Schulgesetz (NSchG)
Hansestadt Bremen	1994	20.12.	Gesetz zur Novellierung des Bremischen Schulgesetzes und des Bremischen Schulverwaltungsgesetzes - hier: Bremisches Schulgesetz (BremSchulG)
Schleswig-Holstein	1990	10.4.	Gesetz zur Änderung des Schleswig-Holsteinischen Schulgesetzes
Hansestadt Hamburg	1985	18.6.	Viertes Gesetz zur Änderung des Schulgesetzes der Freien und Hansestadt Hamburg
Mecklenburg-Vorpommern	1991	26.4.	Erstes Schulreformgesetz des Landes Mecklenburg-Vorpommern (SRG)

Brandenburg	1991	28.5.	Erstes Schulreformgesetz für das Land Brandenburg (Vorschaltgesetz - 1.SRG)
Berlin	1978	5.12.	Vierzehntes Gesetz zur Änderung des Schulgesetzes für Berlin
Sachsen	1991	03.7.	Schulgesetz für den Freistaat Sachsen (SchulG)
Bayern	1974	1.8.	Schulordnung für die integrierten und teilintegrierten Gesamtschulen
Baden-Württemberg	1976	23.3.	Schulgesetz für Baden-Württemberg (SchG) (Neufassung des Gesetzes zur Vereinheitlichung und Ordnung des Schulwesens)
Hessen	1992	17.6.	Hessisches Schulgesetz
Thüringen	1991	25.3.	Vorläufiges Bildungsgesetz (VBiG)
Sachsen-Anhalt	1993	29.4.	Zweites Gesetz zur Änderung des Schulreformgesetzes für das Land Sachsen-Anhalt

Anhang 13: Verzeichnis der Gesetzesquellen zur Eigenständigkeit der Hauptschule im relevanten Zeitraum 1995 bis 1998
Anmerkung: Eigene Erhebung.

Land	Jahr	Datum	Bezeichnung des Gesetzes
Saarland	1985	23.1.	Gesetz Nr. 1180 zur Änderung von Vorschriften auf dem Gebiet des Schulrechts
Rheinland Pfalz	1985	08.7.	Fünftes Landesgesetz zur Änderung des Schulgesetzes
Nordrhein-Westfalen	1977	8.11.	Gesetz zur Änderung des Schulverwaltungsgesetzes
	1978	25.4.	Gesetz zur Änderung des Schulverwaltungsgesetzes
	1981	21.7.	Gesetz zur Änderung des Schulverwaltungsgesetzes
Niedersachsen	1974	30.5.	Niedersächsisches Schulgesetz (NSchG)
Hansestadt Bremen	1949	4.4.	Gesetz über das Schulwesen der Freien Hansestadt Bremen
	1975	18.2.	Bremisches Schulgesetz (BremSchulG)
	2003	2.7.	Gesetz zur Verbesserung von Bildungsqualität und zur Sicherung von Schulstandorten
Schleswig-Holstein	1990	10.4.	Gesetz zur Änderung des Schleswig-Holsteinischen Schulgesetzes
Hansestadt Hamburg	1949	25.10.	Gesetz über das Schulwesen der Hansestadt Hamburg

	1957	29.3.	Gesetz zur Änderung des Gesetzes über das Schulwesen der Hansestadt Hamburg und des Gesetzes über die Rechtsverhältnisse der privaten Unterrichts- und Erziehungseinrichtungen in Hamburg
	1977	17.10.	Schulgesetz der Freien und Hansestadt Hamburg
Mecklenburg-Vorpommern	1991	26.4.	Erstes Schulreformgesetz des Landes Mecklenburg-Vorpommern (SRG)
	1996	15.5.	Schulgesetz für das Land Mecklenburg-Vorpommern (SchulG M-V)
Brandenburg	1991	28.5.	Erstes Schulreformgesetz für das Land Brandenburg (Vorschaltgesetz - 1.SRG)
	2004	16.12.	Gesetz zur Weiterentwicklung der Schulstruktur im Land Brandenburg (Schulstrukturgesetz)
Berlin	1948	26.6.	Volksbildung - Schulgesetz für Groß-Berlin
	1970	22. 1.	Neuntes Gesetz zur Änderung des Schulgesetzes für Berlin
Sachsen	Keine Gesamtschulregelung		
Bayern	1973	18.1.	Schulordnung über die Aufnahme, Einstufung und Umstufung sowie das Vorrücken der Schüler an den staatlichen integrierten und teilintegrierten Gesamtschulen

	1974	1.8.	Schulordnung für die integrierten und teilintegrierten Gesamtschulen
Baden-Württemberg	1976	10.2.	Gesetz zur Änderung des Gesetzes zur Vereinheitlichung und Ordnung des Schulwesens
		23.3.	Schulgesetz für Baden-Württemberg (SchG) (Neufassung des Gesetzes zur Vereinheitlichung und Ordnung des Schulwesens
	1988	22.2.	Gesetz zur Änderung des Schulgesetzes für Baden-Württemberg, des Landespersonalvertretungsgesetzes
Hessen	1969	29.3.	Gesetz zur Änderung der hessischen Schulgesetze
	1978	17.3.	Gesetz zur Änderung des Schulverwaltungsgesetzes und des Schulpflichtgesetzes
Thüringen	1994	23.5.	Thüringer Gesetz über Schulen in freier Trägerschaft (ThürSchfTG)
Sachsen-Anhalt	1996	27.8.	Viertes Gesetz zur Änderung des Schulgesetzes des Landes Sachsen-Anhalt

Anhang 14: Verzeichnis der Gesetzesquellen zum Zeitpunkt der Einführung von kooperativen und integrierten Gesamtschulen
Anmerkung: Eigene Erhebung.

	Soziale Un-gleichheit im Bildungs-prozess – Lesekompetenz 2003	Soziale Un-gleichheit im Bildungs-prozess - Mathematikkompetenz 2003	Soziale Un-gleichheit im Bildungs-prozess – naturwissenschaftliche Kompetenz 2003
	Modell 3.2	Modell 4.2	Modell 5.2
Privatschulsektor	**positiv, n.s.**	**positiv, n.s.**	**0,0404259***
Urbanisierungsgrad	0,0000948*	0,0000804*	0,0001156**
Ost-West-Unterschied	nicht im Modell	nicht im Modell	nicht im Modell
Bruttoinlandsprodukt	nicht im Modell	nicht im Modell	nicht im Modell
Protestantenanteil	0,0092421*	nicht im Modell	nicht im Modell
Migrationsanteil	nicht im Modell	nicht im Modell	nicht im Modell
adj. R.²	0,2969	0,2312	0,4679

Anhang 15: Der Effekt der Stärke des Privatschulsektors auf die soziale Ungleichheit im Schulbildungsprozess
*p<0,1; **p<0,05; ***p<0,001

Anmerkung: Laut Abschnitt 6.3 werden Effekte als relevant eingestuft, wenn sie für mindestens einen der drei Ungleichheitsindikatoren einen signifikanten Effekt *und* für alle drei das gleiche Vorzeichen aufweisen. Der Effekt des Protestantenanteils in Modell 3.2 ist unter Anwendung der Robustheitsanalysen nicht stabil.

Anhänge

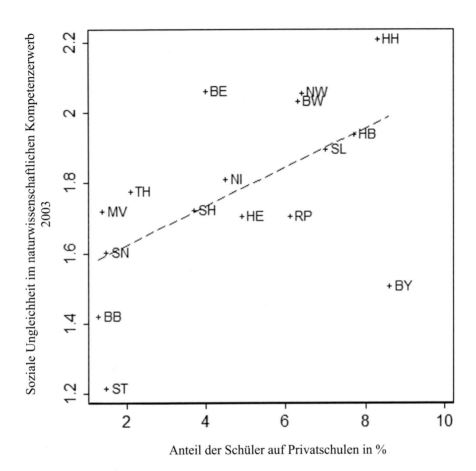

Anhang 16: Instabiler Effekt der Stärke des Privatschulsektors auf die soziale Ungleichheit im Schulbildungsprozess
Anmerkung: Eigene Darstellung.

	Soziale Ungleichheit im Bildungsprozess – Lesekompetenz 2003	Soziale Ungleichheit im Bildungsprozess - Mathematikkompetenz 2003	Soziale Ungleichheit im Bildungsprozess – naturwissenschaftliche Kompetenz 2003
	Modell 3.2	Modell 4.2	Modell 5.2
Ausbau der Ganztagsschule	**negativ, n.s.**	**negativ, n.s.**	**positiv, n.s.**
Urbanisierungsgrad	positiv, n.s.	positiv, n.s.	nicht im Modell
Ost-West-Unterschied	negativ, n.s.	nicht im Modell	nicht im Modell
Bruttoinlandsprodukt	nicht im Modell	positiv, n.s.	positiv, n.s.
Protestantenanteil	nicht im Modell	nicht im Modell	nicht im Modell
Migrationsanteil	nicht im Modell	nicht im Modell	positiv, n.s.
adj. R.²	0,1939	0,2665	0,4557

Anhang 17: Der Effekt des Ganztagsschulausbaus auf die soziale Ungleichheit im Schulbildungsprozess
$*p<0,1; **p<0,05; ***p<0,001$

Anmerkung: Laut Abschnitt 6.3 werden Effekte als relevant eingestuft, wenn sie für mindestens einen der drei Ungleichheitsindikatoren einen signifikanten Effekt *und* für alle drei das gleiche Vorzeichen aufweisen.

	Soziale Un-gleichheit im Bildungs-prozess – Lese-kompetenz 2003	Soziale Un-gleichheit im Bildungs-prozess - Mathematik-kompetenz 2003	Soziale Un-gleichheit im Bildungs-prozess – naturwissen-schaftliche Kompetenz 2003
	Modell 3.2	Modell 4.2	Modell 5.2
Verringerte Eigen-ständigkeit der Hauptschule	positiv, n.s.	negativ, n.s.	negativ, n.s.
Urbanisierungsgrad	0,0001053*	positiv, n.s.	positiv, n.s.
Ost-West-Unterschied	nicht im Modell	nicht im Modell	nicht im Modell
Bruttoinlandsprodukt	nicht im Modell	positiv, n.s.	0,0000155*
Protestantenanteil	0,0106371**	nicht im Modell	nicht im Modell
Migrationsanteil	nicht im Modell	nicht im Modell	nicht im Modell
adj. R^2	0,2993	0,3113	0,4538

Anhang 18: Der Effekt der verringerten Eigenständigkeit der Hauptschule auf die soziale Ungleichheit im Schulbildungsprozess
*p<0,1; **p<0,05; ***p<0,001

Anmerkung: Laut Abschnitt 6.3 werden Effekte als relevant eingestuft, wenn sie für mindestens einen der drei Ungleichheitsindikatoren einen signifikanten Effekt *und* für alle drei das gleiche Vorzeichen aufweisen. Der Effekt des Urbanisierungsgrads in Modell 3.2 bleibt stabil. Der Effekt des Bruttoinlandsprodukts in Modell 5.2 bleibt stabil. Der Effekt des Protestantenanteils in Modell 3.2 bleibt stabil.

	Soziale Ungleichheit im Bildungsprozess – Lesekompetenz 2003	Soziale Ungleichheit im Bildungsprozess - Mathematikkompetenz 2003	Soziale Ungleichheit im Bildungsprozess – naturwissenschaftliche Kompetenz 2003
	Modell 3.2	Modell 4.2	Modell 5.2
Durchschnittliche Klassengröße	**negativ, n.s.**	**positiv, n.s.**	**negativ, n.s.**
Urbanisierungsgrad	positiv, n.s.	positiv, n.s.	nicht im Modell
Ost-West-Unterschied	negativ, n.s.	nicht im Modell	nicht im Modell
Bruttoinlandsprodukt	nicht im Modell	positiv, n.s.	0,0000218**
Protestantenanteil	nicht im Modell	nicht im Modell	nicht im Modell
Migrationsanteil	nicht im Modell	nicht im Modell	nicht im Modell
adj. R.²	0,1833	0,1951	0,3194

Anhang 19: Der Effekt der durchschnittlichen Klassengröße auf die soziale Ungleichheit im Schulbildungsprozess
*p<0,1; **p<0,05; ***p<0,001

Anmerkung: Laut Abschnitt 6.3 werden Effekte als relevant eingestuft, wenn sie für mindestens einen der drei Ungleichheitsindikatoren einen signifikanten Effekt *und* für alle drei das gleiche Vorzeichen aufweisen. Der Effekt des Bruttoinlandsprodukts in Modell 5.2 bleibt stabil.

	Soziale Un-gleichheit im Bildungs-prozess – Lese-kompetenz 2003	Soziale Un-gleichheit im Bildungs-prozess - Mathematik-kompetenz 2003	Soziale Un-gleichheit im Bildungs-prozess – naturwissen-schaftliche Kompetenz 2003
	Modell 3.2	Modell 4.2	Modell 5.2
Schulbildungs-ausgaben	**positiv, n.s.**	**positiv, n.s.**	**positiv, n.s.**
Urbanisierungsgrad	nicht im Modell	nicht im Modell	nicht im Modell
Ost-West-Unterschied	-0,3046933**	nicht im Modell	nicht im Modell
Bruttoinlandsprodukt	nicht im Modell	positiv, n.s.	0,0000212**
Protestantenanteil	nicht im Modell	nicht im Modell	nicht im Modell
Migrationsanteil	nicht im Modell	nicht im Modell	nicht im Modell
adj. R.²	0,2608	0,2038	0,3159

Anhang 20: Der Effekt der Schulbildungsausgaben auf die soziale Ungleichheit im Schulbildungsprozess
*p<0,1; **p<0,05; ***p<0,001

Anmerkung: Laut Abschnitt 6.3 werden Effekte als relevant eingestuft, wenn sie für mindestens einen der drei Ungleichheitsindikatoren einen signifikanten Effekt *und* für alle drei das gleiche Vorzeichen aufweisen. Der Effekt des Ost-West-Unterschieds in Modell 3.2 bleibt stabil. Der Effekt des Bruttoinlandsprodukts in Modell 5.2 bleibt stabil.

	Soziale Ungleichheit im Bildungsprozess – Lesekompetenz 2003	Soziale Ungleichheit im Bildungsprozess - Mathematikkompetenz 2003	Soziale Ungleichheit im Bildungsprozess – naturwissenschaftliche Kompetenz 2003
	Modell 3.2	Modell 4.2	Modell 5.2
Ausbau der kooperativen Gesamtschule	**positiv, n.s.**	**negativ, n.s.**	**positiv, n.s.**
Urbanisierungsgrad	0,0001126**	negativ, n.s.	0,0000955*
Ost-West-Unterschied	nicht im Modell	nicht im Modell	nicht im Modell
Bruttoinlandsprodukt	nicht im Modell	negativ, n.s.	0,0000175*
Protestantenanteil	0,0112673**	nicht im Modell	nicht im Modell
Migrationsanteil	nicht im Modell	nicht im Modell	nicht im Modell
adj. R^2	0,3130	-	0,4289

Anhang 21: Der Effekt der Einführung kooperativer Gesamtschulen auf die soziale Ungleichheit im Schulbildungsprozess
*$p<0,1$; **$p<0,05$; ***$p<0,001$

Anmerkung: Laut Abschnitt 6.3 werden Effekte als relevant eingestuft, wenn sie für mindestens einen der drei Ungleichheitsindikatoren einen signifikanten Effekt *und* für alle drei das gleiche Vorzeichen aufweisen. Die Effekte des Urbanisierungsgrads in den Modellen 3.2 und 5.2 sind stabil. Der Effekt des Bruttoinlandsprodukts in Modell 5.2 bleibt stabil. Der Effekt des Protestantenanteils in Modell 3.2 bleibt stabil.

	Soziale Un-gleichheit im Bildungs-prozess – Lese-kompetenz 2003	Soziale Un-gleichheit im Bildungs-prozess - Mathematik-kompetenz 2003	Soziale Un-gleichheit im Bildungs-prozess – naturwissen-schaftliche Kompetenz 2003
	Modell 3.2	Modell 4.2	Modell 5.2
Ausbau der intergierten Gesamtschule	positiv, n.s.	negativ, n.s.	negativ, n.s.
Urbanisierungsgrad	positiv, n.s.	0,0000916**	0,0001039*
Ost-West-Unterschied	negativ, n.s.	nicht im Modell	nicht im Modell
Bruttoinlandsprodukt	nicht im Modell	positiv, n.s.	0,0000159*
Protestantenanteil	nicht im Modell	nicht im Modell	nicht im Modell
Migrationsanteil	nicht im Modell	nicht im Modell	nicht im Modell
adj. R.²	0,185	0,3493	0,4225

Anhang 22: Der Effekt der Einführung integrierter Gesamtschulen auf die soziale Ungleichheit im Schulbildungsprozess
*p<0,1; **p<0,05; ***p<0,001
Anmerkung: Laut Abschnitt 6.3 werden Effekte als relevant eingestuft, wenn sie für mindestens einen der drei Ungleichheitsindikatoren einen signifikanten Effekt *und* für alle drei das gleiche Vorzeichen aufweisen. Die Effekte des Urbanisierungsgrads in den Modellen 4.2 und 5.2 sind nicht stabil. Der Effekt des Bruttoinlandsprodukts in Modell 5.2 ist nicht stabil.

	Soziale Ungleichheit im Bildungsprozess – Lesekompetenz 2003	Soziale Ungleichheit im Bildungsprozess - Mathematikkompetenz 2003	Soziale Ungleichheit im Bildungsprozess – naturwissenschaftliche Kompetenz 2003
	Modell 3.2	Modell 4.2	Modell 5.2
Ausbau der Orientierungsstufe	**positiv, n.s.**	**negativ, n.s.**	**-0,0021013***
Urbanisierungsgrad	positiv, n.s.	0,0000836*	0,0001363**
Ost-West-Unterschied	negativ, n.s.	nicht im Modell	nicht im Modell
Bruttoinlandsprodukt	nicht im Modell	positiv, n.s.	positiv, n.s.
Protestantenanteil	nicht im Modell	nicht im Modell	nicht im Modell
Migrationsanteil	nicht im Modell	nicht im Modell	nicht im Modell
adj. R^2	0,1941	0,2236	0,5463

Anhang 23: Der Effekt des Zeitpunkts der Gliederung auf die soziale Ungleichheit im Schulbildungsprozess
*p<0,1; **p<0,05; ***p<0,001

Anmerkung: Laut Abschnitt 6.3 werden Effekte als relevant eingestuft, wenn sie für mindestens einen der drei Ungleichheitsindikatoren einen signifikanten Effekt *und* für alle drei das gleiche Vorzeichen aufweisen. Der Effekt des Urbanisierungsgrads ist in Modell 5.2 stabil, in Modell 4.2 hingegen nicht, behält aber sein Vorzeichen. Der Effekt des Bruttoinlandsprodukts wird in Modell 5.2 bei der Verwendung robuster Standardfehöler signifikant (p<0,1) positiv.

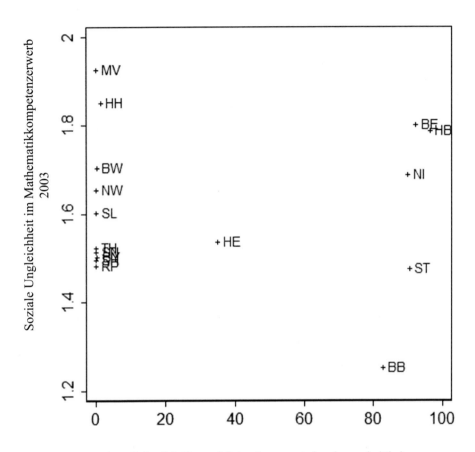

Anteil der Schüler auf Orientierungsstufen der sechsjährigen Grundschulen in den Klassen fünf und sechs in %

Anhang 24: Der instabile Effekt des Zeitpunkts der Gliederung auf die soziale Ungleichheit im Schulbildungsprozess
Anmerkung: Eigene Darstellung.

Literaturverzeichnis

Acemoglu, D., S. Johnson, J. A. Robinson und P. Yared. 2005. From education to democracy? *American Economic Review* 95 (2): 44-49.
Achen, C. H. 2002. Toward a new political methodology: Microfoundations and ART. *Annual Review of Political Science* 5: 423-450.
Alba, R. D., J. Handl und W. Müller. 1994. Ethnische Ungleichheit im deutschen Bildungssystem. *Kölner Zeitschrift für Soziologie und Sozialpsychologie* 46 (2): 209-237.
Alber, J. 2001. Hat sich der Wohlfahrtsstaat als soziale Ordnung bewährt? In *Die beste aller Welten? Marktliberalismus versus Wohlfahrtsstaat*, K. U. Mayer (Hrsg.). Frankfurt & New York: Campus: 59-111.
Alesina, A. und D. Rodrik. 1994. Distributive politics and economic growth. *Quarterly Journal of Economics* 109 (2): 465-490.
Allmendinger, J. 1989. Educational systems and labor market outcomes. *European Sociological Review* 5 (3): 231-250.
———. 2004. Verschenkte Chancen. Handlungsspielräume für die Bildungspolitik. *Internationale Politik* 59 (5): 58-66.
———. 2005. Zum Verhältnis von Bildungs- und Sozialpolitik in Deutschland. In *Neue Steuerung von Bildung und Wissenschaft: Schule - Hochschule - Forschung*, R. Fisch und S. Koch (Hrsg.). Bonn: Lemmens: 37-46.
Allmendinger, J., C. Ebner und M. Schludi. 2006. Die bildungspolitische Funktion der Arbeitsverwaltung im Spannungsfeld von betriebswirtschaftlicher Logik und gesamtgesellschaftlicher Verantwortung. In *Evidenzbasierte Bildungspolitik: Beiträge der Bildungsökonomie*, M. Weiß (Hrsg.). Berlin: Duncker & Humblot: 173-191.
Allmendinger, J. und S. Leibfried. 2003. Education and the welfare state: the four worlds of competence production. *Journal of European Social Policy* 13 (1): 63-81.
———. 2005. Bildungsarmut. Zum Zusammenhang von Sozialpolitik und Bildung. In *Bildungsreform als Sozialreform: Zum Zusammenhang von Bildungs- und Sozialpolitik*, M. Opielka (Hrsg.). Wiesbaden: VS Verlag für Sozialwissenschaften: 45-60

Allmendinger, J. und R. Nikolai. 2006. Bildung und Herkunft. *Aus Politik und Zeitgeschichte* 44/45: 32-38.
Almond, G. A. und S. Verba. 1965. The civic culture. Political attitudes and democracy in five nations. Princeton, N.J.: Princeton Univ. Press.
Ammermüller, A. 2005. *Educational opportunities and the role of institutions.* Centre for European Economic Research (ZEW). Heruntergeladen von http://edocs.ub.unimaas.nl/loader/file.asp?id=1071 am 30.7.2009.
Andersen, S. C. 2008. Private schools and the parents that choose them: Empirical evidence from the Danish School Voucher System. *Scandinavian Political Studies* 31 (1): 44-68.
Anderson, B. A. und B. D. Silver. 1984. Equality, efficiency, and politics in soviet bilingual education policy, 1934-1980. *The American Political Science Review* 78 (4): 1019-1039.
Anderson, C. J. und M. M. Singer. 2008. The sensitive left and the impervious right - Multilevel models and the politics of inequality, ideology, and legitimacy in Europe. *Comparative Political Studies* 41 (4-5): 564-599.
Angrist, J. D. und V. Lavy. 1999. Using maimonides' rule to estimate the effect of class size on scholastic achievement. *Quarterly Journal of Economics* 114 (2): 533-575.
Anweiler, O. 1996. Deutschland. In *Bildungssysteme in Europa*, O. Anweiler, U. Boos-Nünning, G. Brinkmann, D. Glowka, D. Goetze, W. Hörner, F. Kuebart und H.-P. Schäfer (Hrsg.). Weinheim & Basel: Beltz: 31-56.
Anweiler, O., U. Boos-Nünning, G. Brinkmann, D. Glowka, D. Goetze, W. Hörner, F. Kuebart und H.-P. Schäfer (Hrsg). 1996. *Bildungssysteme in Europa.* Weinheim & Basel: Beltz.
Argys, L. M., D. I. Rees und D. J. Brewer. 1996. Detracking America's schools: Equity at zero cost? *Journal of Policy Analysis and Management* 15 (4): 623-645.
Armingeon, K., F. Bertozzi und G. Bonoli. 2004. Swiss Worlds of Welfare. *West European Politics* 27 (1): 20-44.
Arps, S. 2005. Prolonging inequality? Education in Germany after unification. *Journal of Education Policy* 20 (2): 159-187.
Arum, R. 1996. Do private schools force public schools to compete? *American Sociological Review* 61 (1): 29-46.
Asadullah, M. N. 2005. The effect of class size on student achievement: evidence from Bangladesh. *Applied Economics Letters* 12 (4): 217-221.

Aschaffenburg, K. und I. Maas. 1997. Cultural and educational careers: The dynamics of social reproduction. *American Sociological Review* 62 (4): 573-587.
Attewell, P. und J. Battle. 1999. Home computers and school performance. *Information Society* 15 (1): 1-10.
Austin, G. R. 1976. Early Childhood Education. An International Perspective. New York, San Francisco, London: Academic Press.
Bankston, C. L. und M. Zhou. 2002. Social capital and immigrant children's achievement. In *Schooling and social capital in diverse cultures*, B. H. Fuller, Emily (Hrsg.). Boston: Elsevier: 13-39.
Barbarin, O. A., D. Early, R. Clifford, D. Bryant, P. Frome, M. Burchinal, C. Howes und R. Pianta. 2008. Parental conceptions of school readiness: relation to ethnicity, socioeconomic status, and children's skills. *Early Education and Development* 19 (5): 671-701.
Barone, C. 2006. Cultural capital, ambition and the explanation of inequalities in learning outcomes: A comparative analysis. *Sociology* 40 (6): 1039-1058.
Barrow, L. 2006. Private school location and neighborhood characteristics. *Economics of Education Review* 25 (6): 633-645.
Baumert, J. (Hrsg). 2001. *PISA 2000. Basiskompetenzen von Schülerinnen und Schülern im internationalen Vergleich.* Opladen: Leske + Budrich.
Baumert, J., C. Artelt, C. H. Carstensen, H. Sibberns und P. Stanat. 2002. Untersuchungsgegenstand, Fragestellungen und technische Grundlagen der Studie. In *PISA 2000 - Die Länder der Bundesrepublik Deutschland im Vergleich*, J. Baumert, C. Artelt, E. Klieme, M. Neubrand, M. Prenzel, U. Schiefele, W. Schneider, K.-J. Tillmann und M. Weiß (Hrsg.). Opladen: Leske + Budrich: 11-38.
Baumert, J. und G. Schümer. 2001. Familiäre Lebensverhältnisse, Bildungsbeteiligung und Kompetenzerwerb. In *PISA 2000. Basiskompetenzen von Schülerinnen und Schülern im internationalen Vergleich*, J. Baumert, E. Klieme, M. Neubrand, M. Prenzel, U. Schiefele, W. Schneider, P. Stanat, K.-J. Tillmann und M. Weiß (Hrsg.). Opladen: Leske + Budrich: 323-407.
———. 2002. Familiäre Lebensverhältnisse, Bildungsbeteiligung und Kompetenzerwerb im nationalen Vergleich. In *PISA 2000. Die Länder der Bundesrepublik Deutschland im Vergleich*, J. Baumert, C. Artelt, E. Klieme, M. Neubrand, M. Prenzel, U. Schiefele, W. Schneider, K.-J. Tillmann und M. Weiß (Hrsg.). Opladen: Leske + Budrich: 159-202.

Beaton, A. E., M. O. Martin, I. V. S. Mullis, E. J. Gonzalez, T. A. Smith und D. L. Kelly. 1996a. Science Achievement in the Middle School Years: IEA's Third International Mathematics And Science Study (TIMSS). Boston: Center for the Study of Testing, Evaluation, and Educational Policy.

Beaton, A. E., I. V. S. Mullis, M. O. Martin, E. J. Gonzalez, D. L. Kelly und T. A. Smith. 1996b. Mathematics Achievement in the Middle School Years: IEA's Third International Mathematics and Science Study (TIMSS). Boston: Center for the Study of Testing, Evaluation, and Educational Policy.

Becker, R. 2000. Klassenlage und Bildungsentscheidungen. *Kölner Zeitschrift für Soziologie und Sozialpsychologie* 52 (3): 450-475.

———. 2003. Educational Expansion and Persistent Inequalities of Education: Utilising the Subjective Expected Utility Theory to Explain the Increasing Participation Rates in Upper Secondary School in the Federal Republic of Germany. *European Sociological Review* 19 (1): 1-24.

———. 2007. Das katholische Arbeitermädchen vom Lande - Ist die Bildungspolitik ein Opfer der bildungssoziologischen Legende geworden? In *Pädagogik und Politik*, C. Crotti, P. Gonon und W. Herzog (Hrsg.). Bern: Haupt: 177-204.

Becker, R. und W. Lauterbach. 2004a. Dauerhafte Bildungsungleichheiten - Ursachen, Mechanismen, Prozesse und Wirkungen. In *Bildung als Privileg? Erklärungen und Befunde zu den Ursachen der Bildungsungleichheit*, R. Becker und W. Lauterbach (Hrsg.). Wiesbaden: VS Verlag für Sozialwissenschaften: 9-40.

———. 2004b. Die immerwährende Frage der Bildungsungleichheit im neuen Gewand. In *Bildung als Privileg? Erklärungen und Befunde zu den Ursachen von Bildungsungleichheit*, R. Becker und W. Lauterbach (Hrsg.). Wiesbaden: VS Verlag für Sozialwissenschaften: 429-445.

Belsky, J. und L. D. Steinberg. 1978. Effects of day-care - critical review. *Child Development* 49 (4): 929-949.

Berger, M. 1990. 150 Jahre Kindergarten. Ein Brief an Friedrich Fröbel. Frankfurt am Main: Brandes & Apsel.

Berger, P. A. und H. Kahlert. 2005. Bildung als Institution: (Re-) Produktionsmechanismen sozialer Ungleichheit. In *Institutionalisierte Ungleichheiten. Wie das Bildungswesen Chancen blockiert*, P. A. Berger und H. Kahlert (Hrsg.). Weinheim & München: Juventa: 7-16.

Berlinski, S., S. Galiani und P. Gertler. 2009. The effect of pre-primary education on primary school performance. *Journal of Public Economics* 93 (1-2): 219-234.

Berry, W. D. 1993. Understandig regression assumptions. Newbury Park: Sage Publications.

Bettmer, F. 2007. Soziale Ungleichheit und Exklusion - Theoretische und emprische Bezüge im Kontext von Schule und Jugendhilfe. In *Ganztagsschule als Forschungsfeld. Theoretische Klärungen, Forschungsdesigns und Konsequenzen für die Praxisentwicklung*, F. Bettmer, S. Maykus, F. Prüß und A. Richter (Hrsg.). Wiesbaden: VS Verlag für Sozialwissenschaften: 187-211.

Biedinger, N., B. Becker und I. Rohling. 2008. Early ethnic educational inequality: The influence of duration of preschool attendance and social composition. *European Sociological Review* 24 (2): 243-256.

Bierman, K. L., C. E. Domitrovich, R. L. Nix, S. D. Gest, J. A. Welsh, M. T. Greenberg, C. Blair, K. E. Nelson und S. Gill. 2008. Promoting academic and social-emotional school readiness: The head start REDI program. *Child Development* 79 (6): 1802-1817.

Bierman, K. L., M. M. Torres, C. E. Domitrovich, J. A. Welsh und S. D. Gest. 2009. Behavioral and cognitive readiness for school: Cross-domain associations for children attending Head Start. *Social Development* 18 (2): 305-323.

Bildungsforschung", D. B. d. D.-F. E. 2005. Empfehlungen zur Stärkung und Förderung der Empirischen Bildungsforschung. In *Impulse für die Bildungsforschung Stand und Perspektiven. Dokumentation eines Expertengesprächs*, Hrsg. H. Mandl und B. Kopp. Berlin: Akademie Verlag.

Blankenau, W. F. und N. B. Simpson. 2004. Public education expenditures and growth. *Journal of Development Economics* 73 (2): 583-605.

Blasius, J. und J. Friedrichs. 2008. Lifestyles in distressed neighborhoods: A test of Bourdieu's "taste of necessity" hypothesis. *Poetics* 36 (1): 24-44.

Blatchford, P., P. Bassett, H. Goldstein und C. Martin. 2003. Are class size differences related to pupils' educational progress and classroom processes? Findings from the institute of education class size study of children aged 5-7 years. *British Educational Research Journal* 29 (5): 709-730.

Blossfeld, H.-P. und Y. Shavit. 1993a. Dauerhafte Ungleichheiten. Zur Veränderung des Einflusses der sozialer Herkunft auf die

Bildungschancen in dreizehn industrialisierten Ländern. *Zeitschrift für Pädagogik* 39: 25-52.

———. 1993b. Persisting Barriers. Changes in Educational Opportunities in Thirteen Countries. . In *Persistent Inequality. Changing Educational Attainment in Thirteen Countries.*, Y. Shavit und H.-P. Blossfeld (Hrsg.). Boulder, San Francisco & Oxford: Westview Press: 1- 23.

Bortz, J. 1999. Statistik für Sozialwissenschafler. Berlin: Springer.

Boudon, R. 1973. Education, opportunity, and social inequality. New York: Wiley.

Bourdieu, P. 1983. Ökonomisches Kapital, kulturelles Kapital, soziales Kapital. In *Soziale Ungleichheiten*, R. Kreckel (Hrsg.). Göttingen: Verlag Otto Schwartz & Co.: 183-198.

Bourke, S. 1986. How smaller is better - some relationships between class size, teaching practicses, and student achievement. *American Educational Research Journal* 23 (4): 558-571.

Braun, H., F. Jenkins und W. Grigg. 2006. *Comparing private schools and public schools using hierarchical linear modeling*. US Department of Education. Heruntergeladen von http://nces.ed.gov/nationsreportcard/pdf/studies/2006461.pdf am 16.05.2008.

Brinton, M. C. 2005. Education and the Economy. In *The Handbook of Economic Sociology*, N. Smelser und R. Swedberg (Hrsg.). New York: Russell Sage Foundation (with Princeton University Press): 575-602.

Broscheid, A. 2006. Bayesianische Datenanalyse. In *Methoden der Politikwissenschaft. Neuere qualitative und quantitative Analyseverfahren*, J. Behnke, T. Gschwend, D. Schindler und K.-U. Schnapp (Hrsg.). Baden-Baden: Nomos: 47-57.

Browning, M. und E. Heinesen. 2007. Class size, teacher hours and educational attainment. *Scandinavian Journal of Economics* 109 (2): 415-438.

Büchel, F., C. K. Spieß und G. Wagner. 1997. Bildungseffekte vorschulischer Kinderbetreuung. *Kölner Zeitschrift für Soziologie und Sozialpsychologie* 49 (3): 528-539.

Buddin, R. J., J. J. Cordes und S. N. Kirby. 1998. School choice in California: Who chooses private schools? *Journal of Urban Economics* 44 (1): 110-134.

Bundesministerium für Bildung und Forschung. 2003. *Ganztagsschule. Zeit für mehr*. Heruntergeladen von http://www.bmbf.de/pub/ganztagsschulen-zeit_fuer_mehr.pdf am 15.01.2006.

Bundesministerium für Familie, Senioren, Frauen und Jugend. 2009. Kinder- und Jugendhilfe. Achtes Buch Sozialgesetzgebung.

Busemeyer, M. R. 2006. Die Bildungsausgaben der USA im internationalen Vergleich. Politische Geschichte, Debatten und Erklärungsansätze Wiesbaden: DUV Verlag.
———. 2007. Determinants of Public Education Spending in 21 OECD Democracies, 1980-2001. *Journal of European Public Policy* 14 (4): 582-610.
Byrne, D., B. Williamson und B. Fletcher. 1975. The poverty of education. A study in the politics of opportunity. London: Martin Robertson.
č Umek, L. M., S. Kranjc, U. Fekonja und K. Bajc. 2008. The effect of preschool on children's school readiness. *Early Child Development and Care* 178 (6): 569-588.
Campbell, C. 2005. Changing school loyalties and the middle class: A reflection on the developing fate of state comprehensive high schooling. *Australian Educational Researcher* 32 (1): 3-24.
Card, D. und A. B. Krueger. 1996. School resources and student outcomes: An overview of the literature and new evidence from North and South Carolina. *Journal of Economic Perspectives* 10 (4): 31-50.
Carnoy, M. und H. M. Levin. 1985. Schooling and work in the democratic state. Stanford: Stanford University Press.
Castles, F. G. 1989. Explaining Public Education Expenditure in OECD Nations. *European Journal of Political Research* 17 (4): 431-448.
———. 1999. Comparative public policy: patterns of post-war transformation. Cheltenham: Edward Elgar.
Chatterjee, S. und F. Wiseman. 1983. Use of regression diagnostics in political science research. *American Journal of Political Science* 27 (3): 601-613.
Chaudhary, L. 2009. Education inputs, student performance and school finance reform in Michigan. *Economics of Education Review* 28 (1): 90-98.
Chin, T. und M. Phillips. 2004. Social reproduction and child-rearing practices: Social class, children's agency, and the summer activity gap. *Sociology of Education* 77 (3): 185-210.
Christie, P. 1990. Reforming the racial curriculum. Curriculum change in desegregated schools in South-Africa. *British Journal of Sociology of Education* 11 (1): 37-48.
Chubb, J. E. und T. M. Moe. 1988. Politics, markets, and the organization of schools. *The American Political Science Review* 82 (4): 1066-1087.
Coleman, J. S. 1966. Equality of educational opportunity. Washington: U.S. Government Printing Office.
———. 1990. Foundations of social theory. Cambridge: Belknap Press.

Coleman, J. S., T. Hoffer und S. Kilgore. 1981. Questions and answers - our response. *Harvard Educational Review* 51 (4): 526-545.

———. 1982a. Achievement and segregation in secondary schools - A further look at public and private school differences. *Sociology of Education* 55 (2-3): 162-182.

———. 1982b. Cognitive outcomes in public and private schools. *Sociology of Education* 55 (2-3): 65-76.

Coleman, J. S., S. Kilgore und T. Hoffer. 1982c. Public and private schools. *Society* 19 (2): 4-9.

Conant, J. B. 1968. Bildungspolitik im föderalistischen Staat. Beispiel USA. Stuttgart: Ernst Klett Verlag.

Connell, C. M. und R. J. Prinz. 2002. The impact of childcare and parent-child interactions on school readiness and social skills development for low-income African American children. *Journal of School Psychology* 40 (2): 177-193.

Corak, M. und D. Lauzon. 2009. Differences in the distribution of high school achievement: The role of class-size and time-in-term. *Economics of Education Review* 28 (2): 189-198.

Crenshaw, E. 1992. Cross-national derterminants of income inequality - A replication and extension using ecological-evolutionary theory. *Social Forces* 71 (2): 339-363.

Crosnoe, R. 2007. Early child care and the school readiness of children from Mexican immigrant families. *International Migration Review* 41 (1): 152-181.

Dahrendorf, R. 1965. Bildung ist Bürgerrecht. Plädoyer für eine aktive Bildungspolitik. Hamburg: Nannen.

Darling-Hammond, L. 2006. No child left behind and high school reform. *Harvard Educational Review* 76 (4): 642-667.

Davies, S. und N. Guppy. 1997. Fields of study, college selectivity, and student inequalities in higher education. *Social Forces* 75 (4): 1417-1438.

De Graaf, N. D., P. M. De Graaf und G. Kraaykamp. 2000. Parental cultural capital and educational attainment in the Netherlands: A refinement of the cultural capital perspective. *Sociology of Education* 73 (2): 92-111.

Decker, F. 2004. Das parlamentarische System in den Ländern. *Aus Politik und Zeitgeschichte* B50-51: 3-9.

Demaine, J. (Hrsg). 1999. *Education Policy and Contemporary Politics.* Houndmills, Basingstoke, Hampshire und London: Macmillan Press.

Diaconis, P. und B. Efron. 1983. Computer-intensive methods in statsitics. *Scientific American* 248 (5): 116-130.

DiMaggio, P. 1982. Cultural capital and school success. The impact of status culture participation on the grades of U.S. high school students. *American Sociological Review* 47 (2): 189-201.
DiMaggio, P. und J. Mohr. 1985. Cultural capital, educational attainment and marital selection. *American Journal of Sociology* 90 (6): 1231-2161.
Ditton, H. 1989. Determinanten für elterliche Bildungsaspirationen und für Bildungsempfehlungen des Lehrers. *Empirische Pädagogik* 3 (3): 215-231.
Donovan, S. und H. Watts. 1990. What can child care do for human capital? *Population Research and Policy Review* 9 (1): 5-23.
Doucouliagos, H. und M. A. Ulubasoglu. 2008. Democracy and economic growth: A meta-analysis. *American Journal of Political Science* 52 (1): 61-83.
Downer, J. T., S. E. Rimm-Kaufman und R. C. Pianta. 2007. How do classroom conditions and children's risk for school problems contribute to children's behavioral engagement in learning? *School Psychology Review* 36 (3): 413-432.
Dravenau, D. und O. Groh-Samberg. 2005. Bildungsbenachteiligung als Institutioneneffekt. Zur Verschränkung kultureller und institutioneller Diskriminierung. In *Institutionalisierte Ungleichheiten. Wie das Bildungssystem Chancen blockiert.*, P. A. Berger und H. Kahlert (Hrsg.). Weinheim & München: Juventa: 103-129.
Drechsel, B. und U. Schiefele. 2005. Die Lesekompetenz im Ländervergleich. In *PISA 2003. Der zweite Vergleich der Länder in Deutschland - Was wissen und können Jugendliche?*, M. Prenzel, J. Baumert, W. Blum, R. Lehmann, D. Leutner, M. Neubrand, R. Pekrun, J. Rost und U. Schiefele (Hrsg.). Münster: Waxmann: 85-101.
Drewek, P. 1997. Concept, system, and ideology of the "comprehensive school" - A comment on Gerhart Neuner's article on "the principle of unity in the educational system of the GDR". *Zeitschrift für Pädagogik* 43 (4): 639-657.
Dronkers, J. 1993. Educational reform in the Netherlands - Did it change the impact of parental occupation and education? *Sociology of Education* 66 (4): 262-277.
Duch, R. M. und R. Stevenson. 2004. Context and the economic vote: A multilevel analysis. *Political Analysis* 13 (4): 387-409.
Dustmann, C., N. Rajah und A. van Soest. 2003. Class size, education, and wages. *Economic Journal* 113 (485): F99-F120.

Duyme, M. 1988. School success and social class: An adoption study. *Developmental Psychology* 24 (2): 203-209.
Ecalle, J., A. Magnan und F. Gibert. 2006. Class size effects on literacy skills and literacy interest in first grade: A large-scale investigation. *Journal of School Psychology* 44 (3): 191-209.
Egerton, M. 1997. Occupational inheritance: The role of cultural capital and gender. *Work Employment and Society* 11 (2): 263-282.
Ehlert, N., A. Hennl und A. Kaiser. 2007. Föderalismus, Dezentralisierung und Performanz. Eine makroquantitative Analyse der lesitungsfähigkeit territorialer Politikorganisation in entwickelten Demokratien. *Politische Vierteljahresschrift* 48 (2): 243-268.
Ehmke, T., F. Hohensee, H. Heidemeier und M. Prenzel. 2004. Soziale Herkunft. In *PISA 2003. Der Bildungsstand der Jugendlichen in Deutschland - Ergebnisse des zweiten internationalen Vergleichs.*, M. Prenzel, J. Baumert, W. Blum, R. Lehmann, D. Leutner, M. Neubrand, R. Pekrun, H.-G. Rolff, J. Rost und U. Schiefele (Hrsg.). Münster: Waxmann: 225-282.
Ehmke, T., T. Siegle und F. Hohensee. 2005. Soziale Herkunft im Ländervergleich. In *PISA 2003. Der zweite Vergleich der Länder in Deutschland - Was wissen und können Jugendliche?*, M. Prenzel, J. Baumert, W. Blum, R. Lehmann, D. Leutner, M. Neubrand, R. Pekrun, J. Rost und U. Schiefele (Hrsg.). Münster: Waxmann: 235-268.
Elff, M. 2009. Auswertungsprobleme mit den Daten des Comparative Manifesto Project. In *Datenwelten. Datenerhebung und Datenbestände in der Politikwissenschaft*, K.-U. Schnapp, N. Behnke und J. Behnke (Hrsg.). Baden-Baden: Nomos: 310-330.
Engerman, S. L. und K. L. Sokoloff. 2008. Debating the role of institutions in political and economic development: theory, history, and findings. *Annual Review of Political Science* 11: 119-135.
Entwisle, D. R. und K. L. Alexander. 1992. Summer setback - race, poverty, school composition, and mathematics achivement in the 1st 2 years of school *American Sociological Review* 57 (1): 72-84.
Erikson, R. und J. Goldthorpe. 1992. The constant flux. Oxford: Clarendon Press.
Erikson, R. und J. O. Jonsson. 1996. Explaining class inequality in education: The swedish test case. In *Can Education be Equalized? The Swedish Case in Comparative Perspective*, R. Erikson und J. O. Jonsson (Hrsg.). Boulder: Westview Press: 1-64.
Erk, J. 2003. Federal Germany and its non-federal society: Emergence of an all-German educational policy in a system of exclusive provincial

jurisdiction. *Canadian Journal of Political Science-Revue Canadienne De Science Politique* 36 (2): 295-317.
Ertl, H. und D. Phillips. 2000. The enduring nature of the tripartite system of secondary schooling in Germany: Some explanations. *British Journal of Educational Studies* 48 (4): 391-412.
Esping-Andersen, G. 1990. The three worlds of welfare capitalism. Cambridge: Polity Press.
———. 2008. Childhood investments and skill formation. *International Tax and Public Finance* 15 (1): 19-44.
Esser, H. 1996. Die Definition der Situation. *Kölner Zeitschrift für Soziologie und Sozialpsychologie* 48 (1): 1-34.
———. 1999. Soziologie: spezielle Grundlagen. Frankfurt: Campus Verlag.
Evangelische Kirche in Deutschland. 2006. *Statsitik Evangelische Kirche in Deutschland. Kirchenmitgliederzahlen am 31.12.2005.* Heruntergeladen von http://www.ekd.de/download/Ber_Kirchenmitglieder_2005.pdf am 30.10.2009.
Fägerlind, I. und L. J. Saha. 1989. Education and national development. Oxford: Butterworth-Heinemann.
Fairlie, R. W. und A. M. Resch. 2002. Is there "white flight" into private schools? Evidence from the National Educational Longitudinal Survey. *Review of Economics and Statistics* 84 (1): 21-33.
Fend, H., E. Dreher und H. Haenisch. 1980. Auswirkungen des Schulsystems auf Schulleistungen und soziales Lernen. Ein Vergleich zwischen Gesamtschule und dreigliedrigem Schulsystem. *Zeitschrift für Pädagogik* 26 (5): 673-698.
Fend, H., W. Knörzer, W. Nagl, W. Specht und R. Väth-Szusdziara. 1973. Sozialisationseffekte unterschiedlicher Schulformen. *Zeitschrift für Pädagogik* 19 (6): 887-903.
Finley, M. K. 1984. Teachers and tracking in a comprehensive high-school. *Sociology of Education* 57 (4): 233-243.
Finn, J. D. und C. M. Achilles. 1990. Answers and questions about class size - a statewide experiment. *American Educational Research Journal* 27 (3): 557-577.
Finn, J. D., S. B. Gerber und J. Boyd-Zaharias. 2005. Small classes in the early grades, academic achievement, and graduating from high school. *Journal of Educational Psychology* 97 (2): 214-223.
Finn, J. D., G. M. Pannozzo und C. M. Achilles. 2003. The "why's" of class size: Student behavior in small classes. *Review of Educational Research* 73 (3): 321-368.

Forget-Dubois, N., G. Dionne, J. P. Lemelin, D. Perusse, R. E. Tremblay und M. Boivin. 2009. Early child language mediates the relation between home environment and school readiness. *Child Development* 80 (3): 736-749.
Foster, P., R. Gomm und M. Hammersley. 1996. Constructing educational inequality. London & Washington: Falmer Press.
Franzese, R. J. 2004. Empirical strategies for various manifestations of multilevel data. *Political Analysis* 13: 430-446.
Freire, P. 1985. The Politics of Education. Culture, Power, and Liberation. South Hadley: Bergin & Garvey.
Freitag, M. und M. Bühlmann. 2003. Die Bildungsfinanzen der Schweizer Kantone. Der Einfluss sozioökonomischer Bedingungen, organisierter Interessen und politischer Institutionen auf die Bildungsausgaben im kantonalen Vergleich. *Swiss Political Science Review* 9 (1): 139-168.
Freitag, M. und R. Schlicht. 2009. Educational federalism in Germany: Foundations of social inequality of education. *Governance* 22 (1): 47-72.
Friedman, M. 1997. Public schools: make them private. *Education Economics* 5 (3): 341-344.
———. 2008. Kapitalismus und Freiheit. München & Zürich: Piper.
Fuchs, H. W. und L. R. Reuter. 2004. Education and schooling in East Germany. *International Journal of Educational Development* 24 (5): 529-537.
Gamoran, A. und R. D. Mare. 1989. Secondary school tracking and educational inequality: compensation, reinforcement, or neutrality? *American Journal of Sociology* 94 (5): 1146-1183.
Ganzeboom, H. B. G., P. M. De Graaf und D. J. Treiman. 1992. A standard international socio-economic index of occupational status. *Social Science Research* 21 (1): 1-56.
Ganzeboom, H. B. G. und D. J. Treiman. 1996. Internationally comparable measures of occupational status for the 1988 International Standard Classification of Occupations. *Social Science Research* 25 (3): 201-239.
Garrett, G. 1998. Partisan politics in the global economy. New York: Cambridge University Press.
Gaupp, N., T. Lex und B. Reissig. 2008. Vocational Training Without a Secondary School Certificate: Results of a longitudinal study. *Zeitschrift für Erziehungswissenschaft* 11 (3): 388-405.
Geißler, R. 1983. Bildungschancen und Statusvererbung in der DDR. *Kölner Zeitschrift für Soziologie und Sozialpsychologie* 35 (4): 755-769.

———. 1987. Soziale Schichtung und Lebenschancen in der Bundesrepublik Deutschland. Stuttgart: Enke.

———. 1996. Kein Abschied von Klasse und Schicht. Ideologische Gefahren der deutschen Sozialstrukturanalyse. *Kölner Zeitschrift für Soziologie und Sozialpsychologie* 48 (2): 319-339.

Glass, G. V. und M. L. Smith. 1978. Meta-analysis of research on the relationship of class-size and achievement. San Francisco: Far West Laboratory for Educational Research and Development.

Glomm, G. und M. Kaganovich. 2003. Distributional effects of public education in an economy with public pensions. *International Economic Review* 44 (3): 917-937.

Goldthorpe, J. H. 1996. Class analysis and the reorientation of class theory: The case of persisting differentials in educational attainment. *British Journal of Sociology* 47 (3): 481-501.

Goodin, R. E., B. Headey, R. Muffels und D. Henk-Jan. 1999. The real worlds of welfare capitalism. Melbourne: Cambridge University Press.

Gorard, S. und E. Smith. 2004. An international comparison of equity in education systems. *Comparative Education* 40 (1): 15-28.

Gormley, W. T., D. Phillips und T. Gayer. 2008. The early years - Preschool programs can boost school readiness. *Science* 320 (5884): 1723-1724.

Gourevitch, P. 2008. The role of politics in economic development. *Annual Review of Political Science* 11: 137-159.

Graddy, K. und M. Stevens. 2005. The impact of school resources on student performance: A study of private schools in the United Kingdom. *Industrial & Labor Relations Review* 58 (3): 435-451.

Graebe, H. 1985. Das Abendgymnasium. In *Der nachgeholte Schulabschluss*, G. Kühnhold (Hrsg.). Bad Honnef: Bock u. Herchen

Greenwald, R., L. V. Hedges und R. D. Laine. 1996. The effect of school resources on student achievement. *Review of Educational Research* 66 (3): 361-396.

Grundmann, M., O. Groh-Samberg, U. H. Bittlingmayer und U. Bauer. 2003. Milieuspezifische Bildungsstrategien in Familie und Gleichaltrigengruppe. *Zeitschrift für Erziehungswissenschaft* 6 (1): 25-45.

Hall, P. A. und R. C. R. Taylor. 1996. Political Science and the Three New Institutionalisms. *Political Studies* 44 (5): 936-957.

Hallinan, M. T. 1996. Track mobility in secondary school. *Social Forces* 74 (3): 983-1002.

Halpin, D. 1990. The sociology of education and the national curriculum. *British Journal of Sociology of Education* 11 (1): 21-35.
Handl, J. 1985. Mehr Chancengleichheit im Bildungssystem. *Kölner Zeitschrift für Soziologie und Sozialpsychologie* 37 (4): 698-722.
Hank, K. 2003. Eine Mehrebenenanalyse regionaler Einflüsse auf die Familiengründung westdeutscher Frauen in den Jahren 1984 bis 1999. *Kölner Zeitschrift für Soziologie und Sozialpsychologie* 55 (1): 79-98.
Hanushek, E. A. 1974. Efficient estimators for regressing regression coefficients. *American Statistician* 28 (2): 66-67.
———. 1986. The economics of schooling - production and efficiency in public schools. *Journal of Economic Literature* 24 (3): 1141-1177.
———. 1999. Some findings from an independent investigation of the Tennessee STAR experiment and from other investigations of class size effects. *Educational Evaluation and Policy Analysis* 21 (2): 143-163.
Hanushek, E. A. und J. A. Luque. 2003. Efficiency and equity in schools around the world. *Economics of Education Review* 22 (5): 481-502.
Harman, G. S. 1974. The politics of education. A bibliographical guide. St. Lucia: University of Queensland Press.
Hatcher, R. 1998. Class differentiation in Education: Rational Choices? *British Journal of Sociology* 19 (1): 5-24.
Hauser, R. M. 2004. Progress in schooling. In *Social Inequality*, K. M. Neckerman (Hrsg.). New York: Russell Sage Foundation: 271-318.
Heidenheimer, A., J. 1973. The politics of public education, health and welfare in the USA and Western Europe: How growth and reform potentials have differed. *British Journal of Political Science* 3 (3): 315-340.
———. 1993. External and domestic determinants of education expansion: How Germany, Japan, and Switzerland have varied. *Governance* 6 (2): 194-219.
———. 1997. Disparate ladders. Why school and university policies differ in Germany, Japan, and Switzerland. New Brunswick: Transaction Publishers.
Heinen, K. R. 1977. Gesamtschule und die SPD. Zur Kritik der "Linken" am Verhätlnis Sozialdemokratie - Gesamtschule. *Pädagogische Rundschau* 31 (1): 76-94.
Hemmerling, A. 2007. Der Kindergarten als Bildungsinstitution. Wiesbaden: VS Verlag für Sozialwissenschaften.
Henry-Huthmacher, C. 2005. Kinderbetreuung in Deutschland – Ein Überblick. Krippen – Tagespflege – Kindergärten – Horte und Ganztagsschulen

im Vergleich der Bundesländer. Sankt Augustin: Konrad Adenauer Stiftung.
Henz, U. und I. Maas. 1995. Chancengleichheit durch die Bildungsexpansion? *Kölner Zeitschrift für Soziologie und Sozialpsychologie* 47 (4): 605-634.
Hepp, G. F. und P.-L. Weinacht. 1996. Schulpolitik als Gegenstand der Sozialwissenschaften oder: Hat die Politikwissenschaft ein Thema verloren? *Zeitschrift für Politik* 43 (4): 404-433.
Herrlitz, H.-G., W. Hopf und H. Titze. 1998. Deutsche Schulgeschichte von 1800 bis zur Gegenwart. Weinheim & München: Juventa.
Hibbs, D. A. 1977. Political parties and macroeconomic policy. *The American Political Science Review* 71 (4): 1467-1487.
High, P. C. 2008. School readiness. *Pediatrics* 121 (4): E1008-E1015.
Hillmert, S. 2004. Soziale Ungleichheit im Bildungsverlauf: zum Verhältnis von Bildungsinstitutionen und Entscheidungen. In *Bildung als Privileg? Erklärungen und Befunde zu den Ursachen der Bildungsungleichheit.*, R. Becker und W. Lauterbach (Hrsg.). Wiesbaden: VS Verlag für Sozialwissenschaften: 69-97.
———. 2005. Bildungsentscheidungen und Unsicherheit. Soziologische Aspekte eines vielschichtigen Zusammenhangs. *Zeitschrift für Erziehungswissenschaft* 8 (2): 173-186.
Hoerandner, C. M. und R. J. Lemke. 2006. Can no child left behind close the gaps in pass rates on standardized tests? *Contemporary Economic Policy* 24 (1): 1-17.
Holtappels, H.-G. 1994. Ganztagsschule und Schulöffnung. Perspektiven für die Schulentwicklung. Weinheim & München Juventa Verlag.
Holtappels, H.-G., E. Klieme, T. Rauschenbach und L. Stecher. 2007. Ganztagsschule in Deutschland. Ergebnisse der Ausgangserhebung der "Studie zur Entwicklung von Ganztagsschulen" (StEG). Weinheim & München Juventa Verlag.
Holtkemper, F.-J. 1967. Pädagogische Überlegungen zur ganztägigen Bildung und Erziehung. *Münsterische Beiträge zu Pädagogischen Zeitfragen* 5: 3-28.
Horvat, E. M., E. B. Weininger und A. Lareau. 2003. From social ties to social capital: Class differences in the relations between schools and parent networks. *American Educational Research Journal* 40 (2): 319-351.
Hout, M., A. E. Raftery und E. O. Bell. 1993. Making the grade: eductaional stratification in the United States, 1925-1989. In *Persistent inequality.*

Changing educational attainment in thirteen countries Y. Shavit und H.-P. Blossfeld (Hrsg.). Boulder: Westview Press 25-49.

Hradil, S. 2001. Soziale Ungleichheit in Deutschland. Wiesbaden: VS Verlag für Sozialwissenschaften.

Hurrelmann, K. 1988. Thesen zur strukturellen Entwicklung des Bildungssystems in den nächsten fünf bis zehn Jahren. *Die Deutsche Schule* 80 (4): 451-461.

Hurrelmann, K. H. und J. Mansel. 2000. Bildungssoziologie. In *Soziologie-Lexikon*(Hrsg.). München: R. Oldenbourg: 64-68.

Husén, T. 1974. Talent, equality and meritocracy. Availability and utilization of talent. The Hague: Martinus Nijhoff.

Immergut, E. M. 1998. The theoretical core of the New Institutionalism. *Politics & Society* 26 (1): 5-34.

Initiative Neue soziale Marktwirtschaft. 2008. Kindergartenmonitor. Heruntergeladen von http://www.insm-kindergartenmonitor.de/downloads.html am 21.07.2009.

Ipfling, H.-J. und U. Lorenz. 1979. Schulversuchen mit Ganztagsschulen in Rheinland-Pfalz 1971-1977. Mainz: Hase & Koehler

Iversen, T. und J. D. Stephens. 2008. Partisan politics, the welfare state, and three worlds of human capital formation. *Comparative Political Studies* 41 (4-5): 600-637.

Jackman, S. 2000. Estimation and inference via Bayesian simulation: An introduction to Markov Chain Monte Carlo. *American Journal of Political Science* 44 (2): 375-404.

Jacobs, J. A. 1996. Gender inequality and higher education. *Annual Review of Sociology* 22: 153-185.

Jahn, D. 2006. Einführung in die vergleichende Politikwissenschaft. Wiesbaden: VS Verlag für Sozialwissenschaften.

Johannsson, H. und S. Weiler. 2005. Immigration and wage inequality in the 1990s: Panel evidence from the current population survey. *Social Science Journal* 42 (2): 231-240.

Jonsson, J. 1990. Educational reform and changes in inequality in Sweden. In *The comprehensive school experiment revisited: Evidence from Western Europe*, A. Leschinsky und K.-U. Mayer (Hrsg.). Frankfurt am Main: Peter Lang: 139-173.

Justice, L. M., R. P. Bowles, K. L. P. Turnbull und L. E. Skibbe. 2009. School readiness among children with varying histories of language difficulties. *Developmental Psychology* 45 (2): 460-476.

Kalmijn, M. und G. Kraaykamp. 1996. Race, cultural capital, and schooling: An analysis of trends in the United States. *Sociology of Education* 69 (1): 22-34.

Kao, G. und L. T. Rutherford. 2007. Does social capital still matter? Immigrant minority disadvantage in school-specific social capital and its effects on academic achievement. *Sociological Perspectives* 50 (1): 27-52.

Karsten, S. 2006. Policies for disadvantaged children under scrutiny: the Dutch policy compared with policies in France, England, Flanders and the USA. *Comparative Education* 42 (2): 261-282.

Katsillis, J. und R. Rubinson. 1990. Cultural capital, student achievement, and educational reproduction: The case of Greece. *American Sociological Review* 55 (2): 270-279.

Kennedy, P. E. und J. J. Siegfried. 1997. Class size and achievement in introductory economics: Evidence from the TUCE III data. *Economics of Education Review* 16 (4): 385-394.

Kim, D. H. und B. Schneider. 2005. Social capital in action: Alignment of parental support in adolescents' transition to postsecondary education. *Social Forces* 84 (2): 1181-1206.

King, G. 1998. Unifying political methodology: the likelihood theory of statistical inference. New York: Cambridge University Press.

Kingston, P. W. 2001. The unfulfilled promise of cultural capital theory. *Sociology of Education* 74 (Extra Issue: Current of Thought: Sociology of Education at the Dawn of the 21st Century): 88-99.

Kirkorian, H. L., E. A. Wartella und D. R. Anderson. 2008. Media and young children's learning. *Future of Children* 18 (1): 39-61.

Klatt, H. 1989. 40 years of German federalism - Past trends and new developments. *Publius-the Journal of Federalism* 19 (4): 185-202.

Kleemann, U. 1977. Der Ausschuß für das Erziehungs- und Bildungswesen. Weinheim & Basel: Beltz Verlag.

Klein, J. 2004. Who is most responsible for gender differences in scholastic achievements: pupils or teachers? *Educational Research* 46 (2): 183-193.

Klitgaard, M. B. 2007. Do welfare state regimes determine public sector reforms? Choice reforms in American, Swedish and German schools. *Scandinavian Political Studies* 30 (4): 444-468.

———. 2008. School vouchers and the new politis of the welfare state. *Governance* 21 (4): 479-498.

Knill, C. und M. Dobbins. 2009. Hochschulpolitik in Mittel- und Osteuropa: Konvergenz zu einem gemeinsamen Modell? *Politische Vierteljahresschrift* 50 (2): 226-252.
Koch, S. und M. Schemmann (Hrsg). 2009. *Neo-Institutionalismus in der Erziehungswissenschaft.* Wiesbaden: VS Verlag für Sozialwissenschaften.
Kogan, M. 1975. Educational policy-making. A study of interest groups and parliament. London: George Allen & Unwin.
———. 1978. The politics of educational change. Manchester: Manchester University Press.
Köhler, H. 1992. Bildungsbeteiligung und Sozialstruktur in der Bundesrepublik zu Stabilität und Wandel der Ungleichheit von Bildungschancen. Berlin: Max-Planck-Institut für Bildungsforschung.
Kokkelenberg, E. C., M. Dillon und S. M. Christy. 2008. The effects of class size on student grades at a public university. *Economics of Education Review* 27 (2): 221-233.
Kolberg, J. E. und G. Esping-Andersen. 1992. Welfare States and Employment Regimes.(Hrsg.). New York: M. E. Sharpe: 3-36.
Köller, O., J. Baumert, K. S. Cortina, U. Trautwein und R. Watermann. 2004. Öffnung von Bildungswegen in der Sekundarstufe II und die Wahrung von Standards: Analysen am Beispiel der Englischleistungen von Oberstufenschülern an integrierten Gesamtschulen, beruflichen und allgemein bildenden Gymnasien *Zeitschrift für Pädagogik* 50 (5): 679-700.
Köller, O., J. Baumert und K. U. Schnabel. 1999. Wege zur Hochschulreife: Offenheit des Systems und Sicherung vergleichbarer Standards. Analysen am Beispiel der Mathematikleistungen von Oberstufenschülern an Integrierten Gesamtschulen und Gymnasien in Nordrhein-Westfalen. *Zeitschrift für Erziehungswissenschaft* 2 (3): 385-422.
Konstantopoulos, S. 2008. Do small classes reduce the achievement gap between low and high achievers? Evidence from project STAR. *Elementary School Journal* 108 (4): 275-291.
Korpi, W. 1978. The working class in welfare capitalism. London: Routledge & Kegan Paul.
Korpi, W. und J. Palme. 1998. The paradox of redistribution and strategies of equality: Welfare state institutions, inequality, and poverty in the western countries. 63 (5): 661-687.

Korte, R. 1974. Die "Freie Schule" in der Bundesrepublik Deutschland. Von der traditionellen Privatschule zur öffentlichen nichtstaatlichen Schule. Essen: Universität Essen.

Krais, B. 1996. Bildungsexpansion und soziale Ungleichheit in der Bundesrepublik Deutschland. In *Die Wiederentdeckung der Ungleichheit. Aktuelle Tendenzen in Bildung für Arbeit*, A. Bolder (Hrsg.). Opladen: Leske + Budrich: 118-146.

Kreidl, M. 2004. Politics and secondary school tracking in socialist Czechoslovakia, 1948-1989. *European Sociological Review* 20 (2): 123-139.

Kreyenfeld, M. 2007. Kinderbetreuung und Soziale Ungleichheit. In *Bildung als Privileg? Erklärungen und Befunde zu den Ursachen von Bildungsungleichheit*, R. Becker und W. Lauterbach (Hrsg.). Wiesbaden: VS Verlag für Sozialwissenschaften: 99-123.

Kreyenfeld, M., C. K. Spieß und G. G. Wagner. 2002. Kinderbetreuungspolitik in Deutschland. Möglichkeiten nachfrageorientierter Steuerungs- und Finanzinstrumente. *Zeitschrift für Erziehungswissenschaft* 5: 201-221.

Kristen, C. 1999. Bildungsentscheidungen und Bildungsungleichheit - ein Überblick über den Forschungsstand. Mannheim: Mannheimer Zentrum für Europäische Sozialforschung.

———. 2002. Hauptschule, Realschule oder Gymnasium? Ethnische Unterschiede am ersten Bildungsübergang. *Kölner Zeitschrift für Soziologie und Sozialpsychologie* 54 (3): 534-552.

Kuznets, S. 1955. Economic growth and income inequality. *American Economic Review* 45 (1): 1-28.

Kvist, J. 1999. Welfare reform in the nordic countries in the 1990s: Using fuzzy-set theory to assess conformity to ideal types. *Journal of European Social Policy* 9 (3): 231-252.

Lamb, S. 1989. Cultural consumption and the eductaional plans of Australian secondary school students. *Sociology of Education* 62 (2): 95-108.

Lamberti, M. 1989. State, society, and the elementary school in imperial Germany. New York & Oxford: Oxford University Press.

Lareau, A. 2000. Social class and the daily lives of children - A study from the United States. *Childhood-a Global Journal of Child Research* 7 (2): 155-171.

Lareau, A. und E. B. Weininger. 2003. Cultural capital in educational research: A critical assessment. *Theory and Society* 32 (5-6): 567-606.

Le Roux, B., H. Rouanet, M. Savage und A. Warde. 2008. Class and cultural division in the UK. *Sociology-the Journal of the British Sociological Association* 42 (6): 1049-1071.

Lee, D. R. 1987. The tradeoff between equality and efficiency: Short-run politics and long-run realities. *Public Choice* 53 (2): 149-165.

Lehmann, R. H. 1995. Germany. In *International Encyclopedia of National Systems of Education*, T. N. Postlethwaite (Hrsg.). Cambridge: Pergamon: 346-355.

Leschinsky, A. und K. U. Mayer. 1990a. Comprehensive Schools and Inequality of Opportunity in the Federal Republic of Germany. In *The Comprehensive School Experiment Revisited: Evidence from Western Europe*, A. Leschinsky und K. U. Mayer (Hrsg.). Frankfurt am Main: Peter Lang: 13-37.

——— (Hrsg). 1990b. *The comprehensive school experiment revisited: Evidence from Western Europe*. Frankfurt am Main: Peter Lang.

Levels, M., J. Dronkers und G. Kraaykamp. 2008. Immigrant children's educational achievement in Western Democracies: origin, destination, and community effects on mathemetical performance. *American Sociological Review* 73 (5): 835-853.

Levine-Rasky, C. 2009. Dynamics of parent involvement at a multicultural school. *British Journal of Sociology of Education* 30 (3): 331-344.

Lewis, J. B. und D. A. Linzer. 2005. Estimating regression models in which the dependent variable is based on estimates. *Political Analysis* 13 (4): 345-364.

Lindahl, M. 2005. Home versus school learning: A new approach to estimating the effect of class size on achievement. *Scandinavian Journal of Economics* 107 (2): 375-394.

Linhart, E. und S. Shikano. 2009. Ideological signals of German parties in a multi-dimensional space: An estimation of party preferences using the CMP data. *German Politics* 18 (3): 301-322.

Lipset, S. M. 1959. Some Social Requisites of Democracy - Economic-Development and Political Legitimacy. *American Political Science Review* 53 (1): 69-105.

Liu, G. 2006. Interstate inequality in educational opportunity. *New York University Law Review* 81 (6): 2044-2128.

Long, J. S. und L. H. Ervin. 2000. Using heteroscedasticity consistent standard errors in the linear regression model. *American Statistician* 54 (3): 217-224.

Lowry, R. C. 2009. Reauthorization of the federal higher education act and accountability for student learning: The dog that didn't bark. *Publius-the Journal of Federalism* 39 (3): 506-526.
Lubienski, S. T., C. Lubienski und C. C. Crane. 2008. Achievement differences and school type: The role of school climate, teacher certification, and instruction. *American Journal of Education* 115 (1): 97-138.
Lucas, S. R. 2001. Effectively maintained inequality: education transitions, track mobility, and social background effects. *American Journal of Sociology* 106 (6): 1642-1690.
Lynch, K. 1990. Reproduction: The Role of Cultural Factors and Educational Mediators. *British Journal of Sociology of Education* 11 (1): 3 - 20.
Maasoumi, E., D. L. Millimet und V. Rangaprasad. 2005. Class size and educational policy: Who benefits from smaller classes? *Econometric Reviews* 24 (4): 333-368.
Magnuson, K. A., M. K. Meyers, C. J. Ruhm und J. Waldfogel. 2004. Inequality in preschool education and school readiness. *American Educational Research Journal* 41 (1): 115-157.
Magnuson, K. A., C. Ruhm und J. Waldvogel. 2006. The persistence of preschool effects: Do subsequent classroom experiences matter? *Early Childhood Research Quarterly* 22 (1): 18-38.
Magnuson, K. A. und J. Waldfogel. 2005. Early childhood care and education: Effects on ethnic and racial gaps in school readiness. *Future of Children* 15 (1): 169-196.
Malmberg, L. E., B. Wanner und T. D. Little. 2008. Age and school-type differences in children's beliefs about school performance. *International Journal of Behavioral Development* 32 (6): 531-541.
Mankiw, N. G. 2004. Grundzüge der Volkswirtschaftslehre. Stuttgart: Schäffer-Poeschel.
Manna, P. 2006. Control, persuasion, and educational accountability. Implementing the No Child Left Behind Act. *Educational Policy* 20 (3): 471-494.
Manna, P. F. 2002. The signals parents send when they choose their children's schools. *Educational Policy* 16 (3): 425-447.
March, J. G. und J. P. Olsen. 1984. The New Institutionalism: Organizational Factors in Political Life. *The American Political Science Review* 78 (3): 734-749.
Martin, M. O., I. V. S. Mullis, E. J. Gonzalez und S. J. Chrostowski. 2004. TIMSS 2003 International Science Report. Findings From IEA's Trends in International Mathematics and Science Study at the Fourth

and Eighth Grades. Boston: TIMSS & PIRLS International Study Center, Lynch School of Education.
Martin, M. O., I. V. S. Mullis, E. J. Gonzalez, K. D. Gregory, T. A. Smith, S. J. Chrostowski, R. A. Garden und K. M. O'Connor. 2000. TIMSS 1999. International Science Report. Findings from IEA's Repeat of the Third International Mathematics and Science Study at the Eighth Grade. Boston: International Study Center Lynch School of Education.
Mayntz, R. und F. W. Scharpf. 1995. Der Ansatz des akteurszentrierten Institutionalismus. In *Gesellschaftliche Selbstregulierung und politische Steuerung*, R. Mayntz und F. W. Scharpf (Hrsg.). Frankfurt: Campus Verlag: 39-72.
McAllister, C. L., T. L. Thomas, P. C. Wilson und B. L. Green. 2009. Root shock revisited: Perspectives of early Head Start mothers on community and policy environments and their effects on child health, development, and school readiness. *American Journal of Public Health* 99 (2): 205-210.
McAndrews, L. J. 1991. Broken ground. John F. Kennedy and the politics of education. New York & London: Garland Publishing.
McClelland, M. M. und A. C. Acock. 2006. The impact of kindergarten learning-related skills on academic trajectories at the end of elementary school. *Early Childhood Research Quarterly* 21 (4): 471-490.
McGiverin, J., D. Gilman und C. Tillitski. 1989. A meta-analysis of the relations between class size and achievement. *Elementary School Journal* 90 (1): 47-56.
McGuinn, P. 2005. The national schoolmarm: No child left behind and the new educational federalism. *Publius-the Journal of Federalism* 35 (1): 41-68.
Meier, K. J., J. L. Polinard und R. D. Wrinkle. 2000. Bureaucracy and organizational performance: Causality arguments about public schools. *American Journal of Political Science* 44 (3): 590-602
Meuleman, H. 1999. Stichwort: Lebenslauf, Biographie und Bildung. *Zeitschrift für Erziehungswissenschaft* 2: 305-324.
Meulemann, H. 1985. Bildung und Lebensplanung. Die Sozialbeziehung zwischen Elternhaus und Schule. Frankfurt a.M: Campus.
———. 1992. Expansion ohne Folgen? Bildungschancen und sozialer Wandel in der Bundesrepublik. In *Entwicklungstendenzen der Sozialstruktur*, W. Glatzer (Hrsg.). Frankfurt: Campus Verlag: 123-156.
Michael, B. und H.-H. Schepp. 1993. Die Schule in Staat und Gesellschaft. Dokumente zur deutschen Schulgeschichte im 19. und 20. Jahrhundert. Göttingen & Zürich: Muster-Schmidt.

Milesi, C. und A. Gamoran. 2006. Effects of class size and instruction on kindergarten achievement. *Educational Evaluation and Policy Analysis* 28 (4): 287-313.

Mill, J. S. 2006. A System of Logic, Ratiocinative and Inductive. Indianapolis: Liberty Fund.

Minkenberg, R. 2002. Religion and Public Policy: Institutional, Cultural and Political Impact on the Shaping of Abortion Policies in Western Democracies. *Comparative Political Studies* 35 (2): 221-247.

Moore, E. G. und M. A. Pacey. 2003. Changing income inequality and immigration in Canada, 1980-1995. *Canadian Public Policy-Analyse De Politiques* 29 (1): 33-52.

Mörsberger, H. (Hrsg). 1978. *Der Kindergraten in der Gesellschaft.* Freiburg, Basel & Wien: Verlag Herder.

Mosteller, F. 1995. The Tennessee Study of class size in the early school grades. *Future of Children* 5 (2): 113-127.

Mucke, K. und B. Schwiedrzik (Hrsg). 1997. *Studieren ohne Abitur. Berufserfahrung - ein "Schrittmacher" für Hochschulen und Universitäten.* Bielefeld: Bertelsmann.

Müller-Benedict, V. 2007. Wodurch kann die soziale Ungleichhiet des Schulerfolgs am stärksten verringert werden? *Kölner Zeitschrift für Soziologie und Sozialpsychologie* 59 (4): 615-639.

Müller, W. 2005. Zwischenbilanz der Förderinitiative "Forschergruppen in der Empirischen Bildungsforschung". In *Impulse für die Bildungsforschung Stand und Perspektiven*, H. Mandl und B. Kopp (Hrsg.). Berlin: Akademie Verlag: 45-53.

Müller, W. und D. Haun. 1994. Bildungsungleichheit im sozialen Wandel. *Kolner Zeitschrift Fur Soziologie Und Sozialpsychologie* 46: 1-43.

Müller, W. und R. Pollak. 2004. Social Mobility in West Germany: The Long Arms of History Discovered? In *Social Mobility in Europe*, R. Breen (Hrsg.). Oxford: Oxford University Press: 77-113.

Mullis, I. V. S., M. O. Martin, E. J. Gonzalez und S. J. Chrostowski. 2004. TIMSS 2003 International Mathematics Report. Findings From IEA's Trends in International Mathematics and Science Study at the Fourth and Eighth Grades. Boston: TIMSS & PIRLS International Study Center Lynch School of Education.

Mullis, I. V. S., M. O. Martin, E. J. Gonzalez, K. D. Gregory, R. A. Garden, K. M. O'Connor, S. J. Chrostowski und T. A. Smith. 2000. TIMSS 1999. International Mathematics Report. Findings from IEA's Repeat of the

Third International Mathematics and Science Study at the Eighth Grade. Boston: International Study Center Lynch School of Education.
Mullis, I. V. S., M. O. Martin, E. J. Gonzalez und A. M. Kennedy. 2003. PIRLS 2001 International Report. IEA's Study of Reading Literacy Achievement in Primary School in 35 Countries. Boston: International Study Center, Lynch School of Education.
Murray, T. (Hrsg). 1983. *Politics & Education. Cases From Eleven Nations.* Oxford, New York, Toronto Sydney, Paris, Frankfurt: Pergamon Press.
Nauck, B., H. Diefenbach und K. Petri. 1998. Intergenerationale Transmission von kulturellem Kapital unter Migrationsbedingungen: Zum Bildungserfolg von Kindern und Jugendlichen aus Migrantenfamilien in Deutschland. *Zeitschrift für Pädagogik* 44 (5): 701-722.
Neubrand, M., W. Blum, T. Ehmke, A. Jordan, M. Senkbeil, F. Ulfig und C. H. Carstensen. 2005. Mathematische Kompetenz im Ländervergleich. In *PISA 2003. Der zweite Vergleich der Länder in Deutschland - Was wissen und können Jugendliche?*, M. Prenzel, J. Baumert, W. Blum, R. Lehmann, D. Leutner, M. Neubrand, R. Pekrun, J. Rost und U. Schiefele (Hrsg.). Münster: Waxmann: 51-84.
Neuwirth, E., I. Ponocny und W. Grossmann. 2006. PISA 2000 und PISA 2003: Vertiefende Analysen und Beiträge zur Methodik. Graz: Leykam.
Normore, A. H. und L. Ilon. 2006. Cost-effective school inputs - Is class size reduction the best educational expenditure for Florida? *Educational Policy* 20 (2): 429-454.
Nye, B., L. V. Hedges und S. Konstantopoulos. 2004. Do minorities experience larger lasting benefits from small classes? *Journal of Educational Research* 98 (2): 94-100.
Odedokun, M. O. und J. I. Round. 2004. Determinants of income inequality and its effects on economic growth: Evidence from African countries. *African development Review* 16 (2): 287-327.
Oehler, C. 2000. Bildungspolitik. In *Politik-Lexikon*, E. Holtmann (Hrsg.). München: Oldenbourg: 65-68.
Olson, M. 1982. The Rise and Decline of Nations. Economic Growth, Stagflation, and Social Rigidities. New Haven: Yale University Press.
Olssen, M., J. Codd und A.-M. O'Neill. 2004. Education Policy. Globalization , Citizenship & Democracy. London, Thousand Oaks & New Delhi: Sage Publications.
Opp, K.-D. 1996. Gesellschaftliche Krisen, Gelegenheitsstrukturen oder rationales Handeln? Ein kritischer Theorienvergleich von Erklärungen politischen Protests. *Zeitschrift für Soziologie* 25 (3): 223-242.

Ostrom, E. 1999. Institutional rational choice: An assessment of the institutional analysis and development framework. In *Theories of the policy process*, P. A. Sabatier (Hrsg.). Boulder: Westview Press: 35-71.
Parcel, T. L. und M. J. Dufur. 2001. Capital at home and at school: Effects on student achievement. *Social Forces* 79 (3): 881-911.
Peisert, H. 1967. Soziale Lage und Bildungschancen in Deutschland. München: Piper.
Pfeffer, F. T. 2008. Persistent inequality in educational attainment and its institutional context. *European Sociological Review* 25 (5): 1-23.
Picht, G. 1964. Die deutsche Bildungskatastrophe. Olten: Walter-Verlag AG.
Pierson, P. 2006. Public policies as institutions. In *Rethinking political institutions. The art of the state*, I. Shapiro, S. Skowronek and D. Galvin (Hrsg.). New York: New York University Press: 114-131.
Plomin, R., J. C. DeFries, G. E. McClearn und P. McGuffin. 2001. Behavioral genetics. New York: Freeman.
Plomin, R., D. W. Fulker, R. Corley und J. C. DeFries. 1997. Nature, nurture, and cognitive development from 1 to 16 years: A parent-offspring adoption study. *Psychological Science* 8 (6): 442-447.
Poeppelt, K. S. 1978. Zum Bildungsgesamtplan der Bund-Länder-Kommission. Weinheim: Verlag Julius Beltz.
Post, D. 2004. Family resources, gender, and immigration: Changing sources of Hong Kong educational inequality, 1971-2001. *Social Science Quarterly* 85 (5): 1238-1258.
Prenzel, M. (Hrsg). 2004. *PISA 2003. Der Bildungsstand der Jugendlichen in Deutschland - Ergebnisse des zweiten internationalen Vergleichs.* Münster: Waxmann.
——— (Hrsg). 2007. *PISA 2006: Die Ergebnisse der dritten internationalen Vergleichsstudie.* Vol. 1. Münster: Waxmann.
Preston, J. und A. Green. 2005. *Educational inequality and social cohesion: A time series analysis.* Heruntergeladen von http://www.ioe.ac.uk/schools/leid/staff/PrestonAndGreen.pdf am 01.02.2007.
Preuß, O. 1970. Soziale Herkunft und die Ungleichheit der Bildungschancen. Weinheim: Verlag Julius Beltz.
Prüß, F. 2007. Ganztägige Lernarrangements als Herausforderung für die emprische Bildungsforschung. In *Ganztagsschule als Forschungsfeld. Theoretische Klärungen, Forschungsdesigns, und Konsequenzen für die Praxisentwicklung*, F. Bettmer und F. Prüß (Hrsg.). Wiesbaden: VS Verlag für Sozialwissenschaften: 73-106.

Radisch, F., E. Klieme und W. Bos. 2006. Design characteristics and effects of all-day provision in primary schooling: A secondary analysis of data from the IGLU study. *Zeitschrift für Erziehungswissenschaft* 9 (1): 30-50.

Raftery, A. E. und M. Hout. 1993. Maximally maintained inequality. Expansion, reform, and opportunity in Irish education, 1921-1975. *Sociology of Education* 66: 41-62.

Ragin, C. C. 1987. The Comparative Method. Moving Beyond Qualitative and Quantitative Strategies. Berkeley: University of California Press.

Rajpal, P. L. 1969. Relationship between expenditures and quality characteristics of education in public schools. *Journal of Educational Research* 63 (2): 57-59.

Ramey, C. T. und S. L. Ramey. 2004. Early learning and school readiness: Can early intervention make a difference? *Merrill-Palmer Quarterly-Journal of Developmental Psychology* 50 (4): 471-491.

Reed, D. 2001. Immigration and males' earnings inequality in the regions of the United States. *Demography* 38 (3): 363-373.

Rehme, G. 2002. (Re-)distribution of personal incomes, education and economic perfomance across countries. München: CESifo.

Renzulli, L. A. und V. J. Roscigno. 2005. Charter school policy, implementation, and diffusion across the United States. *Sociology of Education* 78 (4): 344-365.

Rigby, E. 2007. Same policy area, different politics: How characteristics of policy tools alter the determinants of early childhood education policy. *Policy Studies Journal* 35 (4): 653-669.

Rivkin, S. G., E. A. Hanushek und J. F. Kain. 2005. Teachers, schools, and academic achievement. *Econometrica* 73 (2): 417-458.

Robinsohn, S. B. und J. C. Kuhlmann. 1967. Two decades of non-reform in West German education. *Comparative Education Review* 11 (3): 311-330.

Robinson, R. V. und M. A. Garnier. 1985. Class reproduction among men and women in France: Reproduction theory on its home ground. *The American Journal of Sociology* 91 (2): 250-280.

Rodgers, J. L. 1999. The bootstrap, the jackknife, and the randomization test: A sampling taxonomy. *Multivariate Behavioral Research* 34 (4): 441-456.

Roeschl-Heils, A., W. Schneider und C. E. van Kraayenoord. 2003. Reading, metacognition and motivation: A follow-up study of German students in Grades 7 and 8. *European Journal of Psychology of Education* 18 (1): 75-86.

Roscigno, V. J. und J. W. Ainsworth-Darnell. 1999. Race, cultural capital, and educational resources: Persistent inequalities and achievement returns. *Sociology of Education* 72 (3): 158-178.

Roscigno, V. J., D. Tomaskovic-Devey und M. Crowley. 2006. Education and the inequalities of place. *Social Forces* 84 (4): 2121-2145.

Rössel, J. und C. Beckert-Ziegelschmid. 2002. Die Reproduktion kulturellen Kapitals. *Zeitschrift für Soziologie* 31 (6): 497-513.

Rost, J., M. Senkbeil, O. Walter, C. H. Carstensen und M. Prenzel. 2005. Die Lesekompetenz im Ländervergleich. In *PISA 2003. Der zweite Vergleich der Länder in Deutschland - Was wissen und können Jugendliche?*, M. Prenzel, J. Baumert, W. Blum, R. Lehmann, D. Leutner, M. Neubrand, R. Pekrun, J. Rost und U. Schiefele (Hrsg.). Münster: Waxmann: 103-124.

Rothe, G. und M. Wiedenbeck. 1987. Stichprobengewichtung: Ist Repräsentativität machbar? *ZUMA-Nachrichten* 21: 43-58.

Rothe, K. 1981. Chancengleichheit, Leistungsprinzip und soziale Ungleichheit. Zur gesellschaftlichen Fundierung der Bildungspolitik. Berlin: Duncker & Humblot.

Rothstein, B. 1996. Political institutions: an overview. In *New handbook of political science*, R. E. Goodin und H.-D. Klingemann (Hrsg.). Oxford: 133-166.

Rouse, C. E. und L. Barrow. 2006. U.S. elementary and secondary schools: Equalizing opportunity or replicating the status quo? *Future of Children* 16 (2): 99-123.

Rudra, N. 2004. Openness, welfare spending, and inequality in the developing world. *International Studies Quarterly* 48 (3): 683-709.

Rueda, D. und J. Pontusson. 2000. Wage inequality and varieties of capitalism. *World Politics* 52 (3): 350-383.

Rumberger, R. W. 1983. The influence of family background on education, earnings, and wealth. *Social Forces* 61 (3): 755-773.

Rumberger, R. W. und G. J. Palardy. 2005. Does segregation still matter? The impact of student composition on academic achievement in high school. *Teachers College Record* 107 (9): 1999-2045.

Rupasingha, A., S. J. Goetz und D. Freshwater. 2002. Social and institutional factors as determinants of economic growth: Evidence from the United States counties. *Papers in Regional Science* 81 (2): 139-155.

Sandfort, J., S. C. Selden und J. E. Sowa. 2008. Do government tools influence organizational performance? Examining their implementation in early childhood education. *American Review of Public Administration* 38 (4): 412-438.

Saporito, S. und D. Sohoni. 2007. Mapping educational inequality: Concentrations of poverty among poor and minority students in public schools. *Social Forces* 85 (3): 1227-1253.

Savage, M. und M. Egerton. 1997. Social mobility, individual ability and the inheritance of class inequality. *Sociology-the Journal of the British Sociological Association* 31 (4): 645-672.

Saxe, G. B., S. R. Guberman und M. Gearhart. 1987. Social processes in early number development. *Monographs of the Society for Research in Child Development* 52 (2): 1-137.

Schechter, C. und B. Bye. 2006. Preliminary evidence for the impact of mixed-income preschools on low-income children's language growth. *Early Childhood Research Quarterly* 22 (1): 137-146.

Scheerens, J. und R. J. Bosker. 1997. The foundations of educational effectiveness. Oxford: Pergamon.

Schimpl-Neimanns, B. 2000a. *Hat die Bildungsexpansion zum Abbau der sozialen Ungleichheit in der Bildungsbeteiligung geführt? Methodische Überlegungen zum Analyseverfahren und Ergebnisse multinomialer Logit-Modelle für den Zeitraum 1950-1989*. Heruntergeladen von http://www.gesis.org/fileadmin/upload/forschung/publikationen/gesis_r eihen/zuma_arbeitsberichte/00_02.pdf am 15.1.2010.

———. 2000b. Soziale Herkunft und Bildungsbeteiligung. Empirische Analysen zu herkunftsspezifischen Bildungsungleichheiten zwischen 1950 und 1989. *Kölner Zeitschrift für Soziologie und Sozialpsychologie* 52 (4): 636-669.

Schlicht, R. 2009. Typologies of education welfare systems in the German federal states from 1949 to 2006. Artikel in Arbeit (frühere Version wurde auf der ECPR joint session in Lissabon 2009 vorgestellt).

———. 2010. Bildungspolitische Determinanten sozialer Bildungsungleichheit im Bundesländervergleich. In *Vergleichende subnationale Analysen für Deutschland*, M. Freitag und A. Vatter (Hrsg.). Berlin: LIT Verlag: 233-267.

Schlicht, R., I. Stadelmann-Steffen und M. Freitag. 2010. Educational Inequality in the EU: The Effectiveness of the National Education Policy. *European Union Politics* 11 (1): forthcoming.

Schmidt, M. G. 1980. CDU und SPD an der Regierung. Ein Vergleich ihrer Politik in den Ländern. Frankfurt u.a.: Campus Verlag.

———. 1998. Sozialpolitik in Deutschland. Historische Entwicklung und internationaler Vergleich. Opladen: Leske + Budrich.

———. 2002. Warum Mittelmaß? Deutschlands Bildungsausgaben im internationalen Vergleich. *Politische Vierteljahresschrift* 43 (1): 3-19.

Schmidt, M. G., T. Ostheim, N. A. Siegel und R. Zohlnhöfer (Hrsg). 2007. *Der Wohlfahrtsstaat. Eine Einführung in den historischen und internationalen Vergleich.* Wiesbaden: VS Verlag für Sozialwissenschaften.

Schneider, B. L. und V. A. Keesler. 2007. School reform 2007: Transforming education into a scientific enterprise. *Annual Review of Sociology* 33 (1): 197-217.

Schneider, C. Q. und C. Wagemann. 2007. Qualitative Comparative Analysis (QCA) und fs/QCA. Ein Lehrbuch für Anwender und jene, die es werden wollen. Opladen: Verlag Barbara Budrich.

Schneider, T. 2004. Der Einfluss des Einkommens der Eltern auf die Schulwahl. *Zeitschrift für Soziologie* 33 (6): 471-492.

Schnell, R., P. Hill und E. Esser. 1999. Methoden der empirischen Sozialforschung. München: Oldenbourg.

Schniewind, A. 2008. Regierungen. In *Die Demokratien der deutschen Bundesländer*, M. Freitag und A. Vatter (Hrsg.). Opladen: Barbara Budrich: 111-160.

Schniewind, A., M. Freitag und A. Vatter. 2009. Big Cabinets, Big Governments? Grand Coalitions and Public Policy in the German Laender. *Journal of Public Policy* 29 (3): 305-323.

Schubert, K. und M. Klein. 2006. *Bildungspolitik* (4). Heruntergeladen von http://www.bpb.de/wissen/H75VXG,,.html?wis_search_action=search &wis_search_alltext=Bildungspolitik&wis_pocketpolitik=4&wis_pock eteuropa=64&wis_schubertklein=1&wis_andersenwoyke=2&wis_wirt schaft=8&wis_islam=16&wis_fischer=32&wis_dudenrecht=128&x=0 &y=0&wis_search_type_buchstaben=4 am 30.10.2009.

Schuchart, C. 2007. Schulabschluss und Ausbildungsberuf. Zur Bedeutung der schulartbezogenen Bildungsbiografie. Zeitschrift für Erziehungswissenschaft. *Zeitschrift für Erziehungswissenschaft* 10 (3): 381-398.

Schuchart, C. und K. Maaz. 2007. Bildungsverhalten in institutionellen Kontexten: Schulbesuch und elterliche Bildungsaspiration am Ende der Sekundarstufe I. *Kölner Zeitschrift für Soziologie und Sozialpsychologie* 59 (4): 640-666.

Schuchart, C. und H. Weishaupt. 2004. Die prognostische Qualität der Übergangsempfehlungen in der niedersächsischen Orientierungsstufe. *Zeitschrift für Pädagogik* 50 (6): 882-902.

Schütz, G. 2009. Educational institutions and equality of opportunity. München: Ifo-Institut für Wirtschaftsforschung.
Schütz, G., H. W. Ursprung und L. Wößmann. 2008. Education policy and equality of opportunity. *Kyklos* 61 (2): 279-308.
Schütz, G. und L. Wößmann. 2005. Wie lässt sich die Ungleichheit der Bildungschancen verringern? *ifo Schnelldienst* 58 (21): 15-25.
———. 2006. Chancengleichheit im Schulsystem: Internationale deskriptive Evidenz und mögliche Bestimmungsfaktoren. In *Evidenzbasierte Bildungspolitik: Beiträge der Bildungsökonomie*, M. Weiß (Hrsg.). Berlin: Duncker & Homblot: 11-37.
Schwingel, M. 1995. Pierre Bourdieu zur Einführung. Hamburg: Junius.
Senate and House of Representatives of the United States of America in Congress assembled. 2002. *No Child Left Behind Act of 2001*. Heruntergeladen von http://www.ed.gov/policy/elsec/leg/esea02/107-110.pdf am 30.10.2009.
Sewell, W. H. 1971. Inequality of opportunity for higher education. *American Sociological Review* 36 (5): 793-809.
Sewell, W. H. und V. Shah. 1968. Parents's education and children's educational aspiration and achievements. *American Sociological Review* 33 (2): 191-209.
Shapson, S. M., E. N. Wright, G. Eason und J. Fitzgerald. 1980. An experimental study of the effects of class size. *American Educational Research Journal* 17 (2): 141-152.
Shavit, Y. und H.-P. Blossfeld. 1993. Persistent inequality. Boulder: Westview Press.
Shikano, S. 2006. Bootstrap und Jackknife. In *Methoden der Politikwissenschaft*, J. Behnke, T. Gschwend, D. Schindler und K.-U. Schnapp (Hrsg.). Baden-Baden: Nomos: 69-79.
Shostak, S., J. Freese, B. G. Link und J. C. Phelan. 2009. The politics of the gene: Social status and beliefs about genetics for individual outcomes. *Social Psychology Quarterly* 72 (1): 77-93.
Snijders, T. A. B. und R. J. Bosker. 2004. Multilevel analysis. An introduction to basic and advanced multilevel modeling. London, Thousand Oaks & New Delhi: Sage Publications.
Snyder, R. 2001. Scaling down: The subnational comparative method. *Studies in Comparative International Development* 36 (1): 93-110.
Solga, H. 2005a. Meritokratie - die moderne Legitimation ungleicher Bildungschancen. In *Institutionalisierte Ungleichheiten? Stabilität und Wandel von Bildungschancen*, P. A. Berger und H. Kahlert (Hrsg.). Weinheim und München: Juventa: 19-38.

———. 2005b. Ohne Abschluss in die Bildungsgesellschaft. Die Erwerbschancen gering qualifizierter Personen aus ökonomischer und soziologischer Perspektive. Opladen: Verlag Barbara Budrich.

Solga, H. und S. Wagner. 2001. Paradoxie der Bildungsexpansion. Die doppelte Benachteiligung von Hauptschülern. *Zeitschrift für Erziehungswissenschaft* 4 (1): 107-129.

Soskice, D. 1991. The Institutional Infrastructure for International Competitiveness: A Comparative Analysis of the UK and Germany. In *The Economics of the New Europe*, A. B. Atkinson und R. Brunetta (Hrsg.). London: Macmillan:

Stadelmann-Steffen, I. 2008. Women, Labour, and Public Policy: Female Labour Markte Integration in OECD Countries. A Comparative Perspective. *Journal of Social Policy* 37 (3): 383-408.

Stadelmann-Steffen, I. und R. Traunmüller. 2010. Religion and Public Policy Revisited. The Relationship Between Religion and Family Policy Making in the OECD Countries. Work in progress.

Steele, F., A. Vignoles und A. Jenkins. 2007. The effect of school resources on pupil attainment: a multilevel simultaneous equation modelling approach. *Journal of the Royal Statistical Society Series a-Statistics in Society* 170 (3): 801-824.

Stocké, V. 2007. Explaining Educational Decision and Effetcs of Families' Social Class Position: An Empirical Test of the Breen-Goldthorpe Model of Educational Attainment. *European Sociological Review* 23 (4): 505-519.

Sullivan, A. 2001. Cultural capital and educational attainment. *Sociology- the Journal of the British Sociological Association* 35 (4): 893-912.

Sylwester, K. 2002. Can education expenditures reduce income inequality? *Economics of Education Review* 21 (1): 43-52.

Symeou, L. 2007. Cultural capital and family involvement in children's education: tales from two primary schools in Cyprus. *British Journal of Sociology of Education* 28 (4): 473-487.

Szelewa, D. und M. P. Polakowski. 2008. Who cares? Changing patterns of childcare in central and eastern Europe. *Journal of European Social Policy* 18 (2): 115-131.

Teachman, J. D., K. Paasch und K. Carver. 1996. Social capital and dropping out of school early. *Journal of Marriage and the Family* 58 (3): 773-783.

Thelen, K. 2004. How Institutions Evolve. The Political Economy of Skills in Germany, Britain, the United States, and Japan. Cambridge: Cambridge University Press.

Thibaut, B. 2002. Sozialpolitik. In *Lexikon der Politikwissenschaft*, D. Nohlen und R.-O. Schultze (Hrsg.). München: C.H. Beck: 875-876.

Tolsma, J., M. Coenders und M. Lubbers. 2007. Trends in ethnic educational inequalities in the Netherlands: A cohort design. *European Sociological Review* 23 (3): 325-339.

U.S. Department of Health and Human Services. 2009. *About the Office of Head Start*. Heruntergeladen von http://www.acf.hhs.gov/programs/ohs/about/index.html#mission am 25.10.2009.

van Zandt Winn, S. 1984. Social class and income returns to eductaion in Sweden: A research note. *Social Forces* 62 (4): 1026-1034.

Verner, J. G. 1979. Socioeconomic environment, political system, and educational policy outcomes. A comparative analysis of 102 countries. *Comparative Politics* 11 (2): 165-187.

Vinod, T., Y. Wang und X. Fan. 2001. *Measuring education inequality: Gini coefficients of education*. Heruntergeladen von http://econ.worldbank.org/external/default/main?pagePK=64165259&t heSitePK=469382&piPK=64165421&menuPK=64166093&entityID= 000094946_01020605310354 am 10.04.2007.

von Below, S. 2002. Bildungssysteme und soziale Ungleichheit. Das Beispiel der neuen Bundesländer. Opladen: Leske + Budrich.

von Carnap, R. und F. Edding. 1962. Der relative Schulbesuch in den Ländern der Bundesrepublik 1952-1960. Frankfurt am Main: Hochschule für Internationale Pädagogik.

von Recum, H. 2003. Aspekte bildungspolitischer Steuerung. In *Bildung vor neuen Herausforderungen*, H. Döbert, B. von Kopp, R. Martini und M. Weiß (Hrsg.). Neuwied: Luchterhand: 102-110.

Weaver, R. K. und B. A. Rockman. 1993a. Assessing the effects of institutions. In *Do institutions matter? Government capabilities in the United States and abroad.*, R. K. Weaver und B. A. Rockman (Hrsg.). Washington D.C.: Brookings Institution: 1-41.

———. 1993b. When and how do institutions matter? In *Do institutions matter? Government capabilities in the United States and abroad*, R. K. Weaver und B. A. Rockman (Hrsg.). Washington D.C.: Brookings Institution: 445-461.

Weiß, M. (Hrsg.). 2006. *Evidenzbasierte Bildungspolitik: Beiträge der Bildungsökonomik*. Vol. 313. Berlin: Duncker & Humblot.

Weiss, M. 1986. The Financing of Private Schools in the Federal-Republic-of-Germany. *Compare - a Journal of Comparative Education* 16 (2): 149-165.

Wenglinsky, H. 1997. How money matters: The effect of school district spending on academic achievement. *Sociology of Education* 70 (3): 221-237.

Western, B. und S. Jackman. 1994. Bayesian inference for comparative research. *American Political Science Review* 88 (2): 412-423.

White, L. A. 2002. Ideas and the welfare state. Explaining child care policy development in Canada and the United States. *Comparative Political Studies* 35 (6): 713-743.

Wiese, W., H. Meulemann und M. Wieken-Mayser. 1983. Soziale Herkunft und Schullaufbahn von Gymnasiasten. Köln: Zentralarchiv für Empirische Bildungsforschung.

Wilensky, H. L. 1975. The welfare state and equality. Structural and ideological roots of public expenditures. Berkeley & Los Angeles: University of California Press.

Winckelmann, J. (Hrsg). 1979. *Die Protestantische Ethik I.* Edited by J. Winckelmann. Gütersloh: Gütersloher Verlagshaus Mohn.

Winsler, A., H. Tran, S. C. Hartman, A. L. Madigan, L. Manfra und C. Bleiker. 2008. School readiness gains made by ethnically diverse children in poverty attending center-based childcare and public school pre-kindergarten programs. *Early Childhood Research Quarterly* 23 (3): 314-329.

Witte, J. F. 1992. Private school versus public school achievement: Are there findings that should affect the educational choice debate? *Economics of Education Review* 11 (4): 371-394.

Witte, J. F. und M. E. Rigdon. 1993. Education choice reforms - Will they change American schools. *Publius-the Journal of Federalism* 23 (3): 95-114.

Wolf, F. 2006. Die Bildungsausgaben der Bundesländer im Vergleich: Welche Faktoren erklären ihre beträchtliche Variation? Münster: LIT Verlag.

Wößmann, L. 2007. *Fundamental determinants of school efficiency and equity: German states as a microcosm for OECD countries.* Heruntergeladen von http://www.hks.harvard.edu/pepg/PDF/Papers/PEPG07-02_Woessmann.pdf am 30.10.2009.

Wrinkle, R. D., J. Stewart und J. L. Polinard. 1999. Public school quality, private schools, and race. *American Journal of Political Science* 43 (4): 1248-1253.

Zvoch, K., R. E. Reynolds und R. P. Parker. 2008. Full-day kindergarten and student literacy growth: Does a lengthened school day make a difference? *Early Childhood Research Quarterly* 23 (1): 94-107.

Handbücher Erziehungswissenschaft

Rudolf Tippelt / Bernhard Schmidt (Hrsg.)
Handbuch Bildungsforschung
3., durchges. Aufl. 2010. 1058 S. Geb.
EUR 79,95
ISBN 978-3-531-17138-8
Das Handbuch repräsentiert Stand und Entwicklung der Bildungsforschung – ein national wie international stark wachsender Forschungsbereich. Unter Berücksichtigung des interdisziplinären Charakters wird ein systematischer Überblick über die wesentlichen Perspektiven, theoretischen Zugänge und Forschungsergebnisse gegeben.

Rudolf Tippelt / Aiga von Hippel (Hrsg.)
Handbuch Erwachsenenbildung/ Weiterbildung
4., durchges. Aufl. 2010. 1105 S. Geb.
EUR 79,95
ISBN 978-3-531-17158-6
Als Grundlagenwerk zu Geschichte, Theorien, Forschungsmethoden und Institutionen vermittelt das Handbuch einen systematischen Überblick über den vielfältigen Themenbereich. Die zahlreichen Zielgruppen der Erwachsenenbildung und Weiterbildung wie auch die verschiedenen Methoden des Lehrens und Lernens werden zugleich einführend und umfassend dargestellt.

Herbert Altrichter / Katharina Maag Merki (Hrsg.)
Handbuch Neue Steuerung im Schulsystem
2010. 467 S. (Educational Governance Bd. 7) Br. EUR 39,95
ISBN 978-3-531-16312-3

Heiner Barz (Hrsg.)
Handbuch Bildungsfinanzierung
2010. 540 S. Br. EUR 49,95
ISBN 978-3-531-16185-3

Werner Helsper / Jeanette Böhme (Hrsg.)
Handbuch der Schulforschung
2., durchges. u. erw. Aufl. 2008. 1037 S. Geb. EUR 79,90
ISBN 978-3-531-15254-7

Heinz-Hermann Krüger / Cathleen Grunert (Hrsg.)
Handbuch Kindheits- und Jugendforschung
2009. 1049 S. Geb. EUR 79,90
ISBN 978-3-531-15838-9

Erhältlich im Buchhandel oder beim Verlag.
Änderungen vorbehalten. Stand: Juli 2010.

www.vs-verlag.de

VS VERLAG

Abraham-Lincoln-Straße 46
65189 Wiesbaden
Tel. 0611.7878-722
Fax 0611.7878-400

VS Forschung | VS Research
Neu im Programm Erziehungswissenschaft

Karl-Heinz Arnold / Katrin Hauenschild /
Britta Schmidt / Birgit Ziegenmeyer (Hrsg.)
**Zwischen Fachdidaktik
und Stufendidaktik**
Perspektiven für die Grundschulpädagogik
2010. 326 S. (Jahrbuch Grundschul-
forschung Bd. 14) Br. EUR 39,95
ISBN 978-3-531-17278-1

Robert Baar
Allein unter Frauen
Der berufliche Habitus
männlicher Grundschullehrer
2010. 419 S. Br. EUR 39,95
ISBN 978-3-531-17452-5

Katrin Girgensohn (Hrsg.)
Kompetent zum Doktortitel
Konzepte zur Förderung Promovierender
2010. 239 S. (Key Competences for Higher
Education and Employability) Br. EUR 34,95
ISBN 978-3-531-17272-9

Anke Grotlüschen
Erneuerung der Interessetheorie
Die Genese von Interesse
an Erwachsenen- und Weiterbildung
2010. Mit einem Geleitwort von Sigrid
Nolda. 300 S. (Theorie und Empirie Lebens-
langen Lernens; TELLL) Br. EUR 34,95
ISBN 978-3-531-17491-4

Sabine Hoidn
**Lernkompetenzen an
Hochschulen fördern**
2010. 503 S. Br. EUR 39,95
ISBN 978-3-531-17456-3

Ursula Klein
Supervision und Weiterbildung
Instrumente zur Professionalisierung
von ErzieherInnen
2010. 189 S. Br. EUR 34,95
ISBN 978-3-531-17232-3

Harm Paschen (Hrsg.)
**Erziehungswissenschaftliche
Zugänge zur Waldorfpädagogik**
2010. 340 S. Br. EUR 39,95
ISBN 978-3-531-17397-9

Maik Philipp
Lesen empeerisch
Eine Längsschnittstudie zur Bedeutung
von peer groups für Lesemotivation
und -verhalten
2010. 249 S. Br. EUR 24,95
ISBN 978-3-531-17033-6

Erhältlich im Buchhandel oder beim Verlag.
Änderungen vorbehalten. Stand: Juli 2010.

www.vs-verlag.de

VS VERLAG

Abraham-Lincoln-Straße 46
65189 Wiesbaden
Tel. 0611.7878-722
Fax 0611.7878-400